Zu diesem Buch

Parteien, Vereine, Komitees und Wahlmaschinen, Companies, Verlage und Zeitschriften – multinational organisiert, mit Büros und Headquarters in den USA, Mexiko, Indien, Schweden, Norwegen, Italien, Frankreich und der Bundesrepublik, mit Repräsentanten in weiteren Ländern – das ist das LaRouche-Imperium. Der Führer des Polit-Multis ist Lyndon H. LaRouche, 64 Jahre alt, Amerikaner, «Unternehmensberater», «Philosoph», «großer Ökonom».

In der Bundesrepublik sind vor allem drei «Ableger» bekannt: die «Europäische Arbeiter Partei» (EAP), das «Schiller-Institut» und die neugegründete «Bürgergruppe Patrioten für Deutschland», die erstmals im Juni 1986 in Niedersachsen Stimmen sammelte. Helga Zepp-LaRouche, Ehefrau des amerikanischen Führers, ist vielen Fernsehzuschauern von irritierenden Wahlkampfspots bekannt.

Der ungeklärte Mord an dem schwedischen Ministerpräsidenten Olof Palme brachte die LaRouches weltweit in die Schlagzeilen. Überraschende Wahlerfolge 1986 im US-Bundesstaat Illinois machten die Weltpresse abermals auf die merkwürdige Truppe aufmerksam. Kampagnen gegen AIDS und Drogen, die Verteufelung der ökologischen Bewegung («Grün = Nazis») und ihr Feldzug für die Kernfusion erzielten publizistische und zunehmend auch politische Erfolge.

Doch wer steckt hinter alldem? Die LaRouche-Mitarbeiter betreiben eine Abschottung wie Untergrundkämpfer im Widerstand gegen ein Terrorregime. Strengbewachte Gebäude, weltweite Kommunikationsverbindungen, konspiratives Auftreten – die Autoren Helmut Lorscheid und Leo A. Müller hatten es bei ihren Recherchen nicht leicht. Wer als «Gegner» der Organisation gilt, wird dauerhaft attackiert, verleumdet, ausgekundschaftet und mit übler Hetze verfolgt. Dennoch erteilen Innenpolitiker und Verfassungsschützer seit Jahren gebetsmühlenartig Unbedenklichkeitserklärungen. «Keine sicherheitsrelevanten Erkenntnisse», lautet die offizielle Meinung.

Dieses Buch liefert zahlreiche neue Erkenntnisse, die völlig andere Fragen herausfordern.

Helmut Lorscheid, geb. 1955, freier Journalist, seit 1981 Mitglied der Bundespressekonferenz.
Leo A. Müller, geb. 1959, Studium der Politikwissenschaften und Publizistik in Wien und Mainz, seit 1980 frei journalistisch tätig. Veröffentlichungen u. a.: «Die Wendejugend» (zusammen mit Klaus Farin), Reinbek 1984 (rororo aktuell 5527).

Helmut Lorscheid / Leo A. Müller

Deckname: Schiller

Die Deutschen Patrioten des Lyndon LaRouche

rororo

Rowohlt

rororo aktuell – Herausgegeben von Freimut Duve

Originalausgabe

Veröffentlicht im Rowohlt Taschenbuch Verlag GmbH,
Reinbek bei Hamburg, Dezember 1986

Umschlagentwurf Jürgen Kaffer / Peter Wippermann (Foto: Studio G. P. Reichelt)
Satz Times (Linotron 202)
Gesamtherstellung Clausen & Bosse, Leck
Printed in Germany
1080-ISBN 3 499 15916 3

Inhalt

Die LaRouche-Connection. Zur Einführung 7

1. Die multinationale Arbeiterpartei: Patrioten, Humanisten, Schiller-Verehrer

«Für die Rettung der westlichen Allianz!» 17
Konferenz-Erlebnisse beim Schiller-Institut

Mit Friedrich Schiller gegen Richard Burt 23
Eine Organisation für internationale Kampagnen

«Scheinheiliger Holocaust-Schwindel» 31
Helga Zepp-LaRouche – ein Kurzporträt

«Patrioten für Deutschland» 35
Vaterlandsliebe mit militärischen Ehren

«Ich wollte nur die Sache in Gang bringen» 44
Interview im *Buxtehuder Tageblatt* mit dem Deutschem Patrioten Siegfried Labus

Die Europäische Arbeiter Partei EAP: 48
Problemlos von links nach rechts

2. «LaRouche is no Joke!»

LaRouche for President 57
Politischer Kampf und Einfluß in den USA

Die LaRouche-Connection 65
Wie die Führer einer verrückten Randgruppe Zugang zu Vertretern der US-Administration fanden und sich Respekt verschafften
Von Dennis King und Ronald Radosh

3. LaRouche und der Rest der Welt

Hetzkampagnen, Irreführung und Psychoterror 93

«Journalisten das Fürchten lehren» 101

Mordverdacht 106
«KGB-Desinformation» im Fall Palme

4. An deutscher Technik soll die Welt genesen

La Rouche auf der Suche nach der Energiequelle für übermorgen 113

Technofanatismus, Elite-Denken und die «Lüge» vom Holocaust 115

Das Fusions-Energie-Forum (FEF) 117
LaRouche und die Gemeinde der Atomwissenschaftler

«Fusion» 120
LaRouche-Lobhudelei, Atomtechnologie und Nazi-Humor

Stars von gestern 126
Die Mitstreiter des Fusions-Energie-Forums

5. «Frieden schaffen mit Strahlenwaffen»

Weltraumspiegel 145
Die Träume des Hermann Oberth

LaRouche und die Generale 149

6. Konspirative Verbindungen

LaRouches vertrauliche Freunde 157

«Keine sicherheitsrelevanten Erkenntnisse» 163
Das Verhalten der Verfassungsschutzbehörden und Innenpolitiker

Familienbetrieb LaRouche
NCLC-Kader in der Bundesrepublik 179

Register 189

Die LaRouche-Connection

Zur Einführung

Das Thema: ein Imperium von Parteien, Vereinen, Komitees und Wahlmaschinen, von Companies, Verlagen und Zeitschriften – multinational organisiert, mit Büros und Headquarters in den USA, Mexiko, Indien, Schweden, Norwegen, Italien, Frankreich und der Bundesrepublik, mit Repräsentanten in weiteren Ländern. Der Führer des Polit-Multis: Lyndon H. LaRouche, 64 Jahre alt, Amerikaner, «Unternehmensberater», «Philosoph», «großer Ökonom». Internationale Kommunikationsverbindungen halten sein Weltimperium zusammen, die tägliche Nachrichtenlage wird über Standleitungen und Fernschreiber rund um den Globus gesendet. Nachrichten, Meldungen und Dossiers werden international ausgetauscht und wiederum in der Landessprache in Wochenzeitungen, Fachzeitschriften und Spezial-Reports in den nationalen Büros produziert. Etwa 250 hauptamtliche Mitarbeiter in den USA arbeiten für die LaRouche-Organisation, geschätzte 30 Millionen Dollar werden jährlich ausgegeben. Die Mitarbeiter analysieren die Nachrichtenlage, werten die in- und ausländische Presse aus, organisieren Kampagnen und Wahlkämpfe, verschaffen sich Kontakte zu Militärs, Wissenschaftlern und Politikern. Auch nachts brennen in ihren Büros noch die Lampen.

In der Bundesrepublik ist – wie in anderen Ländern – nur ein Ausschnitt der LaRouche-Organisation bekannt: seit den siebziger Jahren die zunächst linksextreme, dann rechtslastige «Europäische Arbeiter Partei» (EAP) mit fast unveränderter Führungsriege um die Ehefrau des amerikanischen Führers, Helga Zepp-LaRouche, das 1984 gegründete «Schiller-Institut» und die «Bürgergruppe Patrioten für Deutschland», die ein Jahr später ins Leben gerufen wurde und als neue Partei bei der niedersächsischen Landtagswahl im Sommer 1986 kandidierte. Durch großformatige Anzeigen in auflagenstarken, überregionalen Tageszeitungen, Aufrufe mit teilweise prominenten Unterzeichnern aus dem rechtskonservativen Lager und aktionsorientierten Kampagnen auf Straßen und Plätzen vieler Großstädte sind diese Ableger des LaRouche-Imperiums vielen Bürgern aufgefallen. Mit «wirren und paranoiden» Thesen, wie Innenpolitiker analysierten, haben sie für Verwirrung und Irritation gesorgt. Im ersten Kapitel werden diese Gruppen beschrieben. Doch niemand weiß so recht, was «dahintersteckt». Der reichlich aufwendig finanzierte Apparat organisiert zwar öffentliche Kampagnen, vor einer kritisch fragenden Öffentlichkeit fürchten sich jedoch die LaRouches. Sie betreiben eine Abschottung wie Untergrundkämpfer im Widerstand gegen ein Terrorregime. Doch gleichzeitig nutzen sie die rechtlichen und politischen Freiheiten in ihren Operationsländern extensiv aus.

Während hierzulande die Medien und Politiker das Thema La Rouche mit Ignoranz strafen wollen, haben in Skandinavien und den Vereinigten Staaten die Journalisten zur Wachsamkeit aufgerufen. «LaRouche is no Joke», schrieb die *Los Angeles Times* im April 1986. Die *Washington Post* würdigte dem Treiben der LaRouches eine große, mehrteilige Serie, renommierte Zeitschriften wie *The New Republic* veröffentlichten umfangreiche Porträts, die *International Herald Tribune* druckte eine LaRouche-Story.

Überraschende Wahlgewinne der LaRouche-Kandidaten in den Vorwahlen im US-Bundesstaat Illinois machten die Politiker in der demokratischen Partei hellhörig. Über den Schock berichteten sämtliche großen Blätter in den Vereinigten Staaten. Die Beiträge in *Time* und *Newsweek* sollten sich jene verantwortlichen Politiker zu Gemüte führen, die sich über die Wahlerfolge der LaRouche-«Bürgergruppe Patrioten für Deutschland» wunderten.

Dennis King, freier Journalist in New York, ist weltweit der erfahrenste Publizist in Sachen LaRouche. Seit vielen Jahren recherchiert und schreibt er über die merkwürdige Organisation. LaRouches Publikationen kommentierte er im März 1986 in einer Fernseh-Talkshow von ABC News als den «abscheulichsten Antisemitismus, den dieses Land jemals gedruckt gesehen hat». Den großen Führer Lyndon H. LaRouche bezeichnete er als «eisenharten Neonazi».

In einem Beitrag für das angesehene US-Magazin *The New Republic* beschrieb er zusammen mit Ronald Radosh sehr eindrucksvoll, wie diese «verrückte Randgruppe» Einfluß auf die US-Administration und deren Politik gewann: sie sind die schärfsten Befürworter für militärische Konfliktlösungen, einerlei ob es sich um nationale, soziale oder internationale Konflikte handelt.

Auch wenn die zitierten Politiker und Beamten nicht mehr alle in den Funktionen tätig sind, wie sie im Aufsatz von King und Radosh angegeben wurden, gibt der Artikel Aufschlüsse über mögliche Ziele und Motive der LaRouche-Aktionen in Europa und Ländern der Dritten Welt.

Vor dem Hintergrund der beiden amerikanischen Autoren erhalten die in der Bundesrepublik recherchierten Fakten eine besondere Brisanz. Deshalb haben wir diesen Beitrag im zweiten Kapitel nachgedruckt.

Mit der jüngsten Propaganda-Initiative waren die LaRouches in den USA ganz besonders erfolgreich. Mit Hilfe einer Bürgerinitiative unter dem Namen «Panic» organisierte die LaRouche-Organisation eine Anti-AIDS-Unterschriftensammlung in Kalifornien für ein Volksbegehren, um eine Meldepflicht für AIDS-Positive einzuführen. Trotz Protesten von Ärzteverbänden und zahlreichen politischen Organisationen war die Aktion ein durchschlagender vorläufiger Sieg für die LaRouches: 683000 Unterschriften kamen zusammen, fast doppelt so viele, wie für ein Volksbegehren in dem US-Bundesstaat notwendig sind.

Das «Prevent AIDS Now Initiative-Committee» (Panic) forderte sogleich auch in der Bundesrepublik die Meldepflicht und Quarantäne für alle AIDS-Verdächtigen und einen «Kriegsplan» gegen die Immunschwäche.

Großspurig wurde gleich eine neue «Strategische Verteidigungsinitiative» aus der Taufe gehoben, diesmal «auf dem Gebiet der Biologie». Die Anlehnung an den militärischen Sprachgebrauch ist nicht zufällig: Die LaRouche-«Experten» sehen die Ursache der Seuche in Moskau. Dort soll das Virus als Bio-Waffe entwickelt worden sein.

Die LaRouche-Organisation in der Bundesrepublik

Organisationen

Europäische Arbeiter Partei (EAP)

Akademie für Humanistische Studien

Club of Life

Anti-Drogen-Koalition (ADK)

Deutsch-französisches Komitee zur Förderung der Kernenergie

Fusions-Energie-Forum (FEF)

Schiller-Institut (SI)

Bürgergruppe ‹Patrioten für Deutschland›

Gesellschaften

Campaigner Publications Deutschland GmbH & Co Vertriebs KG

Executive Intelligence Review Nachrichtenagentur GmbH

Verlag Karl Heinz Holz

Dr. Böttiger Verlag

P&F Progress-GmbH & Co Besitz-, Vermietungs- und Service-KG

P&F Betriebsverwaltungsges. mbH

Medien

Neue Solidarität (Wochenzeitung)

Fusion

Ibykus

Spuren und Motive

Executive Intelligence Review (EIR)

außerdem zahlreiche Bücher und ‹special-reports›.

Fast alle Organisationen und Gesellschaften haben ihren Sitz in Wiesbaden und besitzen ein Pendant in den Vereinigten Staaten.

Einfach ist es wirklich nicht, über das Netzwerk von Organisationen des Amerikaners Lyndon H. LaRouche zu berichten. Erfahrungen anderer Journalisten wirkten nicht eben ermutigend auf die Autoren. Nach Berichten über die Europäische Arbeiter Partei wurden sie mit überaus unüblichen Zuschauer- und Leser-Reaktionen behelligt. Diffamierende Telefonanrufe und andere Belästigungen waren die Regel. Einige Redakteure wurden sogar offen in der LaRouche-Zeitung *Neue Solidarität (NS)* angegriffen. Der Wissenschaftsjournalist Mathias Schulenburg durfte nach einer WDR-Hörfunksendung in der *NS* nachlesen, daß er zwischenzeitlich tödlich verunglückt sei. Der Heidelberger *taz*-Korrespondent Felix Kurz wurde in einem *NS*-Beitrag in den Kreis der RAF-Terroristen eingereiht. Ebenso widerfuhr es der Karlsruher Justiz-Gerichtsreporterin der *Frankfurter Rundschau*, Ulrike Knapp. Andere wurden als «Gegner des Schiller-Instituts» in einer großen Graphik aufgelistet. Aus den Vereinigten

Staaten und anderen Operationsgebieten der LaRouche-Organisation gibt es ähnliche Erfahrungsberichte von kritischen Journalisten, die neugierig wurden.

Unsere Begegnungen mit den Damen und Herren dieser ehrenwerten Gesellschaft verliefen ebenfalls recht unerfreulich. Wir mußten erkennen, daß Einladungen, die zum Beispiel das Schiller-Institut an alle Bonner Parlamentskorrespondenten verteilte, keineswegs so zu verstehen sind, daß diese somit auch tatsächlich an den illustren Veranstaltungen teilnehmen dürfen. Mehrere Male schlossen sich die Türen vor der Nase des Bonner Mitautors: kein Zutritt für die Presse.

Pressekonferenzen ohne Journalisten, das ist beim Schiller-Institut, der Europäischen Arbeiter Partei und den Patrioten für Deutschland keine Seltenheit.

Dem zweiten Autor wurde ebenfalls die Teilnahme als Pressevertreter an einer Konferenz des Schiller-Instituts verwehrt, zu der öffentlich mit Handzetteln auf der Straße und durch Pressemitteilungen nach Wiesbaden eingeladen wurde. Der Journalist wurde nach der Anmeldung zu der angeblich öffentlichen Veranstaltung wieder ausgeladen. Trotzdem fanden wir einen Weg. Nachzulesen in: «Für die Rettung der westlichen Allianz!»

Später durfte der Mitautor aus dem Rhein-Main-Gebiet bei einem Lokaltermin vor dem heimlichen Headquarter der Organisation in einem Winzerdorf bei Mainz zusammen mit dem Korrespondenten einer schwedischen Tageszeitung die Bekanntschaft mit «Willi Wacker» machen. Der LaRouche-Beschützer, der sich so humorvoll vorstellte, war eifrig bemüht, das Gespräch für Porträtaufnahmen mit der Fotokamera zu nutzen. «Ich bin hier der Gärtner», erzählte er auf Nachfragen nach seiner Aufgabe. Genüßlich erzählte er teils richtige, teils falsche Einzelheiten über den Mitautor: «Wir haben auch recherchiert!»

Besonders gerne verbreiten die LaRouches solche zweifelhaften ‹Erkenntnisse› in ihrer Wochenzeitung: «Einer der ‹Mitarbeiter› der grün-braunen Fraktion, ein gewisser Helmut Lorscheid, sagte seinen Redebeitrag zum Thema ‹Militärstrategische Absicherung der Weltwirtschaftsordnung› leider wegen des Ausfalls der gleichnamigen Arbeitsgruppe ab. Daher konnten viele brennend an dem Thema interessierte Zuhörer nicht erfahren, ob er die Waffenbeschaffungsaktionen der RAF kommentieren wollte. Es ist noch in guter Erinnerung, daß eine Veranstaltung des Schiller-Instituts wegen einer Bombendrohung abgesagt werden mußte. Lorscheid hatte sich den Vormittag über auf der Kundgebung herumgedrückt und wurde auch in der

Nähe des Veranstaltungsortes gesehen. Es ist aber auszuschließen, daß er etwa selbst die Bombendrohung veranlaßt hat [...].»

Eine für die Organisation typische Mischung von Erfindung, Diffamierung und einem Körnchen Wahrheit. Der Autor sollte auf einer Alternativveranstaltung zum Weltwirtschaftsgipfel über Rüstungsexportpolitik referieren, er nahm auch als Journalist an einer Demonstration des ‹Schiller-Instituts› in Bonn teil. Er drückte sich nicht in der Nähe des Veranstaltungsortes rum, sondern war in der Aula der Bonner Schule, die das Institut für sich gemietet hatte. Er wies sich auf Verlangen der Veranstalter korrekt als Journalist aus – und wurde hinauskomplimentiert, mit dem Argument, «Grüne, Mitarbeiter der *taz* und des WDR» dulde das Schiller-Institut nicht. Auch zu dieser Veranstaltung war zuvor öffentlich auf dem Bonner Münsterplatz eingeladen worden.

Lyndon H. LaRouches Umgangsformen mit allen Kritikern und Nichtgetreuen, dem Rest der Welt sozusagen, waren uns ein Kapitel dieses Buches wert. Im Mittelpunkt ihrer Hetzkampagne stehen heute die Grünen, früher war es die SPD. Besonders im Schußfeld ist die Politikerin Petra Kelly. Sie führt in den USA einen Prozeß gegen die Hetze. Wegen juristischer Rücksichtnahmen konnte die Betroffene kein Interview für dieses Buch geben.

Hartnäckiger Hetzpropaganda war ebenso über Jahre hinweg der schwedische Ministerpräsident Olof Palme ausgesetzt. Das tödliche Attentat an dem sozialistischen Regierungschef brachte die EAP weltweit in die Schlagzeilen, weil bei den schwedischen Ermittlungsbehörden ein ehemaliger LaRouche-Anhänger zeitweise in Tatverdacht geriet. Wir dokumentieren den Ablauf der Berichterstattung über diesen Vorfall und zeigen Beispiele der Haßtiraden auf Olof Palme.

Neben der Verteufelung des Gegners denkt die LaRouche-Organisation auch sonst in extremen Dimensionen: eine neue Elite muß her, die Atomtechnologie muß die Zukunftsprobleme der Industrie- wie der Entwicklungsländer gleichermaßen meistern, die «zionistische Lobby» muß eliminiert werden. Dieser Ideensalat ist Gegenstand des vierten Kapitels: «Deutsche Technik für die Welt!» Dort kann auch nachgelesen werden, wie sich die LaRouches die Durchsetzung ihrer technofanatischen Zukunftsmodelle vorstellen. Als Mitstreiter haben sie in den USA wie in der Bundesrepublik durchaus honorige Atomwissenschaftler gefunden. In der Gemeinde der wissenschaftlichen Freunde LaRouches treffen sich auch Raketenbauer und Atomforscher wieder, die schon für Adolf Hitlers Weltkriegsbewaffnung sorgen sollten. Verehrer und Sammelbecken dieser alten Kameraden ist das «Fusions-Energie-Forum», das auch für das Mammut-Atomkraftwerk in Cattenom kämpfte. 1982 gründeten die LaRouches bereits das «Deutsch-französische Komitee zur Förderung der Kernenergie», zu Ehren von Cattenom sozusagen.

Stramm auf Linie sind auch die Freunde aus der Rüstungsforschung und der Armee. Nicht wenige Militärs aus führenden Positionen in den USA, Frankreich, Italien, Österreich und der Bundesrepublik sind dabei. Ihre Devise: «Frieden schaffen mit Strahlenwaffen». Im fünften Kapitel wird darüber berichtet.

Der konservative Professor Erwin K. Scheuch entdeckte in den LaRouche-Publikationen «durchaus lesenswerte Informationen» – trotz seiner Enttäuschung über die Unterschrift für das ihm zuvor unbekannte Schiller-Institut. In der Tat, die Veröffentlichungen enthalten teilweise überaus interessante Fakten – immerzu angereichert mit Schlagzeilen und Verschwörungstheorien, die die Politiker in den Innenministerien und die Beamten in den Verfassungsschutzämtern zu dem Generalurteil veranlassen, dic LaRouches seien «wirr und paranoid» – also nicht ernst zu nehmen. Die gebetsmühlenartig verbreitete amtliche Haltung zum Thema wird gleichlautend seit Jahren mit drei Worten erläutert: «keine sicherheitsrelevanten Erkenntnisse».

Im sechsten Kapitel beschreiben wir das Verhalten dieser verantwortlichen Politiker.

Es ist nicht die Aufgabe der Journalisten, die Arbeit der Sicherheitsbehörden zu machen. Sie können staatliches Handeln nicht ersetzen.

Wir wollen mit unserer Milieustudie über die LaRouche-Organisation lediglich vor gefährlichen Entwicklungen warnen und über die uns zugänglichen Hintergründe informieren. Kurz vor Drucklegung dieses Buches erreichte uns die Nachricht über umfangreiche Ermittlungen der US-Behörden gegen die LaRouche-Organisationen. Ihnen wird vorgeworfen, durch großangelegten Kreditkarten-Trickbetrug Millionen-Dollar-Beträge erschlichen zu haben. In diesem Zusammenhang durchsuchten im Oktober 1986 600 Polizisten das Hauptquartier LaRouches in Lessburg/Virginia. Ob die Ermittlungen der zuständigen US-Behörden die Frage der Finanzierung der LaRouche-Aktivitäten zumindest teilweise klären, bleibt abzuwarten. Für uns ist diese Frage unbeantwortet geblieben. Unklar blieb uns auch das Interesse vieler Mitstreiter LaRouches. Dennoch konnten wir Fakten über Ideologie und Aktion der LaRouche-Organisation zusammentragen, die ein Umdenken bei den politisch Verantwortlichen notwendig machen. Diese Hoffnung verbinden wir mit unserer Veröffentlichung.

Viele am Thema Interessierte haben uns über eine lange Dauer der

Recherche hinweg geholfen. Sie gaben Hinweise und erzählten von eigenen Erfahrungen – als Politiker, als Journalisten, als Wissenschaftler – und als Beamte. Sie halfen uns bei der Beschaffung von Dokumenten und bei der Interpretation der Zusammenhänge.

Zu besonderem Dank sind wir den Kollegen in den USA verpflichtet, die uns über die historischen und aktuellen Aktivitäten der LaRouche-Organisation in ihrem «Ursprungsland» informierten. Dennis King und Ronald Radosh sowie der Zeitschrift *The New Republic* danken wir für die Nachdruckgenehmigung ihres Beitrages.

Freunde und Kollegen in der Bundesrepublik machten uns Mut für die Beschäftigung mit einem in vieler Hinsicht undankbaren Thema. Viele von ihnen stellten uns ihre Archive, Dokumentationen und ihre eigenen, unveröffentlichten Recherchen zeitweise zur Verfügung.

Wir danken ihnen allen. Ihre Namen können wir hier nicht nennen, um sie vor folgenreichen Konsequenzen zu schützen.

Bonn, im Oktober 1986 Helmut Lorscheid / Leo A. Müller

1. Die multinationale Arbeiterpartei: Patrioten, Humanisten, Schiller-Verehrer

«Wie kann man auf diese Menschen einwirken? Sehr einfach. Die Leute sind fremdbestimmt, mit Ausnahme einiger seltener Individuen, vielleicht drei oder vier Prozent in den westlichen Nationen, die ein gewisses Maß Moral besitzen und moralische Verantwortung dafür empfinden, welche Meinung sie sich aneignen ...

Die meisten Stimmen, die meine Liste in den USA erhält, kommen nicht von Leuten, die aus vernünftigen Gründen mit meiner Politik übereinstimmen. Die gibt es auch, einige Zehntausende in den USA, aber die meisten unterstützen mich aufgrund des Panik-Prinzips, aufgrund von Fremdbestimmung.»

Rede von Lyndon H. LaRouche auf der «internationalen Konferenz» des Schiller-Instituts in Mainz-Hechtsheim am 22. Juni 1986, veröffentlicht in *Neue Solidarität* am 10. Juli 1986.

«Für die Rettung der westlichen Allianz!»

Konferenz-Erlebnisse beim Schiller-Institut

Wiesbaden, im September 1984. Am Rande der Fußgängerzone stehen sie wieder, die Leute von LaRouche, verteilen Flugblätter und Broschüren von ihrem großen Lyndon Hermyle LaRouche und seiner Frau Helga. Mal nennen sie sich «Europäische Arbeiter Partei», ein anderes Mal heißen sie «Private Akademie für Humanistische Studien» oder «Fusions-Energie-Forum».

Diesmal wird besonders eifrig agitiert. Zwei junge Frauen, die durch ihre schlichte, nüchterne Kleidung in der schicken Wiesbadener Innenstadt schon auffallen, erzählen etwas von Friedrich Schiller. Unterschreiben soll man wieder. Doch jeder Interessierte erhält auch eine Einladung zu einer Konferenz, zur «Zweiten Internationalen Konferenz des Schiller-Instituts 21. bis 23. September in Wiesbaden».

Das Motto der angekündigten Veranstaltung: «Für die Rettung der westlichen Allianz!» Für das kleine Einladungsschreiben zeichnet ein bisher unbekanntes «Schiller-Institut» verantwortlich – eine Art «Goethe-Institut»? Die Adresse: Hinrichsring 12 in 3000 Hannover.

Mehr erfährt man, wenn man das kleine Heftchen aufklappt. Ein Grußschreiben von Helga Zepp-LaRouche an die «Lieben Bürger!». Die aus Fernseh-Wahlkampfspots bekannte EAP-Vorsitzende macht wieder auf drohende Weltgefahren aufmerksam: «Mit großer Sorge muß man sich seit einiger Zeit die Frage stellen, worauf die wirklichen Absichten der Sowjetunion gegenüber der Bundesrepublik und dem gesamten westlichen Europa zielen ...»

Die meisten Passanten legen das Blatt nach einem kurzen Blick auf diese Zeilen, teilweise irritiert, teilweise genervt, wieder zurück – oder stecken es in den nächsten Papierkorb.

Doch einen aufmerksamen Journalisten interessiert natürlich die «Stärkung der westlichen Allianz». Ein Besuch der Konferenz könnte lohnen.

Doch schon tritt das erste Problem auf. Nicht wie sonst bei solchen Einladungen üblich, findet man in dem Prospekt den Tagungsort des Schiller-Instituts (SI).

Anrufe bei der Lokalredaktion einer Tageszeitung und bei städtischen Behörden. Fehlanzeige. Niemand weiß, wo das Ding steigt. Die Mitarbeiterin im städtischen Verkehrsbüro ist schon vollkommen verzweifelt. Sogar Bonner Botschaften würden bei ihr anfragen, aber sie wisse von nichts.

Dann endlich, der Pförtner im noblen Kurhaus erzählt etwas von einer großen Tagung. Überall würden emsig Leute organisieren und Schilder auf englisch anbringen und alles absperren.

Für die Anmeldung über das Konferenzbüro ist es schon zu spät. Das Anmeldeformular aus dem Prospekt soll erst an das Konferenzbüro geschickt werden: «Rainer Apel, c/o EIR, Postfach 2304, 200 Wiesbaden». Ein Hotelzimmer brauche ich nicht, auch wenn die laut Formular zu zahlenden Übernachtungskosten nicht sehr hoch erscheinen: 40 Mark für die Preisklasse A (Pension) und 70 Mark für die B-Klasse (Hotel). Wie machen die das bloß bei den teuren Wiesbadener Hotels?

Erster Anlauf einer Anmeldung als Pressevertreter. Der Chefredakteur einer lokalen Stadtzeitung telefoniert mit dem Konferenzbüro und kündigt den Vertreter seiner Redaktion an. Freundliche Reaktionen: alles klar, Konferenzbeginn am Freitag um 20.00 Uhr im Kurhaus, Großer Kursaal. Doch fünf Minuten später kommt der Rückruf. Ganz freundlich, aber bestimmt wird dem verwunderten Redakteur bedeutet, daß seine Redaktion nicht erwünscht sei: «Sie brauchen es auch gar nicht zu probieren. Wir lassen Sie nicht rein.» Das macht Journalisten erst richtig interessiert.

Zweiter Anlauf. Ein Freund aus einer anderen Großstadt meldet sich im Konferenzbüro mit leicht verändertem Namen an. Er muß seine Telefonnummer hinterlassen. Rückrufe aus dem Tagungsbüro kommen sogleich. Es sei alles ganz einfach, der Teilnehmerbeitrag von 40 Mark müsse auf das Konto Nr. 0323980 der Deutschen Bank in Hannover überwiesen werden. Er könne dann mit dem Zahlungsbeleg nach Wiesbaden kommen.

Nichts einfacher als das. Mit dem Namen des hilfreichen Freundes, nennen wir ihn hier einfach Hans Meyer, wird der Betrag eingezahlt.

Freitag, 21. September. Kurz vor Konferenzbeginn betritt «Hans Meyer» das Kurhaus. Zahlreiche Teilnehmer sind schon eingetroffen. Das Foyer des großartigen, klassischen Hauses, Herberge des Wiesbadener Spielcasinos, ist schon für die Konferenz hergerichtet.

Anmeldetische, Büchertische, ein unbeaufsichtigter Pressetisch, alle mit feinem Stoff ausgelegt. Die Anmeldung ist alphabetisch abgelegt.

Auf Vorzeigen des Zahlungsabschnittes passiert zunächst nichts. Dann kommt ein weiterer Organisationsmann, fragt nach dem Namen und mit wem denn telefoniert worden sei. «Frau Vitali» war die Gesprächspartnerin des Hans Meyer. Der Herr Meyer soll bitte einen Moment warten.

Wenig später kommt die junge Elke Vitali: «Wir hatten miteinander gesprochen?» – «Ja, gestern. Guten Tag!»

Es würde noch ein wenig dauern, dann würde Hans Meyer sein Teilnehmer-Ticket erhalten. Die eifrige Mitarbeiterin verschwindet in den Organisationsräumen und kommt fünf Minuten später mit einem Computerausdruck zurück. Das Namensschild zum Anstecken an das Revers trägt in Computerschrift den Namen Hans Meyer.

Die meisten ankommenden Konferenzbesucher kennen sich offensichtlich schon. Freundschaftliche Begrüßungen und distanziert freundliche Gespräche in kleinen Gruppen sind die Regel. Ein Texaner, etwas allein herumlaufend, fragt nach Meyers Herkunft. Der eher nach einem Cowboy aussehende Rentner meint, er sei das erste Mal in Deutschland: «Very nice here!»

Die eigentliche Konferenz findet im sehr noblen Kursaal statt. Doch erst heißt es Schlange stehen. Alle Besucher müssen eine elektronische Schleuse durchschreiten. An den Eingängen hängen deutliche Warnschilder: keine Fotoapparate, keine Tonbandgeräte, Rauchen verboten.

Der Eintritt in den Kursaal erinnert an die Einlaßkontrollen zu den Verhandlungen in Stuttgart-Stammheim. Jeder Besucher wird gründlich überprüft. Taschen müssen abgegeben werden, Kleidertaschen müssen geleert werden. Der Inhalt, Kleingeld, Kugelschreiber, Taschentuch usw., wird in ein Körbchen abgelegt und eingehend untersucht. Schreibstifte und Kugelschreiber werden dabei sogar aufgeschraubt und auf ihre Funktionsfähigkeit überprüft. Beim Verlassen des Saales gibt es eine leicht mildere Prozedur. Mit einem Handdetektor wird dort jeder Besucher nochmals auf Metallteile geprüft. Diese Sicherheitsmaßnahmen sorgen für Ruhe im Saal. Jeder überlegt sich zweimal, ob er den Raum verläßt, um kurz einen Kaffee zu trinken.

Pünktlich beginnt die Veranstaltung mit einem abendlichen Konzertprogramm. Den Einstieg gibt das Lafayette-Trio mit Wolfgang Amadeus Mozart: Divertimento in Es-Dur, KV 563 (1788). Der Amerikaner John Sigerson, Tenor, macht weiter mit Ludwig van Beethoven, begleitet am Piano von Marie-Pierre Soma.

Sigerson wird als Präsident des Schiller-Instituts vorgestellt. Er hat das Singen tatsächlich gelernt. Sigerson studierte Kontrabaß bei Gary Karr an der Juillard-Musikschule in New York. 1974 gründete er dort den Chor der Lafayette Foundation und nahm Gesangsunterricht bei Herta Müller an der Yale-Universität. Auch bei den LaRouches ist er integriert: der Tenor ist «Journalist von *Executive Intelligence Review* und dort für den europäischen Sektor zuständig».

Seine musikalischen Vorträge bringen ihm bei den Besuchern großen Applaus und stehende Ovationen ein.

Nach Abschluß des Konzertes verlassen die Teilnehmer den Kursaal, bis auf wenige LaRouche-Leute, die sich noch zu einem «special meeting» treffen.

Am nächsten Tag beginnt erst der eigentlich interessante politische Teil der Veranstaltung. Das Programm des Tages wird erst kurz vorher ausgehändigt. Auch die Namens-Anstecker müssen erneuert werden. In einer zeitaufwendigen Prozedur müssen erst alle Teilnehmer vor ihrem Anmeldetisch Schlange stehen, um den Anstecker vom Vortag gegen einen neuen, andersfarbigen umzutauschen. Dasselbe Verfahren wird auch am letzten Tag wiederholt.

Wieder die gleichen Sicherheitsvorkehrungen. So dauert es lange, bis alle Konferenzbesucher Platz genommen haben. Der Teilnehmerkreis erinnert eher an eine Jahresversammlung von IBM-Vertretern als an eine politische Tagung. Auffällig ist die internationale Zusammensetzung der Besucher. Hier wird englisch und deutsch ebenso wie dänisch, schwedisch, französisch oder italienisch gesprochen. Für den Vortragsteil der Veranstaltung wurde eine Simultan-Dolmetscheranlage installiert, die die vielsprachigen Reden über Kopfhörer den Teilnehmern in ihrer Muttersprache überträgt.

Das Podium ist bereits in großen Lettern mit dem Motto verziert: «Für die Rettung der westlichen Allianz!» Dahinter die deutsche und die amerikanische Flagge.

Es beginnt mit Musik von Martin Buck und dem Lafayette-Trio. Die Eröffnungsrede kommt – wie sollte es auch anders sein – von der Vorsitzenden des Schiller-Instituts, Helga Zepp-LaRouche: «Welche Werte hat der Westen zu verteidigen?»

Es wird ruhig im Saal. Die Reden der EAP-Vorsitzenden dauern gewöhnlich sehr lange. Wer bis jetzt noch nicht weiß, wo er gelandet ist, dem kann jetzt nichts mehr verborgen bleiben. Das gesammelte LaRouche-Weltbild, ein Ideenbrei aus humanistischem Bildungsideal, klassischen, konservativen Werten und aktuell-politischen Verschwörungstheorien, rieselt auf die Zuhörer nieder.

Es soll den ganzen Tag so bleiben. Jeweils mit großem Applaus bedacht, kommt die ganze Riege der LaRouche-Kämpfer zu Wort. Nach Helga Zepp-LaRouche gibt es einen Vortrag über «Benjamin Franklins Netzwerk in Europa» von Hartmut Cramer, der als «Landesvorsitzender der EAP Nordrhein-Westfalen» vorgestellt wird. Paul Goldstein aus den Vereinigten Staaten referiert über die «Cincinnatus-Gesellschaft». Dr. Henryk Olesiak aus Düsseldorf spricht über seinen Landsmann «Tadeusz Kosciuszko als Symbol des polnischen Kampfes für Unabhängigkeit und Demokratie». Angelika Raimondi, junges Vorstandsmitglied im Schiller-Institut (SI), hat die «Zerstörung der deutschen Kultur in Amerika» als Thema gestellt bekommen.

Dann kommt die Zeit für Grußworte. Auf dem Programmzettel sind einige schon angekündigt: Senator Vincenzo Carollo, Sheila Jones, Marie-Madeleine Fourcade, die französische EAP-Presidentin, und Georgia Irey. Doch die aktuell verlesenen Telegramme kommen von interessanteren Persönlichkeiten, von denen einige allerdings nachher dementieren: der französische Staatspräsident Mitterand, Minister Spadolini aus Italien, der Stellvertreter des US-Verteidigungsministers, Ex-Bundespräsident Karl Carstens, Dieter Hummel von der IHK Wiesbaden und zahlreiche weitere Persönlichkeiten des öffentlichen Lebens.

Am Nachmittag geht es dann nach musikalischem Einstieg an Cello und Piano weiter mit einer «Diskussion» über «Die sowjetische Konfrontationspolitik und die Sicherheitsinteressen Westeuropas». Die Einführung dazu gibt Michael Liebig, SI-Vorstandsmitglied und Geschäftsführer des Nachrichtendienstes *Executive Intelligence Review*. Das Podium der Nachmittagsvorträge ist sehr militärisch bestückt: unter anderem sitzen dort der Ex-Oberst Michaud aus den USA, der Oberst a. D. Marc Geneste aus Frankreich, «Vater der französischen Neutronenbombe», der General a. D. Giulio Macri aus Italien, ehemals Mitarbeiter im Brüsseler NATO-Hauptquartier SHAPE und SI-Beiratsmitglied, der österreichische General a. D. Kuntner, Hans Ericsson, ehemaliger Vorsitzender der schwedischen Transportarbeitergewerkschaft, Lennart Hane, ebenfalls aus Schweden, der Deutsche Robert Becker vom «Reichsbanner Schwarz-Rot-Gold» und Uwe Henke von Parpart von der amerikanischen Fusion Energy Foundation.

Ihre Vorträge haben alle dieselbe Zielrichtung: für eine stärkere Bindung Westeuropas an die USA, gegen eine vermeintliche «Abkopplung» Europas. Die Waffennarren wollen diese Allianz entsprechend gerüstet sehen: Strahlenwaffen heißt die Lösung für den Ost-West-Konflikt.

Die anschließende «Diskussion» hat ganz besondere Prinzipien. Die an die Teilnehmer verteilten Zettelchen für eine «Wortmeldung» haben nicht – wie sonst bei politischen Konferenzen üblich – die Funktion, den Namen des Fragestellers dem Tagungspräsidenten mitzuteilen. Hier dürfen die Konferenzbesucher ihre Frage auf drei vorgedruckte Zeilen aufschreiben. Die solcherart gestellten Fragen werden dann vorne von der Vorsitzenden sogar persönlich beantwortet. Helga Zepp-LaRouche verfährt dabei wie eine Dorfschullehrerin mit ihren ABC-Schützen. Sie sammelt einige Fragen, die ihr besonders zusagen, und beantwortet diese in ausschweifenden, langatmigen Vorträgen. Besonders gefallen ihr offenbar Informationsfragen wie: «Ist Kissinger wirklich so schlimm?» Oder: «Was hat das Schiller-Institut mit dem Goethe-Institut zu tun?»

Selten gibt es konkrete Antworten, dafür aber kräftige Sprüche über die «Gegner des Schiller-Instituts». Über die Alternativpartei im Bundestag weiß die SI- und EAP-Vorsitzende zu berichten: «Grün und Rot macht Braun!» Dann will sie «eine neue Renaissance weltweit schaffen». Auch auf das Erreichte ist Helga Zepp-LaRouche stolz: «Wir haben schon ganze Säulen in der Weltpolitik ins Wackeln gebracht!» Deshalb ein neuerlicher Appell an die Besucher: «Ich schlage vor, zwei Wochen nach dem amerikanischen Wahltermin, wenn es geht eine doppelt so große Konferenz des Schiller-Instituts zu machen, um in das Ohr von Präsident Reagan reinzu ... reinzu ... ääh ... jedenfalls ganz schön laut!» So lieb kann sie sein, die Helga Zepp-LaRouche. Und der ganze Saal lacht mit ihr.

Mit Friedrich Schiller gegen Richard Burt

Eine Organisation für internationale Kampagnen

Arlington im US-Bundesstaat Virginia, Anfang Juli 1984. Gründungskonferenz des Schiller-Instituts.

«Das Schiller-Institut, dessen Beirat in den USA und der Bundesrepublik bereits rund 400 Experten aus vielen Ländern angehören und das im September in weiteren europäischen Ländern gegründet wird, hat sich zur kurzfristigen Aufgabe gesetzt, für die reformbedürftigen Bereiche der westlichen Allianz neue Studien vorzulegen, und zwar in den Bereichen Kultur und Geschichte, Militärstrategie, Ökonomie und Wissenschaft» (Helga Zepp-LaRouche). Das SI, auch als «Institut für republikanische Außenpolitik» bezeichnet, erhält für die Erfüllung dieser Aufgaben vier Abteilungen, deren erste die «Abteilung für militärstrategische Zusammenarbeit» ist.

Militärisches wird bei den Schiller-Verehrern sehr groß geschrieben. Noch mehr Wissenschaftler und Ex-Generale als in Wiesbaden waren bei der Gründungskonferenz in den Vereinigten Staaten zusammen. Als Referenten traten in Arlington am 3. und 4. Juli 1984 neben den bundesdeutschen LaRouche-Mitarbeitern Anno Hellenbroich, Michael Liebig und Dr. Uwe Parpart-Henke folgende Referenten auf:

aus Italien

- *Filippo de Jorio*, «Abgeordneter der Christdemokratischen Partei, Lazio, Rom»;
- *Claudio Pollastri*, «Sozialdemokratische Partei (PSDI), Mailand; außenpolitischer Ausschuß der PSDI, Mailand»;
- *Giulio Macri*, «General a. D.; ehemaliger Mitarbeiter beim SHAPE, Beiratsmitglied des Schiller-Instituts, Rom»;

aus der Bundesrepublik Deutschland

- *Hans E. Seuberlich*, «Oberst a. D., Vizepräsident von EUROMIL (European Organization of Military Association), Vorstand des Kyffhäuserbundes» – der «ältesten Soldaten-Vereinigung Deutschlands»;
- *Franz Hron*, «Mitglied des Reichsbanners Schwarz-Rot-Gold, Frankfurt», mittlerweile verstorben;

aus Schweden

- *Lennart Hane*, Beiratsmitglied des Schiller-Instituts;

aus den USA

- *Dr. David E. Flichbaugh*, «Atomphysiker», «Raumfahrtingenieur, Vorsitzender der Aerospace and Electronics Systems Society, Beiratsmitglied des Schiller-Instituts, Orlando»;
- *Dr. med. Ned Rosinsky*, Beiratsmitglied des Schiller-Instituts, New York;
- *Dr. James Frazer*, «Biophysiker, Beiratsmitglied des Schiller-Instituts, Texas» – Forschungsaufträge von der US-Luftwaffe;
- *Dr. Winston Bostick*, «Plasmaphysiker, Stevens Institute of Technology, Haoboken, New Jersey»;
- *Dr. Robert Moon*, «emeritierter Professor des Instituts für Physik der Universität Chikago, Beiratsmitglied des Schiller-Instituts. Herausgeber des *International Journal of Fusion Energy*, Chikago».

Ein Telegramm zur Gründungskonferenz kam von dem Raumfahrtpionier Dr. Krafft A. Ehricke, «Präsident der Space Global Company in La Jolla, Kalifornien; Mitglied der Fusion Energy Foundation, Berater des Magazins *Fusion*, Träger des Goddard-Gedächtnispreises des Amerikanischen Institute of Astronautics and Aeronautics».

Im amerikanischen und europäischen Beirat des Schiller-Instituts sitzen zahlreiche Ex-Militärs und Rüstungswissenschaftler.

In den beiden Vorständen sind wiederum bekannte LaRouche-Leute. Der bundesdeutsche Vorstand hat als Vorsitzende Helga Zepp-LaRouche und als weitere Mitglieder LaRouche-Mitarbeiter, die schon seit Jahren in anderen LaRouche-Vereins- und Parteivorständen oder als Unternehmensgesellschafter bekannt sind: Renate Müller, Michael Liebig, Elisabeth Hellenbroich, Rainer Apel, Webster Tarpley und Angelika Raimondi. Im US-Vorstand (Board of Directors) sitzen ebenfalls Deutsche, die beiden Helga Zepp-LaRouche und Renate Müller, die wenig später bei der LaRouche-Gründung «Patrioten für Deutschland» Spitzenfunktionen wahrnimmt.

Kundgebung in Sachen Schiller & Co in Bonn, 1985 (Fotos: Adolf Altgaßen)

Seit seiner Gründung hat das Schiller-Institut bereits zahlreiche Aktivitäten entfaltet.

Zunächst fing es mit Schiller-Feierlichkeiten an, die mit Aktionen und Demonstrationszügen unter anderem durch Dortmund, München, Mannheim, Bonn, West-Berlin und Hannover führten. Mit Schülern wurden Schiller-Rezitationen veranstaltet, Jugendorchester musizierten mit ihrem klassischen Repertoire.

Dabei gingen die Schiller-Anhänger vor allem lautstark gegen ihre vermeintlichen Gegner vor. Zum Beispiel ein Plakat in der Celler Innenstadt, aufgestellt am 18. Februar 1985: «27. Februar – Tag des Widerstandes gegen Drogenhandel, Terroristen und Grüne».

Zum 225. Geburtstag des Weimarer Klassikers gab es allerdings auch liebenswürdige Aktionen. Zur Feier des hohen Tages wurden in Mannheim, der Stadt der «Räuber»-Uraufführung, «Tell-Äpfel», Brötchen und rosa Nelken verteilt. Die kreative Kampagne wurde

Kundgebung in Sachen Schiller & Co in Bonn, 1985 (Fotos: Adolf Altgaßen)

musikalisch mit passenden Klängen begleitet. Aus dem Auto-Lautsprecher tönte es «Freude, schöner Götterfunken». Der große Klassiker verhalf den LaRouches sogar zu Tagungsräumlichkeiten in einer Pfarrgemeinde und in der Mannheimer Universität. Professor Gerd Roellecke, der seine Aula großzügig zur Verfügung stellte, reagierte genervt auf Studenten-Proteste: «Wenn die Friedrich-Ebert-Stiftung hier tagen würde, stünden sie jetzt nicht hier ...» Seit seiner Gründung verdrängt das Institut die Flugblätter und Presseerklärungen der Europäischen Arbeiterpartei und der anderen älteren Gruppen ‹Anti-Drogen-Koalition›, ‹Private Akademie für Humanistische Studien› und ‹Club of Life›. Die LaRouche-Aktivisten haben wieder eine neue Fahne, unter der sie für ihre hohen Ziele in den Kampf ziehen.

Eine der größten Kampagnen war ihr Kampf gegen die Ernennung des jetzigen US-Botschafters in der Bundesrepublik, Richard Burt – «eine der Schlüsselpersonen in einem Netzwerk von Leuten um

Kundgebung in Sachen Schiller & Co in Bonn, 1985 (Fotos: Adolf Altgaßen)

Henry Kissinger, das seit den siebziger Jahren die ‹Abkopplung› der Vereinigten Staaten von Westeuropa betreibt». Alles Böse wird dem amerikanischen Diplomaten von Lyndon H. LaRouche in einem Papier nachgesagt, das «in großer Auflage sowohl in amerikanischen wie in europäischen Kreisen zirkuliert»: «[. . .] Burts Ernennung bedeutet mit etwa achtzigprozentiger Wahrscheinlichkeit, daß die konservative Regierung von Bundeskanzler Kohl noch in diesem Herbst gestürzt wird.»

Dazu ist es nun doch nicht gekommen, und Richard Burt ist trotz der aufwendigen LaRouche-Kampagne Botschafter in der Bundesrepublik geworden. Die zehn Gegenstimmen aus dem US-Senat gegen seine Ernennung verbucht LaRouche jedoch ganz selbstbewußt als Erfolg der Schiller-Kampagne. Genüßlich zählen die LaRouche-Anhänger in einer Broschüre mit dem Untertitel «Burt, Genscher und Brandt wollen Europa an die Sowjetunion verschachern» die Burt-Gegner aus dem US-Senat auf. Senator Howell Heflin zum Beispiel «soll in seiner Abstimmung gegen Burt stark durch Telefonanrufe aus der Bundesrepublik Deutschland beeindruckt worden sein». Auch

Auf nach Bonn!

Demonstration für das Menschenrecht auf Entwicklung

Samstag, 26. Januar 1985
Treffpunkt 10.00 Uhr an der Kennedy-Brücke in Bonn-Beuel
Große Kundgebung um 12.00 Uhr auf dem Münsterplatz
Anschließend findet eine Veranstaltung statt, Ort und Raum werden auf der Kundgebung bekanntgegeben

Schiller-Institut
Institut für republikanische Außenpolitik 3000 Hannover 1 · Hinrichsring 12 · ☎ 0511/6966096 0511/3500631

Kundgebung in Sachen Schiller & Co in Bonn, 1985 (Fotos: Adolf Altgaßen)

sonst scheint Senator Heflin ganz auf ihrer Linie zu liegen: «Er stimmte gegen den IWF und gegen Paul Volcker und trat für die MX-Rakete ein.»

Die Nein-Stimme von dem bekannten Republikaner Barry Goldwater erfreute die LaRouches ganz besonders. Zufrieden über den Erfolg ihrer Kampagne, zitieren sie die Rede Senator Goldwaters vom 15. Juli 1985: «Herr Präsident, ich erhielt vor ungefähr einer halben Stunde, und das war das erste Mal in meiner über dreißigjährigen Tätigkeit in dieser Institution, über 26 Telefonanrufe aus der Bundesrepublik Deutschland, die sich alle gegen die Nominierung Burts zum Botschafter aussprachen. Wie gesagt, so etwas habe ich noch nie erlebt. Ich weiß nicht, ob es von jemandem aus unserem Land initiiert worden war. Ich weiß nicht, wer die Quelle ist. Ich denke, der Senat sollte sich für diese Tatsache interessieren.»

Zur Ergänzung eine kleine Leseprobe aus der Anti-Burt-Broschüre über den Einfluß des sowjetischen Geheimdienstes in der Bundesrepublik: «Andropows Mentor, der verstorbene Michael Suslow, gründete in den siebziger Jahren zur Unterwanderung Westeuropas und der Vereinigten Staaten via DDR eine Frontorganisation des sowjetischen Geheimdienstes, den Verband der Verfolgten des Naziregimes (VVN). Der VVN bedient sich u. a. früherer Kollaborateure der Nazis in den Konzentrationslagern jüdischer Abstammung als erpreßbare Agenten im sowjetischen Interesse. Obwohl auch gewisse sozialdemokratische, nominell jüdische Organisationen an dieser subversiven Operation mitwirkten, war es doch im wesentlichen der VVN-Apparat, über den Moskau den ‹Bitburg-Skandal› gegen Präsident Reagan ins Leben rief und steuerte.»

Eines der Länder, zu dessen Regierungsstellen das Schiller-Institut hervorragende Kontakte aufbauen konnte, ist Tunesien. So berichtete *Al Almal*, die Zeitung der regierenden «sozialistischen» Destour-Partei, ausführlich über dessen Aktivitäten. Sozusagen aus erster Hand. Der *Al Almal*-Chefredakteur Ahmed Kedidi, gleichzeitig auch Mitglied des Zentralkomitees und Parlamentsabgeordneter seiner Partei, ist Gründungsmitglied des Schiller-Instituts. Angaben der *Neuen Solidarität* zufolge wurden die Kontakte Ende Januar 1985 intensiviert. Die Vertreter des Schiller-Instituts, Webster Tarbley und Thierry Lalevée, besuchten auf Einladung Kedidis Tunesien. Während ihres Aufenthalts hatten die beiden Gelegenheit, «sich mit zahlreichen Vertretern der tunesischen Regierung zu treffen und über die Arbeit des Instituts zu beraten. Die Aktivitäten des Schiller-Instituts erfuhren große Beachtung in den tunesischen Medien.» In der zensierten Presse erschienen fünf Artikel, und im Fernsehen wurde viermal über den Besuch der Schiller-Institut-Vertreter berichtet. Webster Tarpley gehört zumindest 1984 dem Vorstand des Instituts in der Bundesrepublik an.

Thierry Lalevée sollte wenig später mit intimen Kenntnissen tunesischer Diplomatie aufwarten. So berichtete er am 10. Oktober 1985 über gewisse Hintergründe des israelischen Angriffs auf das PLO-Hauptquartier in Tunis, bei dem 60 Menschen ums Leben kamen und weit über einhundert verletzt wurden: «Alles deutet darauf hin, daß amerikanische Regierungsvertreter darauf gedrungen haben, den PLO-Vorsitzenden in letzter Minute vor dem beabsichtigten Schlag zu informieren. Arafat und andere Palästinenserführer waren gewarnt worden, sich von Dorj-Cedria fernzuhalten, ebenso wie man den amerikanischen Beamten in Tunesien vorher geraten hatte, im gegebenen Augenblick zu Hause zu bleiben [...].»

Diese detaillierte Darstellung der Abläufe, die der Weltöffentlichkeit bisher nicht bekannt wurde, wird von tunesischen Oppositionellen untermauert – Menschen, deren Quelle sicherlich nicht LaRouches *Neue Solidarität* ist, sondern Gesinnungsfreunde im heimischen Tunis.

Der Gegenbesuch ließ nicht lange auf sich warten. Amor Ben Romdhane, Gründer und Leiter der tunesischen Behörde zur Förderung der Agrarinvestitionen (APIA), konnte am 21. und 22. Februar 1986 an einer Konferenz des Schiller-Instituts über das Nahrungsmittelproblem teilnehmen. Stolz berichtete die *Neue Solidarität*: «Herr Romdhane sprach als Vertreter der tunesischen Regierung.» Auf entsprechende Nachfrage der Autoren bei der tunesischen Botschaft in Bonn erklärte deren Sprecher Abdel J. Azouz zunächst, er glaube nicht, daß Romdhane an dieser Konferenz teilgenommen habe, zur Sicherheit werde er aber nachfragen. Tatsächlich, er nahm teil – so lautete die zweite Auskunft des Botschaftsvertreters. Allerdings habe Romdhane nicht gewußt, wer hinter dieser internationalen Fachkonferenz steht. «Er wußte nichts vom Schiller-Institut.» Romdhane habe auch nicht «für seine Regierung gesprochen».

Solche Dementis sind beim Schiller-Institut und bei anderen LaRouche-Organisationen keine Seltenheit. Ist dieses Verhalten der Politiker lediglich auf ihre bloße Naivität zurückzuführen?

Die Frage nach Sinn und Zweck der LaRouche-Kontakte zu Tunesien beantworten Kenner des Landes mit der Rolle dieses Landes als traditionellem Brückenkopf westlicher Kapitalinteressen in dieser Region. Tunesien befinde sich auch nach mehr als zwanzig Jahren seiner Unabhängigkeit im Zustand einer französischen Halbkolonie. Die französische Regierung bestimme nach wie vor weitgehend die Außenpolitik des Landes. Gleichzeitig sei innerhalb des Machtapparats eine Rivalität zwischen zwei Fraktionen entstanden, die sich auf Frankreich und die EG bzw. auf die USA hin orientierten. In diesem Spiel könnte das Schiller-Institut den US-amerikanischen Part unterstützen.

«Scheinheiliger Holocaust-Schwindel»

Helga Zepp-LaRouche – ein Kurzportrait

Wenn sie bei einer ihrer zahlreichen Kundgebungen und Konferenzen vor sympathisierendem Publikum ihre philosophisch umhüllten Hetz-Reden gegen Kissinger, das «Ostküsten-Etablishment», die Grünen und alle anderen «Neo-Malthusianer» hält, dann ist sie kaum noch zu bremsen. Mit Leichtigkeit kann sie damit den ganzen Abend füllen.

Dem bundesdeutschen Wählerpublikum ist Helga Zepp-LaRouche hauptsächlich von EAP-Plakatwänden und Wahlkampf-Fernsehspots bekannt. Nach der Tagesschau verkündete sie in der Wahlwerbung für das Europaparlament vor allem Fortschrittsgläubigkeit: «Diese ausgezeichnete Kernanlage hier in Biblis», dozierte sie vor dem Atomkraftwerk stehend, «ist ein Symbol für die wirtschaftliche Stärke der Bundesrepublik [...]. Wählen Sie mich, damit Europa viele solcher Kernkraftwerke erhält.»

Im Kampf gegen die Grünen, ihren derzeitigen Hauptgegner in der Bundesrepublik, hat sie in den USA schon Erfolge erzielt. In einem Vermerk vom 10. Mai 1985 warnte der bei einem Flugzeugabsturz umgekommene Kenneth J. McDonald, damals konservativer Abgeordneter im Repräsentantenhaus, vor der Gefahr der westdeutschen Oppositionspartei. Die Quelle seiner Dokumente: «Im Oktober 1984 rief Helga Zepp-LaRouche, die Vorsitzende der European Labour Party ELP (= EAP, Anm. d. A.) und Gründerin des Schiller-Instituts, zu einer weltweiten Mobilisierung für ein Verbot der Grünen auf, um Moskaus Plan zu durchkreuzen, die Grünen mit einer ‹rot-grünen Koalition› in Bonn an die Macht zu bringen.»

Männer vom Schlage Kenneth J. McDonalds geben dieser forschen Politikerin Selbstbewußtsein.

Helga Zepp-LaRouche, früher auch als Helga Ljustina oder Zepp-

Helga Zepp-LaRouche bei einer Kundgebung in Bonn, Oktober 1980 (Foto: Frank Darchinger)

Ljustina bekannt, wurde 1948 in Trier geboren. Die Vorsitzende der Europäischen Arbeiter Partei (EAP), absolvierte in Trier auch ihr Abitur. Danach folgte eine Journalistenausbildung in Hannover und Hamburg, unter anderem mit einem Volontariat bei der *Hannoverschen Presse*. Ihre Partei berichtet gerne über ihre journalistische Karriere und daß sie 1971 als «erste westliche Journalistin nach der Kulturrevolution China» bereiste.

Helga Zepp-LaRouche studierte in West-Berlin, Frankfurt und Mainz Philosophie, Geschichte und politische Wissenschaften. Seit 1977 ist sie mit Lyndon H. LaRouche verheiratet, dem «bekannten amerikanischen Wirtschaftswissenschaftler und Herausgeber des Nachrichtenmagazins *Executive Intelligence Review*.

In den zahlreichen von den LaRouches gegründeten Vereinen, Organisationen und Unternehmen spielt sie eher eine zurückhaltende Rolle. Ihre wichtigste Aufgabe war lange Zeit der Parteivorsitz in der

EAP. Die Vorstände und Gesellschaftsanteile von Vereinigungen und Unternehmen werden im wesentlichen von einer Gruppe von etwa 30 LaRouche-Mitarbeitern gehalten.

Die Verbesserung der deutsch-amerikanischen Beziehungen, Hauptziel des Schiller-Instituts, lebt sie sozusagen persönlich vor. Ihre Ehe mit dem amerikanischen Gründer der LaRouche-Organisation, dem «Philosophen» Lyndon H. LaRouche, und ihre Repräsentationsaktivitäten für die Organisation führen dazu, daß sie ihr Leben jeweils zur Hälfte in den Vereinigten Staaten und der Bundesrepublik bestreitet.

Wie auch die anderen LaRouche-Mitarbeiter unternimmt sie sehr häufig Reisen, bei denen sie mit ihrem Ehemann zum Teil erstaunlich hoch dotierte Gespräche führen konnte, unter anderem mit der ermordeten indischen Staatschefin Indira Gandhi und dem mexikanischen Präsidenten Lopez Portillo.

Sehr zurückhaltend tritt sie auch bei der Bürgergruppe Patrioten für Deutschland auf. Im Kleingedruckten erscheint sie bei Anzeigenkampagnen der ‹Patrioten› als Mitunterzeichnerin mit der Funktionsangabe «Vorsitzende des Schiller-Instituts».

Weniger vorsichtig ist die selbstbewußte, mit ihrem dunklen, stets schulterlangen Haar sehr jugendlich wirkende Helga Zepp-LaRouche in ihren politischen Äußerungen. Ganz schwungvoll stellte sie sich 1976 in Bonn zum Beispiel vor einer Handvoll Journalisten als Kanzlerkandidatin vor: «Wenn der Wähler vor die Alternative gestellt wird, zwischen Frau Renger, Frau Hamm-Brücher und mir zu wählen, dann wird er schnell erkennen, daß ich die wahre Gleichberechtigung und Demokratie verkörpere.» Über ihren Konkurrenten Helmut Kohl wußte die energische Dame schon damals Details zu berichten. Sie verglich ihn mit Jimmy Carter: «Beide haben ein Hirn, grad so groß wie eine Erdnuß.»

Die Grünen werden von ihr als verkappte Nazis beschimpft, Sozialdemokraten als dumme Grünen-Sympathisanten in die Ecke gestellt. Helga Zapp-LaRouches Weltbild baut auf einfachen Denkmodellen auf. Auch wenn es um die Juden geht, weiß die Vorsitzende der Null-Komma-Prozent-Partei alles besser. Sie unterscheidet feinfühlig in «zionistische» und «nicht-zionistische Juden». In einem Editorial in der *Neuen Solidarität* klärte sie die Leser am 25. Januar 1979 über die rechte Sicht der Faschismus-Geschichte auf. In dem Beitrag mit dem Titel «Der zionistische Holocaust heute» regte Helga Zepp-LaRouche sich gewaltig über die Aussendung und den Erfolg des amerikanischen Holocaust-Films auf.

Sie verfolgte in ihrer umwerfenden Analyse die «Netzwerke», die den Film initiiert hätten: «ein Nest zionistischer, das heißt ausländischer Agenten in der Bundesrepublik». Nur sie zählt zu den wenigen über die wahren Hintergründe Informierten: «Während in den USA niemand auch nur die geringsten Illusionen über die Macht der zionistischen Lobby über vor allem die gegenwärtige Administration hegt, ist der Einfluß einer verdeckter operierenden zionistischen Lobby in der Bundesrepublik bisher nur wenigen eingeweihten politischen Persönlichkeiten bekannt, nicht aber der breiten Bevölkerung. Und deshalb müssen wir den scheinheiligen Holocaust-Schwindel zum Anlaß nehmen, um diese ausländischen Agenten auffliegen zu lassen.»

«Patrioten für Deutschland»

Vaterlandsliebe mit militärischen Ehren

«Wir wollen jetzt selbst die Macht übernehmen, nicht mehr immer nur in die CDU intervenieren.» Der Landtagswahlkampf wurde im Frühjahr 1986 in Niedersachsen mit ganz neuen Tönen geführt. La-Rouche-Mitarbeiter gingen in ihrer Telefon-Agitation gegenüber Abonnenten und Interessierten zur Sache. Die «Partei», die so schnell in Hannover die Macht übernehmen wollte, nennt sich «Bürgergruppe Patrioten für Deutschland». Am Telefon erklärte ein Kämpfer, wie dies durchgesetzt werden sollte. «Wir haben eine gesunde Mischung aus ehemaligen Militärs und Mittelständlern», erzählte er über seine Kandidaten. Auf die CDU war er nicht gerade gut zu sprechen: «Wir haben nur Todenhöfer auf unserer Seite», und meinte damit den Afghanistan-Experten der christdemokratischen Bundestagsfraktion, Jürgen Todenhöfer. Der US-Wahlkampf des großen Lyndon H. LaRouche gebe ihnen Hoffnung. Er soll 1988 Präsident der Vereinigten Staaten werden, eine Kandidatenbewegung in allen Bundesstaaten soll die Präsidentschaftskampagne vorbereiten.

Die neue LaRouche-Gruppe, kaum gegründet, stiftete gewaltige Verwirrung bei den Beobachtern der rechtsextremistischen Szene. So berichtete zum Beispiel der *giesel-brief*, ein laut Eigendarstellung «unabhängiger Informationsdienst zur vertraulichen Unterrichtung der Empfänger», am 23. Oktober 1985: «Das vor einem Jahr gegründete Schiller-Institut [...] sucht nach Bündnispartnern auf der rechten Seite des innenpolitischen Spektrums. Derzeit müssen sich Vorstandsmitglieder und Sympathisanten der CDU-nahen ‹Konservativen Aktion› aufdringlicher Umarmungsversuche erwehren. Während ZDF-Moderator Gerhard Löwenthal und der Berliner Professor Klaus Motschmann die Zusammenarbeit mit der stramm antikommunistischen Organisation ablehnten, fand sich der Name von Professor Emil Schlee bei den Unterzeichnern eines Pamphlets (‹Patrioten für

Deutschland›) des Schiller-Instituts. Christdemokrat und Vertriebenenfunktionär Schlee, der engen Kontakt zur ‹Konservativen Aktion› hält, zog allerdings seine Unterschrift wieder zurück, nachdem er über den politischen Hintergrund der Initiatoren dieses Flugblattes informiert worden war.»

In der Tat, die Verwirrung war in der rechten Szene komplett. Eine Woche vor Veröffentlichung dieses *giesel-briefes*, am 15. Oktober 1985, rief die ‹Bürgergruppe Patrioten für Deutschland› mit teuren, großformatigen Anzeigen in der *Frankfurter Allgemeinen Zeitung*, der *Welt*, der *Bild-Zeitung* und etlichen regionalen Tageszeitungen zur «überparteilichen Sammlung» aller «patriotisch gesinnten Mitbürger und schon bestehender Gruppen und Vereinigungen» auf. Eile schien geboten, denn «immer mehr Bürger erkennen mit Besorgnis, daß wir in der Bundesrepublik Deutschland in Gefahr sind, unsere Freiheit für immer zu verlieren. Die jüngsten sowjetischen Militärmanöver haben wiederholt den Überraschungsangriff auf den Westen geübt [...].» Sich in einer solch prekären Situation auf die Bonner Regierung zu verlassen erschien den Patrioten wenig erfolgversprechend: «Das große Problem besteht darin, daß die von der Bundesregierung versprochene Wende nicht stattgefunden hat. Bei Fortsetzung ihrer Wirtschaftspolitik wird die steigende Arbeitslosigkeit spätestens 1987 zur Wahlniederlage führen. Aber die Gefahr einer Staatsniederlage besteht nicht erst für 1987, sondern kann sich gegenwärtig sehr schnell an weiteren Spionageskandalen, Terrorismus und daraus resultierenden Regierungskrisen entwickeln.»

Die Forderungen könnten in ähnlicher Form von jedem x-beliebigen CDU-Kreisparteitag stammen: «Ein rot-grünes Regierungsbündnis in Bonn muß verhindert werden.» Fest stehen zum Bündnis mit Amerika «als einzigem Garanten unserer Freiheit», Ja zu SDI und ein Friedensvertrag «für Deutschland in allen seinen Teilen, damit das deutsche Volk in nationaler Souveränität über sich selbst bestimmen kann». Die Politik des Wirtschaftswachstums, die «produktive Vollbeschäftigung garantiert und uns wieder eine führende Rolle als Exportnation vor allem gegenüber unseren traditionellen Märkten in Lateinamerika, Asien und Afrika ermöglicht [...]».

Die Erziehung soll sich wieder «auf der Grundlage der deutschen klassischen Kultur» und des Humboldtschen Bildungsideals orientieren. Für den Bereich der Musik und Dichtung werden als «beste Beispiele Beethoven und Schiller» genannt. Für die harte Politik empfehlen die Patrioten lieber «preußische Reformer wie vom Stein, Scharnhorst und Gneisenau». In den Naturwissenschaften stehen die Tradition von Leibniz, Gauß, der Göttinger Schule und der Weltraumpioniere der zwanziger Jahre als Vorbild. Letztere haben sich vor allem im Krieg gegen Großbritannien als Konstrukteure der sogenannten V-Raketen bewährt. Zu ihnen und ihren Kollegen in der Atomforschung hält die LaRouche-Organisation über ihr Fusions-Energie-Forum einen besonderen Kontakt (siehe Seite 126).

In der Unterzeichnerliste dieser und weiterer Anzeigen, die in den folgenden Monaten ebenso großformatig erschienen, finden sich zwar etliche Namen führender Vertreter der bundesdeutschen LaRouche-Organisationen, ein direkter Bezug wird erstmalig jedoch nicht hergestellt. Diskret zeichnete der EAP-Landesvorsitzende in Nordrhein-Westfalen, Hartmut Cramer, als «Journalist, Hessen», Angelika Raimondi, bescheiden als «freie Journalistin, Hessen» vorgestellt, schreibt vorzugsweise in der *Neuen Solidarität* und verantwortet Flugblätter des Schiller-Instituts. Schließlich unterzeichnete auch Helga Zepp-LaRouche, immerhin als «Vors. des Schiller-Instituts, Hessen».

Verantwortet wurde die Anzeige von einem weiteren Kader: Rainer Apel, Oranienstraße 60, 62 Wiesbaden.

Im Hintergrund der «Patrioten»-Gründung stand neben Helga Zepp-LaRouche auch der Vorsitzende des Verbandes der Reserveoffiziere und ehemalige Präsident der US-amerikanischen Organisation «Peace through Strength» (Frieden durch Stärke), Milton Croom.

Als «Koordinator des amerikanischen Ad-hoc-Komitees gegen die Nominierung Richard Burts zum amerikanischen Botschafter in Bonn» wurde Croom in der *Neuen Solidarität* vorgestellt. Er hatte zuvor im Oktober 1985 «auf persönliche Einladung der Gründerin des Schiller-Instituts Helga Zepp-LaRouche» die Bundesrepublik besucht. Während dieses Besuches traf Croom nach Angaben der Zeitung «mit konservativen Politikern von der CDU, der SPD und den Gewerkschaften zusammen sowie mit ehemaligen hohen Bundeswehroffizieren und Sicherheitsexperten». Milton Croom selbst wird mit der Erklärung zitiert, Hauptziel seiner zehntägigen Reise sei es gewesen, «direkte Kontakte zwischen den Konservativen in Deutschland und Amerika herzustellen und Informationskanäle aufzubauen, die nicht der Kontrolle des amerikanischen Außenministeriums unterliegen».

Als ein Höhepunkt seiner Polit-Tour wurden die Begegnungen mit Professor Emil Schlee und dem Oberstleutnant a. D. Boldt in Schleswig-Holstein sowie Besuche in Bitburg und Berlin genannt.

In Washington berichtete die Nachrichtenagentur Associated Press (AP), daß Croom kein LaRouche-Kandidat bei dessen Wahlkämpfen sei. Er unterstütze jedoch viele LaRouche-Positionen, und ein Mitarbeiter LaRouches würde für ihn arbeiten.

Professor Emil Schlee war bis zu seiner vorzeitigen Pensionierung Anfang 1985 Vertriebenenbeauftragter in Schleswig-Holstein. Der Bundesvorsitzende der «Landsmannschaft Mecklenburg» brachte seine Enttäuschung über die Wende-Regierung Ende 1985 in einem von Günter Rohrmoser im rechtskonservativen Sinus-Verlag herausgegebenen Buch zu Papier. Zitat aus dem Rohrmoser-Werk mit dem Titel «Das Debakel»: «Man kann fest davon ausgehen, daß sich diese große und treue Wählergruppe (der Vertriebenen, Anm. d. A.), die man rücksichts- und gedankenlos politisch heimatlos gemacht hat, zusammen mit anderen Gruppen eine wählbare Alternative aufbauen wird [...]. Beim nächsten Termin könnten die 40 Prozent Wechselwähler wissen, wohin sie wechseln können, und könnten die Taktiker unter den Wählern aus Protest gegenüber den bürgerfernen großen Volksparteien diesen mit dem Wahlzettel einen Denkzettel verpassen, der ausreichen könnte, zu einer mittelgroßen Partei ‹zusammengewählt› worden zu sein. Jedem Wahlstrategen sei gesagt: Die wahlpolitische Rolle der Vertriebenen und Flüchtlinge ist nicht am Ende, sondern beginnt jetzt erst wieder durch die Herausforderung der politischen Parteien.»

Schlee ist stolzer Träger des Sturmzeichens aus Hitlers Krieg und Bundeswehr-Hauptmann der Reserve. 1981 schrieb er in einem Argumentationspapier, das die Landsmannschaften zur Darlegung ihrer Deutschlandpolitik versandten: «Kein Bundeskanzler, keine Bundesregierung, kein Deutscher Bundestag kann über irgendeinen Quadratmeter deutschen Bodens im Osten oder Westen, im Norden oder Süden verfügen.»

Die CDU, in die er 1967 eingetreten war, verließ Professor Schlee 1985, offenbar in der Hoffnung, mit seinen «Patrioten» neue politische Ufer zu erreichen. Die Enttäuschung muß groß gewesen sein, als er von Freunden über die Hintergründe der neuen LaRouche-Organisation informiert wurde.

Erfahrungen in der unerwünschten «Vorfeldarbeit» für die Union hat ein anderer ‹Patriot›, vielleicht der prominenteste Erstunterzeichner: Professor Friedrich-August Freiherr von der Heydte, Brigadegeneral der Reserve und ehemaliger Landtagsabgeordneter in Bayern. Der Professor für Öffentliches Recht in Würzburg war Mitgründer und Präsidiumsmitglied des Vereins «Rettet die Freiheit», der 1959 unter anderem von Rainer Barzel gegründet wurde. Er leitet außerdem das «Institut für Staatsrechtslehre und Politik e. V.», von dem direkte Verbindungen zur «Staatsbürgerlichen Vereinigung» führten, eine der Geldwaschanlagen der konservativen Parteien.

Ein weiterer ‹Patriot› ist Karl Adolf Zenker aus Bonn, ein Vizead-

Zenker mit Dolch und maritimen Erinnerungen (Foto: Uwe Heitkamp)

miral a. D. der Bundeswehr, der zuvor als hoher Marine-Offizier am Zweiten Weltkrieg teilgenommen hatte. Bereits 1951 zog es ihn wieder zum Militär, als Mitarbeiter im ‹Amt Blank›, verantwortlich für den Aufbau einer neuen Marine. Sein Konzept, veröffentlicht im Bulletin der Bundesregierung am 11. Februar 1954: «Ist auch die Ostsee ein Randmeer, so führt sie doch weit in den Raum eines möglichen Gegners hinein und bildet für ihn eine offene Flanke, an der er verletzlich bleibt.» Zenker erklärte noch elf Jahre nach Kriegsende zu den in Nürnberg verurteilten Kriegsverbrecher und deren Taten bei einer Rekrutenvereidigung am 16. Januar 1956 in Wilhelmshaven: «... Jeder von uns alten Marineleuten weiß, daß die Marine sauber, anständig und ehrenhaft geführt worden ist [...]. Wir Alten, die wir in der alten Marine unter den Großadmiralen Raeder und Dönitz dienten, haben unter ihnen ehrenhaft gekämpft. Das Nürnberger Urteil ist aus der Zeit der damaligen Verwirrung entstanden, heute würden die Großadmirale nicht mehr verurteilt werden [...].»

Militärs vom Schlage Zenkers spielen eine wichtige Rolle bei den

«Patrioten». Neben von der Heydte und Zenker haben auch die Brigadegenerale a. D. Friedrich Wilhelm Grunewald, Paul-Albert Scherer sowie Konteradmiral a. D. Dr. Eberhard Noodt unterzeichnet.

Grunewald mischte sich ebenso wie Zenker aktiv in den niedersächsischen Landtagswahlkampf ein. Der ehemalige Referatsleiter im Bundesverteidigungsministerium (1964–1969) und frühere Stellvertretende Befehlshaber im Territorialkommando Süd, Heidelberg, war ab 1971 politisch aktiv bei der CDU, zuletzt als Vorsitzender des Landesfachausschusses Verteidigung in Baden-Württemberg. Im Frühjahr 1986 jedoch stand für ihn fest: Die ‹Patrioten› sind die Alternative. Die Wahl der Kandidaten der ‹Patrioten für Deutschland›, so ließ er wissen, «ist die Entscheidung für ein blühendes Niedersachsen, für ein freies Deutschland und eine gesunde Weltordnung».

Paul Albert Scherer leitete bis zum 30. September 1977 den Militärischen Abschirmdienst (MAD). Mit seinem Namen verbunden sind zahlreiche illegale Abhöraktionen des militärischen Geheimdienstes. Im Zusammenhang mit falschen Angaben über die Zahl dieser Abhöraktionen mußten schließlich außer Scherer auch der damals für den MAD politisch verantwortliche Staatssekretär Helmut Fingerhut sowie Minister Georg Leber ihren Hut nehmen.

Der frühere NATO-General Eberhard Noodt erschien nur in den ersten Anzeigen, später fehlte sein Name ebenso wie der Zenkers. Davon unbeeindruckt sahen sich die ‹Patrioten› vom angeblich «ausgezeichneten Echo» auf ihre Inserate vom Oktober 1985 dazu veranlaßt, ihre Pressekampagne mit weiteren Anzeigen am 4. Dezember 1985 fortzusetzen. Diesmal erschienen die Anzeigen auch in der *Augsburger Allgemeinen* und den *Nürnberger Nachrichten*. Angaben des sozialdemokratischen Pressedienstes *blick nach rechts* zufolge kostete allein diese Serie etwa 170000 Mark. Zuvor hatte *EIR*-Geschäftsführer Michael Liebig einen Spendenaufruf verschickt: «Im Auftrag von Helga Zepp-LaRouche und Professor Schlee» wurden «patriotisch gesinnte Bürger» um Finanzhilfe gebeten, um «in drei bis vier Wochen eine neue Anzeigenkampagne zu starten, die dann konkrete Handlungskonzepte enthalten wird». Ob dabei die notwendigen 170000 Mark gesammelt wurden, darf angesichts der Erfahrungen anderer Gruppen bezweifelt werden. Die Dezember-Anzeige bezog sich ausdrücklich auf den Text der vorausgegangenen Anzeige vom 15. Oktober 1985. «Die Gefahren, vor denen wir in unserem ersten Aufruf warnten, haben sich leider bestätigt: In Hessen existiert bereits eine rot-grüne Koalition. Aufgrund der Anfragen vieler Bürger werden wir rasch auf zahlreichen regionalen Veranstaltungen unsere Vorstellungen zur Abwehr der ernsten Gefahren, die unserer Nation drohen, darlegen.

Deshalb: Wir müssen über den Gipfel zwischen Präsident Reagan und Gorbatschow hinausdenken. Wir lassen uns von dem törichten Gerede über eine neu aufgelegte ‹Entspannungspolitik› nicht blenden. Wir müssen den Tatsachen ins Auge sehen, daß es eine Nach-Reagan-Ära geben wird. Die umfassende Kooperation mit Amerika bei der Strategischen Verteidigungsinitiative (SDI) und die gleichzeitige Entwicklung einer Europäischen Taktischen Verteidigungsinitiative (TDI) sind jetzt wichtiger denn je, um dem Expansionsdrang Moskaus wirksam entgegenzutreten. Wir können es weder Herrn Genscher noch sonst jemandem erlauben, Bundeskanzler Kohl an der Unterzeichnung eines Regierungsabkommens über SDI mit den USA zu hindern! [...] Genausowenig werden wir uns damit abfinden, daß die rot-grünen ‹Freunde Moskaus› bei uns immer eifriger ihr Geschäft betreiben [...].»

Die ‹Patrioten› kündigten an, durch ihre Arbeit «Inspiration für eine moralische und kulturelle Erneuerung unseres Volkes zu sein. Wir stützen uns dabei auf das Erbe der 2500jährigen christlich-humanistischen Tradition Europas, auf die deutsche Klassik, das Staatsmodell der preußischen Reformer und die Verknüpfung des Humboldtschen Erziehungssystems mit den Aufgaben der Zukunft [...]» – 2500 Jahre Tradition, ohne Lücken und Ausnahmen.

Sie verkünden die Rettung vor uns drohender, moskaubestimmter Verelendung mit Unfreiheit und AIDS – durch Schiller, Scharnhorst, Fusionsenergie und SDI.

Noch schärfer wurde der Ton der Bürger- und Soldatengruppe im Vorfeld der niedersächsischen Landtagswahlen, nachzulesen am 21. März 1986 in der *Braunschweiger Zeitung*. Der Wahlkampf-Aufruf verbreitet Panik-Stimmung: «Liebe Mitbürger, Es riecht nach Verrat in unserer Republik! Das katastrophale Ergebnis der Kommunalwahlen in Schleswig-Holstein beweist, daß wir Patrioten mit unseren Warnungen vollkommen recht hatten. Die Kalkulationen der CDU sind voll danebengegangen. Die Zahl der enttäuschten Nicht-Wähler, vor allem die der CDU, ist auf 32 Prozent gestiegen. Nur um Millimeterbreite verfehlte eine rot-grüne Koalition in Schleswig-Holstein die absolute Mehrheit. Dies hat Signalwirkung für Niedersachsen. So wird die CDU mit Pauken und Trompeten in Niedersachsen verlieren [...].» Ihren Wahlkampf führten die «Patrioten für Deutschland» mit der seitens der EAP bekannten Papier- und Plakatflut, jedoch weitgehend ohne öffentliche Veranstaltungen.

Die immerhin mit einhundert Kandidaten und Kandidatinnen flächendeckende Wahlliste wurde angeführt von Renate Müller, «Vorsitzende des deutschen Schiller-Instituts» Hannover. Die Verantwortung für Plakate und Aufrufe übernahm ein weiterer LaRouche-Kader, Frank Hahn, der gleichzeitig Landesvorsitzender der Patrioten war.

Als Stellvertreter und im Vorstand und als Nummer 3 auf der Wahlliste fungierte Robert Gräper (64). Der ehemalige Bürgermeister seines Heimatortes Garstedt war zuvor vierzig Jahre in der CDU und stellvertretender Landesvorsitzender des Evangelischen Arbeitskreises in Niedersachsen. Ehemalige Mitarbeiter bezeichneten ihn als äußerst konservativ und innerhalb der Kirche den Evangelikalen zugehörig. Vor allem im Bereich der Moral habe Gräper schon länger Differenzen zur CDU-Mehrheit geäußert.

Auf Platz 2 der Wahlliste kandidierte der ehemalige Funktionär eines Einzelhandelsverbandes Karl-Heinz Derbfuß (65). Seine Frau Herta warb im Wahlkreis Bissendorf für die gemeinsame Sache der ‹Patrioten›. Getreu der EAP-Tradition kämpften auch die ‹Patrioten› in Familienzusammenhängen. Unterstützung durch direkten Einsatz als Redner fanden sie unter anderem bei Vizeadmiral a. D. Karl-Adolf Zenker. In Wilhelmshaven, der Stadt, die ihm «von Jugend auf eine zweite Heimat ist» (*Wilhelmshavener Zeitung*, 6. Juni 1986), wetterte er gegen «SPD, Genscheristen und Grüne».

Zur Unterstützung wurden verschiedene Kandidaten der NDPC eingeflogen, die sich auf dem Ticket der Demokraten in verschiedenen US-Staaten an Wahlen beteiligten. So wurde mit Janice Hart, jener LaRouche-Kandidatin, die bei den demokratischen Vorwahlen in Illinois die Vorwahl für das Amt des Staatssekretärs gewonnen hatte, in Bonn eine Pressekonferenz abgehalten. Eingeladen dazu wurde auch einer der Autoren dieses Buches. Doch die Teilnahme wurde ihm verwehrt, nicht ohne LaRouche-übliche Pöbeleien.

Hauptberufliche Journalisten wurden auf dieser Presseveranstaltung nicht gesehen, dafür kamen gleich drei Angehörige der US-Botschaft: eine Pressekonferenz, ganz nach der Art der LaRouche-Organisationen, die ein besonders widersprüchliches Verhältnis zu den Medien haben.

In der *Neuen Solidarität* und einer tausendfach verteilten Wahlzeitung beschwerte sich Helga Zepp-LaRouche über die «Pressezensur in Deutschland» und jene «Verschwörung des Schweigens», die den ‹Patrioten› sehr zu schaffen mache. Für Helga Zepp-LaRouche eine willkommene Gelegenheit zur Abrechnung mit früheren Kollegen in der *Hannoverschen Zeitung*: «Ich kenne den ekelerregenden Parteienfilz und die schmutzigen Praktiken in den Medien genau, denn damals kam es zu mehreren persönlichen Konflikten mit meinen Vorgesetzten, weil ich nicht bereit war, in dieser Grundsatzfrage faule Kompromisse zu machen ...»

Verschwiegen wurde von ihr wohlweislich die damalige linksradikale, trotzkistische Ausrichtung der EAP. Auch nach der Wahl, die nicht die erhofften radikalen Veränderungen brachte, wurde die Journalistin nicht verlegen. Ein neuer Buhmann war schnell gefunden. Helga Zepp-LaRouche wußte es ganz genau: «Hinter dem Wahlbetrug von Niedersachsen steckt die trilaterale Abkoppler-Fraktion.» Nicht – wie auf Pressekonferenzen prophezeit acht, sondern 0,3 Prozent der Stimmen konnten die ‹Patrioten› bei der niedersächsischen Landtagswahl auf sich vereinigen. Immerhin 11287 Wähler votierten für sie. Die ‹Patrioten› lassen ihren Kopf nicht hängen: «Jetzt erst recht!» prangt die Überschrift in der *Neuen Solidarität.* «Wir werden den Kampf um die Freiheit Westeuropas verstärken!» lautet die anschließende Drohung. Frau Zepp-LaRouche besorgt die Analyse: «[...] Für mich besteht kein Zweifel, daß die Wahlergebnisse von Niedersachsen eine hundertprozentige Fabrikation darstellen. Wir ‹Patrioten› kennen die Stimmung der Bevölkerung genau, und kein Mensch kann mir weismachen, daß die CDU innerhalb von nur einer Woche plötzlich so viele Stimmen hat, um davon auch noch an die FDP abzugeben [...]. Den Bauern, dem Mittelstand geht es heute wirtschaftlich genauso schlecht wie vorher.»

Den Vergleich zu anderen Kleinparteien brauchen die ‹Patrioten› nicht zu fürchten. So erhielt die EAP bei der Landtagswahl im Jahr 1982 lediglich 1338 Stimmen, also etwa ein Zehntel der Nachfolgepartei. Die DKP erhielt beispielsweise lediglich ein Drittel der ‹Patrioten›-Stimmenzahl: 3858.

In einzelnen Wahlkreisen, beispielsweise im Wahlkreis Diepholz, errangen die ‹Patrioten› 0,5 Prozent, ebenso in Wolfsburg, Bremervörde und im Wahlkreis Winsen. Festzuhalten bleibt, daß die NPD auf eine eigene Kandidatur – sicherlich zugunsten der Neugründung – verzichtete. In einigen Wahlkreisen errangen die ‹Patrioten› auf Anhieb mehr Stimmen als die NPD bei früheren Wahlen. Im Vergleich zur EAP war durchweg eine Verzehnfachung der Wählerschaft zugunsten der Patrioten feststellbar. Ganz in diesem Trend lag auch der Patriot Siegfried Labus, der in Buxtehude mit 205 Stimmen immerhin 0,4 Prozent errang. Nachfolgend ein Interview mit dem ehemaligen CDU-Mitglied:

«Ich wollte nur die Sache in Gang bringen»

Interview im *Buxtehuder Tageblatt* mit dem Deutschen Patrioten Siegfried Labus

Buxtehude. Siegfried Labus ist der letzte Kandidat, den wir an dieser Stelle mit einem Interview vorstellen. Der 75jährige Ingenieur für Obstbau kandidiert im Wahlkreis 69 für die «Deutschen Patrioten», die zum erstenmal antreten und als Nachfolger der «Europäischen Arbeiter Partei» eingestuft werden. Siegfried Labus wohnt in Apensen und ist erst seit kurzer Zeit bei den Patrioten. Mit dem Kandidaten sprach TAGEBLATT-Redakteur Wolfgang Stephan:

TAGEBLATT: Herr Labus, nach Ansicht des Innenministeriums sind die Deutschen Patrioten als rechtsextreme Organisation einzustufen. Warum kandidieren Sie für diese Partei?

Labus: Davon weiß ich nichts. Der Begriff Patriot ist von Schiller entliehen: Patriot als treuer Vaterlandsgeselle und gleichzeitig Weltbürger. Das wollen wir auch sein. Dies hat mich auch gleich überzeugt, als ich vor Wochen bei einem Info-Stand der Patrioten zum erstenmal mit dem Programm in Berührung kam. Da habe ich gleich festgestellt, daß mich dies überzeugt. Da stand dann: Lieber mit beiden Beinen in der NATO, als mit dem kalten Mors in Sibirien. Erst dachte ich, da wäre ein CDU-Stand, bis ich dann die Patrioten sah.

TAGEBLATT: Habe ich das richtig verstanden: Sie sind an einem Infostand ganz zufällig mit den Patrioten bekanntgeworden und haben dann gleich kandidiert?

Labus: Ja, das hat uns natürlich einige schlaflose Nächte gekostet, denn die Entscheidung fiel mir und meiner Frau nicht leicht.

TAGEBLATT: Und so sind Sie Kandidat auf einer rechtsextremen Liste geworden.

Labus: Davon weiß ich wirklich nichts. Ich habe verschiedene Leute angesprochen, auch einen katholischen Pastor, aber auch der wußte davon nichts. Dann habe ich Leute zu mir eingeladen, von denen ich wußte, daß sie kritisch sind. Die konnten mir aber auch von einer rechtsextremen Haltung nichts berichten. Allerdings wollten die auch nichts mit den Patrioten zu tun haben, weil sie glauben, daß wir der CDU Stimmen wegnehmen. Dies möchten wir aber gar nicht.

TAGEBLATT: Sie müssen doch über jede Stimme froh sein?

Labus: Ich habe selbst jahrelang CDU gewählt. Wir wollen lediglich die Stimmen auffangen, die die CDU verliert. Dies ist unser erklärtes Ziel.

TAGEBLATT: An wen soll denn die CDU Stimmen verlieren?

Patrioten für Deutschland

Siegfried Labus
Direktkandidat im Wahlkreis Buxtehude

„Ich kandidiere für die Patrioten, damit die vergessene Mehrheit wieder eine Stimme hat. Wenn Sie zu den enttäuschten, parteiverdrossenen Wählern gehören, gehen Sie diesmal zur Wahl, wählen Sie die Patrioten."

Wahlprogramm Niedersachsen '86

Labus: Indirekt verlieren sie die Stimmen deshalb, weil die Leute nicht zur Wahl gehen. Ich bin von Beruf Obstbau-Berater gewesen und habe von sehr vielen Landwirten und Bauern erfahren, daß sie mit der Politik nicht einverstanden sind. Diese Leute gehen nicht zur Wahl.

TAGEBLATT: Warum sind Sie nicht in die CDU eingetreten, wo Sie doch mit Sicherheit mehr bewirken könnten?

Labus: Ich war doch in der CDU.

TAGEBLATT: Warum sind Sie ausgetreten?

Labus: Ich kann doch schlecht in beiden Parteien sein. Obwohl die Patrioten gesagt haben, ich hätte ruhig in der CDU bleiben können. Das wollte ich aber dann doch nicht.

TAGEBLATT: Was sagen denn Ihre ehemaligen CDU-Parteifreunde über Ihre Kandidatur?

Labus: Die machen mir natürlich auch den Vorwurf, ich würde Stimmen von der CDU abwerben wollen. Das stimmt aber wirklich nicht, denn es geht insbesondere um die Leute, die nicht zur Wahl gehen.

TAGEBLATT: Sie hatten ganz schnell Ihre 100 Unterschriften zusammen, damit Sie kandidieren können?

Labus: Das war überhaupt nicht schwierig, denn da haben auch viele CDU-Leute unterschrieben. Ich bin da von Haus zu Haus gegangen und habe selbst von SPD-Leuten Zuspruch bekommen, die sagten, kandidiere ruhig.

TAGEBLATT: Ich komme noch einmal auf die Frage nach der rechtsextremen Einstufung Ihrer Partei zurück.

Labus: Nein, ich habe doch alle Schriften dieser Partei gelesen. Da war nichts Rechtsextremes dabei. Da wurde sogar ein Musikquartett aus England hervorgehoben, in dem drei Juden mitgespielt haben – Mozart haben die gespielt. Wenn so etwas sogar hervorgehoben wird, können die doch nicht rechtsextrem sein. Mir fällt so etwas schon auf.

TAGEBLATT: Ihre Parteigründer kommen aber aus den USA und gehören der «Europäischen Arbeiterpartei» an, die seit Jahren mit ihrem rechten und chaotischen Programm kandidiert und nie auch nur den Hauch einer Chance hatte.

Labus: Die EAP war nicht der Vorgänger der Patrioten, sondern nur Frau LaRouche, die Vorsitzende der EAP, hat uns gegründet.

TAGEBLATT: Und jetzt wollen Sie politisch Andersdenkende verbieten. Sie fordern ein Verbot der Grünen.

Labus: Das müssen wir leider, denn wir haben ja in unserem Wahlkampf auch Grüne getroffen, und was wir da zu hören bekamen, war völlig unsachlich. Wenn Sie das Programm der Grünen, was jetzt beschlossen wurde, hernehmen, dann sagt das doch deutlich, was die Grünen wollen.

TAGEBLATT: Deswegen wollen Sie diese Partei verbieten?

Labus: Das Denken sei gestattet, das gibt Schiller auch zu. Jeder, der in einer geschlossenen Demonstration mitmarschiert, setzt sich aber den Gefahren aus, die Gewalttäter verursachen.

TAGEBLATT: Wegen der Gewalttäter können Sie doch nicht gleich eine Partei verbieten.

Labus: Doch, denn die müßten sich sonst distanzieren. Die paar Chaoten diskriminieren doch die Partei. Wenn sie gewalttätig sind, müssen wir sie verbieten.

TAGEBLATT: Herr Labus, in Ihrem Programm steht, daß Moskau die ganzen Demonstrationen steuert.

Labus: Was soll ich dazu sagen? Wer soll denn sonst ein Interesse an diesen chaotischen Zuständen haben? Wir wollen keine Abkopplung von Amerika. Wir müssen klare Fronten schaffen: Wollen wir die Verbrüderung mit Rußland oder müssen wir uns dagegen wehren.

TAGEBLATT: Das Grundübel liegt also in Moskau?

Labus: Von Moskau kommt sehr viel. Zum Beispiel die Gruppen, die seit Jahren eingeschleust werden und an bestimmten Schaltstellen sitzen. Wenn es zum Kriege kommt, kappen die Leute Wasserleitungen, die Energieversorgung und solche Sachen.

TAGEBLATT: Demnach sind wir schon unterwandert?

Labus: Davon bin ich fest überzeugt.

TAGEBLATT: Wissen Sie eigentlich, warum die NPD diesmal nicht kandidiert? Gibt es da vielleicht einen Zusammenhang mit Ihrer Kandidatur?

Labus: Nein, unsere Leute kommen aus diesen Kreisen nicht. Wir hatten bei unserer letzten Sitzung einen NPD-Mann dabeigehabt, der war aber völlig entgegengesetzt und hat fast gestört.

TAGEBLATT: Mit wie vielen Stimmen rechnen Sie am Sonntag?

Labus: Das ist schwer zu sagen, manche glauben zwischen drei und fünf Prozent.

TAGEBLATT: Dann kämen Sie in den Landtag?

Labus: Nein, ich nicht, ich wollte nicht, da habe ich keinen politischen Ehrgeiz, ich wollte nur die Sache in Gang bringen.

(Aus: *Buxtehuder Tageblatt* vom 13. Juni 1986)

Die Europäische Arbeiter Partei EAP: Problemlos von links nach rechts

15. September 1976, 21.00 Uhr. Das ZDF zeigt Wahlkampfspots: «Parteien zur Wahl». Helga Zepp sitzt in einem Sessel, im Hintergrund hängt ein blau gelb rotes Wahlplakat der EAP, das kaum erkennbar einen Mähdrescher in Aktion zeigt. Darüber in roten Lettern: «Statt Panzer Traktoren!» Darunter in Großbuchstaben: «Wählt EAP!»

«Ich bin Helga Zepp, Kanzlerkandidatin für die Neue Weltwirtschaftsordnung», beginnt die forsche Dame ihren Propagandaspruch. «Die Welt befindet sich an einem historischen Wendepunkt. Noch vor dem 3. Oktober muß die Entscheidung für die Neue Weltwirtschaftsordnung fallen, damit die Weltwirtschaftskrise überwunden werden kann.»

Als die EAP-Vorsitzende ihre Panik-Parole vor irritiertem Publikum verbreitete, stand weniger «die Welt» als ihre eigene Partei an einem «historischen Wendepunkt». Mitte der siebziger Jahre vollzog die EAP einen politischen Wandel wie keine andere Partei, seit es solche politischen Vereinigungen gibt. Die Europäische Arbeiter Partei schwenkte von links nach rechts, von Marxismus auf Rechtskonservatismus.

1974 verkündete die «Arbeiterpartei» noch selbstherrlich: «Seit der Zeit, als Karl Marx die internationalen Arbeiterassoziationen leitete – das war ungefähr vor 100 Jahren –, hat nie eine so kleine Organisation einen vergleichbaren Einfluß auf den Gang der Geschichte ausgeübt.»

Heute versuchen die EAP-Leute in der Bundesrepublik die Aktivisten der rechtskonservativen Szene am Rand der Unionsparteien für ihre Arbeit zu gewinnen.

Das besonders Erstaunliche bei dem radikalen Umbruch der Partei: es gab so gut wie keine Austritte und Fraktionskämpfe, keinen

Wahlkampf der EAP 1980 (Foto: G. P. Reichelt)

Wahlkampfspot der EAP 1980 mit Helga Zepp-LaRouche (Foto: *Spiegel*-Archiv

Die Gegner des Schiller-Instituts

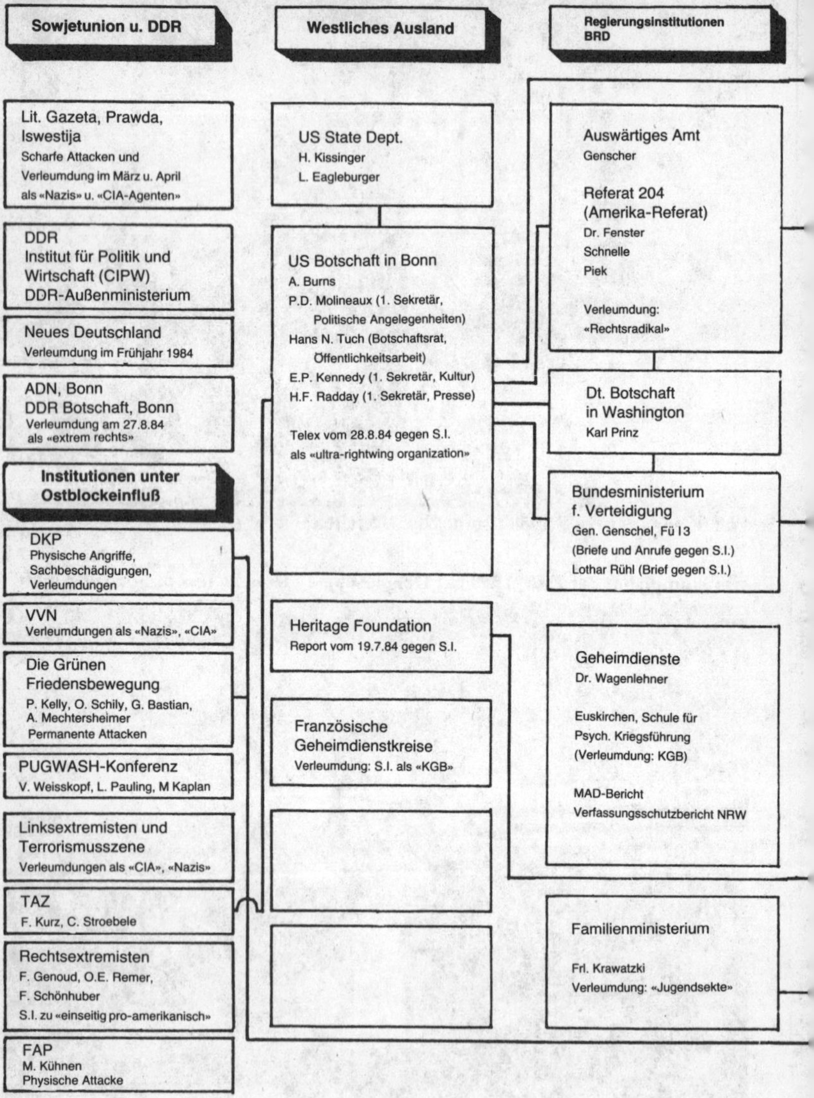

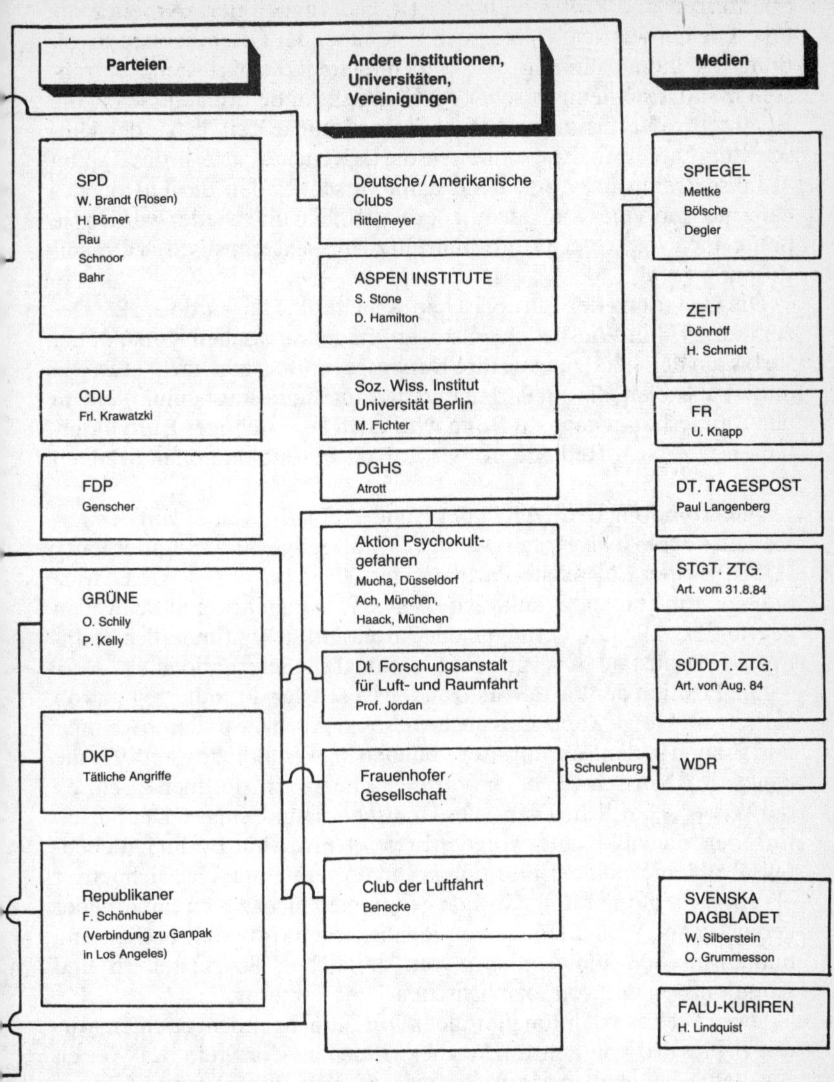
Parteien
Andere Institutionen, Universitäten, Vereinigungen
Medien
SPD
W. Brandt (Rosen)
H. Börner
Rau
Schnoor
Bahr
CDU
Frl. Krawatzki
FDP
Genscher
GRÜNE
O. Schily
P. Kelly
DKP
Tätliche Angriffe
Republikaner
F. Schönhuber
(Verbindung zu Ganpak in Los Angeles)
Deutsche / Amerikanische Clubs
Rittelmeyer
ASPEN INSTITUTE
S. Stone
D. Hamilton
Soz. Wiss. Institut Universität Berlin
M. Fichter
DGHS
Atrott
Aktion Psychokult-gefahren
Mucha, Düsseldorf
Ach, München,
Haack, München
Dt. Forschungsanstalt für Luft- und Raumfahrt
Prof. Jordan
Frauenhofer Gesellschaft
Club der Luftfahrt
Benecke
Schulenburg
SPIEGEL
Mettke
Bölsche
Degler
ZEIT
Dönhoff
H. Schmidt
FR
U. Knapp
DT. TAGESPOST
Paul Langenberg
STGT. ZTG.
Art. vom 31.8.84
SÜDDT. ZTG.
Art. von Aug. 84
WDR
SVENSKA DAGBLADET
W. Silberstein
O. Grummesson
FALU-KURIREN
H. Lindquist

Wechsel in der Führungsmannschaft oder in der Parteizeitung, keine Spaltungen und Proteste einzelner Gliederungen der «Arbeiterpartei». Die Umwälzung vollzog sich gegenüber der Öffentlichkeit so reibungslos und einstimmig, wie es nicht einmal die härtesten Zentralisten marxistisch-leninistischer Richtung zustande bringen. Selbst die Beamten im Verfassungsschutz brauchten etliche Zeit, bis sie den Umschwung kapierten. Erst reihten sie die LaRouche-Partei in das Kapitel «Linksextremismus» ein, doch dann verschwanden die LaRouches ganz aus den Verfassungsschutzberichten. Hin und wieder werden sie heute noch von schlecht Informierten zu linksextremistischen Organisationen gezählt.

Die Gründung der Europäischen Arbeiter Partei wurde am 23. Dezember 1974 in Wiesbaden vollzogen. In der hessischen Kurstadt hat sie bis auf den heutigen Tag ihre Bundesgeschäftsstelle, nicht etwa wie andere Parteien, die um Parlamentssitze im Bundestag bemüht sind, in der Bundeshauptstadt. In Bonn wird auch kein richtiges Büro unterhalten, lediglich Redakteure der LaRouche-Publikationen arbeiten dort.

Die Gründung der EAP in der Bundesrepublik wurde von den LaRouches explizit als Resultat einiger Wahlerfolge der US-Labor Party (USLP), einer LaRouche-Partei, erklärt. Gleichnamige Parteien wurden auch in Italien, Frankreich, Belgien, Dänemark und Schweden gegründet. Alle Gliederungen der Partei sind zu kontinuierlichem Informationsaustausch verpflichtet, national wie international.

Die Position der Parteivorsitzenden ist seit der Gründung vor zwölf Jahren mit Helga Zepp-LaRouche besetzt. Auch die anderen Männer und Frauen in der Führungsriege blieben im wesentlichen seit 1974 die gleichen. «Nur schwer in ein Parteienschema einzuordnen», schrieb der Wissenschaftliche Dienst des Deutschen Bundestages. Der Parteiforscher Michael Fichter von der Freien Universität Berlin hat ebenfalls Probleme mit der Einordnung. Ihre Programmatik bezeichnete er als ein «Konglomerat im Grunde genommen nicht zu vereinbarender gedanklicher Versatzstücke von idealistischen, rationalistischen und humanistischen Philosophen, von klassischen Schriftstellern und Komponisten und von sozialistischen Theoretikern».

Diese Vielfalt traditioneller Ideen, zusammengekocht zu einem wirren Brei, wird von den LaRouches jedoch als der Stein des Weisen gesehen: «Jetzt haben wir in allen wesentlichen Punkten unser historisches Erbe entdeckt – man kann uns nur als eine moderne Neugründung der platonischen Akademie von Athen beschreiben.» – Worte des großen Parteiführers Lyndon H. LaRouche.

Platons Nachfolger haben ihre Aktivitäten seit zwei Jahren jedoch auf andere Organisationen verlagert. Die Europäische Arbeiter Partei tritt immer weniger in Erscheinung, seit die LaRouches mit anderen Neugründungen das Wählervolk mit ihrem historischen Erbe beglükken. Die Waffe der Partei scheint den LaRouches in ihrem politischen Kampf zu stumpf geworden zu sein. Die ganzen Kräfte steckt die Organisation seit 1984 in das Schiller-Institut und in die Patrioten für Deutschland.

2. «LaRouche is no Joke!»

«Ich stehe in der Tradition der Whigs des vergangenen Jahrhunderts, Quincy Adams, der Careys, der Clays und Abraham Lincolns. Ich gehe an die Probleme so heran, wie es diese Leute täten, wenn sie heute lebten.»

(LaRouche-Interview mit der New Yorker Radiostation WABC am 1. August 1986, aus: *Neue Solidarität*, 7. August 1986)

LaRouche for President

Politischer Kampf und Einfluß in den USA

Chikago, Ende März 1986. Die großen Tageszeitungen sind voll mit dem Thema ‹LaRouche›. *Newsweek* machte eine große Story über den Mann mit der «bizarren» Vergangenheit. Anlaß der Artikelwelle über Lyndon H. LaRouche: bei den Vorwahlen im US-Bundesstaat Illinois verzeichnete LaRouches ‹National Democratic Policy Committee› (NDPC) überraschende Wahlerfolge. Das Stimmenergebnis wurde für den Kandidaten der Demokraten zu einem peinlichen Desaster. Gouverneurskandidat Adlai Stevenson III., der Sproß einer großen politischen Familie des Landes, wurde zwar bestätigt, nicht jedoch seine beiden engsten Mitarbeiter. Stevenson, der 1981 die Wahl zum Gouverneur von Illinois knapp um ein paar tausend Stimmen verfehlte, hatte auf einmal zwei ihm vollkommen unbekannte Gesichter neben sich. Als Kandidaten für seinen Stellvertreter-Posten und als Staatssekretärin waren bei den «Primaries» statt seiner Leute die NDPC-Kämpfer Mark Fairchild und Janice Hart durchgekommen, nach einem erfolgreichen Marsch durch die Institutionen der Partei.

Für den Gouverneurskandidaten hat das schlimme Folgen. In dem entscheidenden Wahlgang kann er für die Demokraten nur mit den tatsächlich gewählten Kandidaten antreten. Als wenig erfolgversprechende Alternative bleibt ihm nur die neuerliche Kandidatur mit einer neuen, anderen Partei.

Was die LaRouches in Jubelrufe ausbrechen ließ, bescherte dem gesamten demokratischen Partei-Establishment eine der größten Pannen ihrer Geschichte. Der Pyrrhus-Sieger Adlai Stevenson III. konnte sich nicht vorstellen, tatsächlich mit den LaRouche-Anhängern auf seinem «Ticket» weiterzukandidieren: «Ich werde mich nicht mit Leuten liieren, die offen den Haß predigen.» Seine unfreiwilligen Helfer bezeichnete Stevenson kurz und knapp als «Neonazis».

Für die Demokratische Partei war das Wahlergebnis ein erstes Si-

Internationale
Wochenzeitung für
Politik, Wirtschaft
Wissenschaft und Kunst

NEUE SOLIDARITÄT

13. Jahrgang Nr. 34 · 21. August 1986

Nun kommt die Schillerzeit!

Pressekonferenz des amerikanischen Präsidenten in Chikago

Reagan: „Ich bin nicht hier, um mit LaRouche zu streiten"

Nachdem die LaRouche-Kandidaten Mark Fairchild und Janice Hart (oben mit Major Patton bei einer Protestkundgebung gegen den Rauschgifthandel) bei den Vorwahlen im März für den Posten des stellvertretenden Gouverneurs sowie des Secretary of State von den demokratischen Parteimitgliedern in Illinois gewählt wurden, was als deutliches Votum gegen die liberale Parteiführung verstanden wurde, wandte sich nun Präsident Reagan (links oben) in Chikago an die gleiche Wählergruppe der Demokratischen Partei, die durch LaRouche (unten) mobilisiert wurde.

In der einstigen Hochburg der Demokraten, in Chikago, wandte sich Ronald Reagan an die von der liberalen demokratischen Parteiführung verlassene Basis der demokratischen Partei.

Am 12. August hielt Präsident Reagan in Chicago, einer einstigen Hochburg der Demokraten, eine Rede mit anschließender Pressekonferenz. Der Präsident wandte sich dabei deutlich an die zunehmende Opposition gegen die liberale Parteiführung in der Demokratischen Partei, die durch die Kampagne des National Democratic Policy Committee (NDCP) in den letzten Jahren aufgegriffen und verstärkt worden war. Besonders erbost aber war die demokratische Parteiführung über Reagans Antwort auf die Frage, wie er zu LaRouche stehe.

Im März dieses Jahres hatten die Kandidaten des NDCP Mike Fairchild und Janice Hart die Vorwahlen im Bundesstaat Illinois für den Posten des stellvertretenden Gouverneurs und des Secretary of State gewonnen. Der Kandidat für den Gouverneursposten, Adlai Stevenson III., der sich weigerte, mit den Kandidaten des NDCP auf einer Liste zu kandidieren, verließ daraufhin nach einigen halsbrecherischen Manövern die Demokratische Partei und kandidiert jetzt mit einer eigenen Liste. Gewinne und gute Resultate des NDCP bei den Vorwahlen im Nachbarstaat Michigan vor zwei Wochen unterstrichen nur noch die wachsende Opposition der Mitglieder der Demokraten gegen die liberale Parteiführung.

Es war daher kein Wunder, daß Reagan während seiner Pressekonferenz von Basil Talbott, dem Vertreter der *Chicago Sun Times*, nach seiner Haltung zu LaRouche gefragt wurde. Talbot versuchte, die erwünschte Antwort zu suggerieren: „Herr Präsident, zwei der Anhänger Lyndon LaRouches ha-

Fortsetzung auf Seite 7

Noch keine Antwort aus Moskau auf Reagans SDI-Angebot

Moskau in der Bredouille

Am 11. und 12. August besprachen sowjetische und amerikanische Unterhändler in einem Moskauer Vorort die Vorschläge, die Präsident Reagan dem sowjetischen Generalsekretär Gorbatschow in seinem Brief unterbreitet hatte. Doch bis heute gab es keine offizielle sowjetische Reaktion auf diese Initiative des amerikanischen Präsidenten.

Dem Sprecher des sowjetischen Außenministeriums Genadi Gerassimow zufolge drehten sich die Gespräche um die strategische Verteidigungsinitiative und die Aussichten auf ein Atomwaffentestverbot. Beide Seiten beschrieben die ausführlichen Diskussionen als „offene und faire Darstellung" der Ansichten der jeweiligen Seite. Der amerikanische Botschafter Paul Nitze erklärte gegenüber der Moskauer Presse darüberhinaus, die sowjetische Seite habe nicht erkennen lassen, daß sie einen Kompromiß entsprechend Präsident Reagans Angebot vom 25. Juli erwäge, einander an der SDI-Technologie teilhaben zu lassen und später eine parallele Stationierung durchzuführen.

Das einzige offizielle Ergebnis der Moskauer Gespräche war die Bekanntgabe der Sowjets, eine eigene Delegation nach Washington zu schicken, um die Gespräche dort fortzusetzen. Die sowjetische Delegation wird unter der Leitung von Witali A. Mikoltschak stehen, dem stellvertretenden Vorsitzenden der USA-Kanada-Abteilung im sowjetischen Außenministerium. Dies ist die politische Basis des ehemaligen sowjetischen Botschafters in Washington und heutigen Chefs der internationalen Abteilung im Zentralkomitee, Anatoli Dobrynin.

Es ist zu hören, die sowjetische Führung sei auf den Inhalt von Präsident Reagans Brief an Generalsekretär Gorbatschow vom 25. Juli überhaupt nicht vorbereitet gewesen.

Wie diese Zeitung letzte Woche berichtete, hatte Präsident Reagan noch einmal bekräftigt, daß die SDI niemals und unter keinen Umständen bei Verhandlungen zur Disposition stehen werde, doch hatte er dies mit dem großzügigen Angebot verflochten, die Sowjets an den amerikanischen Forschungsergebnissen teilhaben zu lassen und dann danach das System parallel und gleichzeitig zu

Fortsetzung auf Seite 14

Krieg gegen Rauschgift in Peru:

Massive Erfolge im Kampf gegen die Kokain-Könige

Am 9. August startete die peruanische Regierung ihre bislang umfangreichste Offensive im Krieg gegen das Rauschgift. Dabei kamen Einheiten der Streitkräfte und der Militärpolizei zum Einsatz. Die Offensive lief unter den Namen „Operation Carapana I" und „Carapana II" und wurde von zwei Kampfstaffeln der Luftwaffe unterstützt, die mit Cessnas A-37 und Kampfhubschraubern Einsätze flogen. Insgesamt gingen 300 Mann, Soldaten und Polizisten vereint, mit Raketen, Bomben und schweren Maschinengewehren gegen geheime Landebahnen und Rauschgiftlabors im Dschungel vor.

Carapana I und II fand im Dschungelgebiet des Amazonas statt, 1100 Kilometer entfernt von der Hauptstadt Lima, im Grenzbereich der Länder Kolumbien, Brasilien und Peru. Man rechnet deshalb auch mit weiteren gemeinsamen Truppeneinsätzen kolumbianischer und peruanischer Einheiten, angesichts der in der Vergangenheit bereits erzielten großen Erfolge.

Der Kampf beginnt

Um sechs Uhr morgens drangen die Soldaten mit 12 Kampfflugzeugen und drei Kampfhubschraubern in das Zielgebiet vor. Die Luftwaffe war von Iquitos nach Caballococha verlegt worden, damit der Einsatz mit den dort stationierten Kräften der Militärpolizei koordiniert werden konnte. Schon im September 1985, bei der erfolgreichen „Operation Condor", als kolumbianische und peruanische Truppen zahlreiche Labors, Unterkünfte, Lagerhäuser und Landebahnen der Drogenmafia zerstört hatten, diente Caballo- … als Hauptquartier.

… Einheiten nach Nue- … zwei ersi-

Nach Kornblums unverschämter Kritik am Präsidenten

Lyndon LaRouche fordert den Rücktritt Kornblums

Am 15. August forderte der demokratische Präsidentschaftskandidat Lyndon LaRouche den amerikanischen Missionschef in Berlin, John C. Kornblum, auf, von seinem Posten zurückzutreten.

Anlaß waren Kornblums Ausführungen während einer Diskussion …

restag des Mauerbaus. LaRouche sagte: „Jedes Mitglied des auswärtigen Dienstes, das seinen Präsidenten so scham- und ehrlos hintergeht wie Kornblum, muß sofort zum Rücktritt gezwungen werden. Es gab Zeiten, in denen sich Regierungsmitglieder für geringere Vergehen, als Kornblum … begangen

nämlich die Geheimakten über die Vorgänge vom August 1961 freizugeben. Entweder kannte Kornblum diese Tatsachen noch nicht, oder er lügt."

Wie die Mauer en…

2 E… Am… Nü…
5 Bu… M… de…
6 B… SF… U…
7 U… E… NI… Wi…
15 Aus… Syri… Einv… Liba…
16 Aus… Intern… Währ… Peru

Dies…

Vor dreißig… KPD vom… gericht ver… teilsgründ… politischen… des Verbots…

In Stuttgar… gust dieses… deckte M… dem Umfe… Bachs urau…

Bei einer…

gnal, die Aktivitäten der LaRouches ernster zu nehmen als bisher. Die Partei soll jetzt auf LaRouche-Kandidaten durchforstet werden.

Das ist keine leichte Aufgabe: für die Kongreßwahlen im Herbst 1986 sind bereits 146 NDPC-Kandidaten für das Repräsentantenhaus und 14 für den Senat aufgestellt. Auf der kommunalen Ebene wird es noch unüberschaubarer. Über 600 LaRouche-Kandidaten treten für Staats- und Kommunalämter an.

Damit wird eine Tendenz bestätigt, die sich schon 1984 abzeichnete. Lyndon H. LaRouches NDPC-Wahlmaschine verzeichnet wachsenden Einfluß bei den Demokraten. Dies läßt sich die eifrige Organisation auch enorme Wahlkampfgelder kosten.

Was in der Bundesrepublik von Amts wegen und von den meisten politischen Beobachtern als «wirre» und «paranoide» Verschwörungstheorie interpretiert wird, hat in den Vereinigten Staaten offensichtlich beträchtliche Wirkung auf die derzeitige Regierungspolitik. Hierzulande als «Spinnerei» einer «Sekte» abgetan, haben die LaRouche-Positionen zunehmend Einfluß auf Aussagen und Politik der Reagan-Administration. So berichtete das Nachrichtenmagazin *Time* am 23. Juni 1986 über eine geheime Direktive Präsident Reagans vom April des Jahres, die ganz nach LaRouche-Muster gestrickt scheint. Die von Vizepräsident George Bush erstmalig im Juni öffentlich diskutierte Direktive erlaubt dem US-Militär, eine aktivere Rolle in der Drogen-Bekämpfung einzunehmen. Damit «jeder Amerikaner versteht», welche reale Beziehung zwischen Drogen und Terrorismus besteht, erläuterte Bush seine Veröffentlichung.

Diese Offensive im Anti-Drogen-Kampf wird mit einer These legitimiert, die zum altbekannten Repertoire der panischen LaRouche-Berichte über den Drogenhandel gehört. Linke Guerilleros, die 1985 einen blutigen Anschlag auf den kolumbianischen Justizpalast verübten, seien von der sandinistischen Regierung Nicaraguas unterstützt worden.

Das paßt zwar so recht ins Weltbild der anti-sandinistischen Reagan-Politik, mit den Tatsachen hat diese Version jedoch wenig zu tun. Nicht nur, daß die gewaltsame Räumung des Jusitzpalastes von den Besetzern unerwähnt blieb, die nach offiziellen Angaben 115 Tote gefordert hat. Alle Guerilleros des M-19-Kommandos sowie zahlreiche als Geiseln genommene Justizbeamte waren teils erschossen worden, teils verbrannt. Auch für die Berichte über eine sandinistische Beteiligung gibt es «weder Beweise noch Indizien», wie Kolumbiens Verteidigungsminister Vega Uribe klarstellte.

Die unbelegte M-19-Story geistert seit Monaten durch die LaRouche-Publikationen. Die «sandinistischen Hintermänner» der

Besetzungsaktion von Bogotá und andere Geschichten über Verstrikkungen und Verschwörungen des «internationalen Terrorismus», über die Anführer der Drogen-Geldwäsche im «Ostküsten-Establishment» der USA und warum das alles miteinander zu tun hat, gehören zum Standard-Repertoire von LaRouche-Zeitungen und -Reden. «Auf einer Konferenz in Mexiko-Stadt im April 1985 schlug Lyndon LaRouche vor, den Krieg gegen das Rauschgift mit allen, auch militärischen Mitteln gegen den Anbau, den Handel und die Geldwäsche zu führen. Jetzt, nach eineinhalb Jahren, griffen auch Bolivien und die USA diesen Vorschlag auf und schlossen ein militärisches Kooperationsabkommen gegen den Rauschgifthandel» (*Neue Solidarität* am 31. 7. 1986).

Der «Krieg gegen das Rauschgift», von der Reagan-Administration nunmehr zur «Frage der nationalen Sicherheit der USA» erklärt, ist schon länger ein Schwerpunkt-Thema der LaRouche-Propaganda. Weltweit haben die «Anti-Drogen-Koalition (ADK)» bzw. ihre Tochterorganisationen zum militärischen Kampf gegen den Drogenhandel aufgerufen, in Pamphleten und Dossiers, mit Konferenzen und Demonstrationen. Und immerzu wurde der Krieg gegen die Drogendealer und die «Geldwäscher aus der internationalen Hochfinanz» mit dem Kampf gegen den «internationalen Terrorismus» gleichgestellt – denn die Terroristen seien die Nutznießer und Mitverursacher der Drogengeschäfte. Diese verschwörerische Verbindung wird von den LaRouches – und nunmehr auch von Vizepräsident Bush – «Narco-Terrorismus» genannt. Als «narcos» werden auch die Kokain-Dealer bezeichnet.

Die Freude war verständlicherweise bei LaRouches Leuten groß, als sie von einem bisher einmaligen Schlag der US-Militärs hörten: zum erstenmal wurden US-Truppen im Ausland gegen den Drogenhandel eingesetzt. Im Juli landete im Osten Boliviens, einem der größten Koka-Anbaugebiete der Welt, ein Mammutflugzeug der US-Armee vom Typ C-5A «Galaxy». An Bord befanden sich sechs Black-Hawk-Hubschrauber. Gleichzeitig gingen in der bolivianischen Provinz Beni C-130-Truppentransporter mit 160 Mann der in Panama stationierten 193. Infanteriebrigade nieder. Eine Gefolgschaft von rund zwei Dutzend amerikanischen Fernsehreportern und Zeitungsjournalisten sollte den großen Feldzug in bunten Bildern für die Weltöffentlichkeit aufbereiten.

Just zu dem Zeitpunkt, als Reagans Direktive für den militärischen Kampf gegen den Koka-Deal beschlossen wurde, soll die bolivianische Regierung, wie sie selbst versicherte, aus freien Stücken anläßlich einer internationalen Rauschgiftkonferenz in Buenos Aires an

Washington den Wunsch nach militärischer Hilfe gerichtet haben. Doch Beobachter, die auch von der konservativen *Welt* und von amerikanischen Nachrichtenmagazinen zitiert werden, behaupteten, die USA selbst hätten das lateinamerikanische Land massiv gedrängt.

Das Ergebnis war dann ganz nach der Art amerikanischer Medienereignisse gelungen. Die «Operation Hochofen» (Operation Blast Furnace) wurde mit ungeheurem Aufwand generalstabsmäßig durchgezogen, wie «eine Art Landung in der Normandie», kommentierte Jacobo Liebermann, Berater des bolivianischen Präsidenten. Und die Zeitung *Aqui* titelte: «USA besetzen Bolivien.» Doch die Ergebnisse waren gleich Null – zumindest was den polizeilichen Teil der Aktion angeht. Der größte Einsatz wurde gleichzeitig zum weltweit größten Flop der Drogenbekämpfung. Die magere Ausbeute war geradezu peinlich: außer einem Siebzehnjährigen wurde niemand verhaftet. Und auch dem Jugendlichen konnte nicht viel nachgewiesen werden. Er wurde in einem verlassenen, leergeräumten Koka-Labor aufgefunden. Die Rauschgiftbosse waren offensichtlich vorgewarnt worden und konnten sich rechtzeitig absetzen.

«Massive Erfolge im Kampf gegen die Kokain-Könige» vermeldete am 21. August 1986 die *Neue Solidarität* aus Peru. Der Bericht galt einer Aktion, die ganz nach dem Vorbild der US-Aktion verlief: «Am 9. August startete die peruanische Regierung ihre bislang umfangreichste Offensive im Krieg gegen das Rauschgift.» Ob mit der großangelegten militärischen Operation «Carapana» nur die «Kokain-Könige» gemeint waren, wird jedoch von Beobachtern bezweifelt. Die Einsätze von zwei Kampfstaffeln der peruanischen Luftwaffe scheinen eher nach dem Muster der landesüblichen Guerillabekämpfung geraten: 300 Mann, «Soldaten und Polizisten vereint», Raketen, Bomben und schwere Maschinengewehre.

Zu Hause, in Chikago, zeigen die LaRouches ihre Freude über die Militäreinsätze gegen das Rauschgift, indem sie das Flair der fernen Einsätze auf den Straßen zu Hause spüren lassen. Wie die LaRouche-Zeitschrift *Krieg dem Rauschgift* berichtet, machte die NDPC-Kandidatin Janice Hart ein Wahlversprechen ganz besonderer Art wahr: sie wollte «Panzer durch die Hauptstraßen Chikagos rollen lassen», falls dies im Kampf gegen die Rauschgiftmafia notwendig sei. Die Zeitschrift frohlockte: «Am 12. Mai rollten die Panzer». Ein Foto zeigte die erfolgreiche Kandidatin auf einem Panzerfahrzeug, wie sie zusammen mit dem Luftwaffenmajor a. D. Robert Patton die Parade abnimmt.

Lyndon H. LaRouche wagte einen weiteren gewaltigen Vorstoß in der Anti-Drogen-Propaganda. Er möchte nicht nur mit den Rausch-

[illegible] erlangt, gibt es nur ein Wort, das ihr Handeln zutreffend beschreibt — Verrat in dem Sinne, wie ihn die amerikanische Verfassung definiert: Unterstützung und Hilfe für den erklärten

[illegible] wir [illegible] Ankündigung der Strategischen Verteidigungsinitiative vom 23. März 1983 erlebten. Zweitens sah ich jedoch einen Mann, der als Präsident ein leichtes Opfer der Manipulation

Lyndon LaRouche und Ronald Reagan im Wahlkampf 1980 zusammen bei einer Podiumsdiskussion.

Feind, nämlich die Sowjetunion, zu einem Zeitpunkt, da sich die Sowjetunion in einer erklärten Vorkriegsmobilisierung gegen die Vereinigten Staaten von Amerika befindet.

Und in Moskau herrscht heute Siegesstimmung.

Die Rolle Präsident Reag[illegible]

wäre. Der Präsident hat eine gute, klare Denkfähigkeit, wenn es aus ideologischen Gründen nicht zu einem „Aushaken" in seinem Denken kommt. Er versteht jedoch nicht leicht, was um ihn herum geschieht, wie man an jenem Abend in der Debatte sehen konnte. Er hängt zu sehr von Menschen um ihn herum ab, die in der Lage sind, Ereignisse für [illegible] leichte Beu-

men; leider [illegible] Fall ...

Präsident [illegible] Carter, d[illegible] lich auf „C[illegible] soweit, daß [illegible] nen seiner „I[illegible] lateralen Ko[illegible] Reagan imm[illegible] „Wirtschafts[illegible] mics", anhä[illegible] an dem sich [illegible] dreifacht h[illegible] Standpunkt [illegible] Bankensyste[illegible] Zusammenb[illegible] nicht nur d[illegible] Herbert H[illegible]

Präsident [illegible] Verständnis [illegible] Lage, wede[illegible] politisch. V[illegible] und Manns[illegible] Desastern [illegible] 1985 ander[illegible] das ihm di[illegible] Kontrolle [illegible] gemacht h[illegible] Feinden v[illegible] Trilaterale [illegible] hätte niema[illegible] Konsequen[illegible] Druck der [illegible]

Meine K[illegible]

(Aus: *Neue Solidarität* vom 6. März 1986)

gift-Dealern und ihren Hintermännern abrechnen. Auch die Befürworter einer Legalisierung von leichten Drogen sollten standesgemäß bekämpft werden – mit der Todesstrafe.

Deshalb fragte LaRouches Anti-Drogen-Koalition artig bei dem stellvertretenden Ministerpräsidenten Malaysias, Datuk Musa Hitam, nach den «Grundelementen des Drogengesetzes» in dem südostasiatischen Land. Malaysia wurde weltweit bekannt durch die schnelle Vollstreckung eines Todesurteils gegen jugendliche Drogenhändler. Musa erklärte in dem «Exklusivinterview» natürlich gerne das «schärfste Drogengesetz der Welt»: «Die Todesstrafe für Drogenbesitz wird in Malaysia sofort vollstreckt. Seien Sie also gewarnt!»

«Krieg dem Rauschgift» an jeder Kreuzung (Foto: G. P. Reichelt)

Doch der Kampf gegen Drogen ist nur ein Betätigungsfeld der wakkeren LaRouche-Kämpfer. In Fragen der Verteidigungspolitik ist es ihnen schon früh und erfolgreich gelungen, in den Entscheidungszentren der Rüstungsplaner und -strategen Fuß zu fassen. Auf diese Entwicklung wiesen Dennis King und Ronald Radosh schon in ihrem umfangreichen Beitrag über die LaRouche-Organisation in *The New Republic* hin. Die dargelegten Fakten und Hinweise auf gefährliche Entwicklungen wurden im wesentlichen in einer Artikelserie bestätigt, die im Januar 1985 in der *Washington Post* veröffentlicht wurde.

Die Autoren verweisen auf die Erfolge, die die LaRouches in der amerikanischen Administration, bei Verteidigungspolitikern, Militärs und Rüstungsforschern mit ihren schon sehr früh propagierten Strahlenwaffen-Strategien erzielen konnten. Sie zitieren zahlreiche Aussagen von führenden Regierungsvertretern, Sicherheitsbeamten und Geheimdienst-Mitarbeitern, die von den Kontaktgesprächen der LaRouches berichten. So zum Beispiel erzählte ihnen Norman Bailey, früher führender Mann im Nationalen Sicherheitsrat, von seinem

Abendessen bei den LaRouches in deren Villa in Leesburg im US-Bundesstaat Virginia. Wir dokumentieren den Bericht von Dennis King und Ranold Radosh, weil er einen gründlich recherchierten Überblick über die Entwicklung der LaRouche-Organisation in den Vereinigten Staaten gibt.

Dennis King bekräftigte seine kritische Haltung, trotz kostspieliger und aufwendiger Prozesse, nochmals nach der erfolgreichen Kandidatur der LaRouches in Illinois. In einem schon erwähnten Interview mit ABC News, die eine Sendung mit Adlai Stevenson und Janice Hart ausstrahlte, charakterisierte er Lyndon H. LaRouche als «eisenharten Neonazi». In dessen «theoretischen Schriften, von denen die Wähler in Illinois absolut nichts wissen, findet man die Schlüsselideen aus Adolf Hitlers politischem Programm wieder».

Die LaRouche-Connection

Wie die Führer einer verrückten Randgruppe Zugang zu Vertretern der US-Administration fanden und sich Respekt verschafften

Von Dennis King und Ronald Radosh *

Im vergangenen Jahr haben unzählige Fernsehzuschauer Lyndon LaRouches Präsidentschaftswahlkampf verfolgt und haben die politischen Reden des 62jährigen Multimillionärs in bezahlten Fernsehspots im nationalen Fernsehen verfolgt. Ihre Hauptthemen: Unterstützung der «Star Wars»-Pläne der Administration und Angriffe auf Walter Mondale und Henry Kissinger, die er als «Agenten sowjetischen Einflusses» bezeichnete. Viele amüsierte Zuschauer werden sich über die Jahre auch an kurze Begegnungen mit LaRouche-Anhängern auf größeren Flughäfen erinnern, wo sie mit Plakaten wie «Werft Jane Fonda den Walen zum Fraß vor» Käufer für ihre Broschüren und Zeitschriften zu gewinnen suchten.

Die fanatische Weltanschauung, die hinter LaRouches öffentlichen Aktivitäten steckt, ist in Washington allgemein bekannt, und er ist von so verschiedenen Organisationen und Medien wie dem AFL-CIO, der Heritage Foundation, der *New York Times* und der *National Review* rundheraus verdammt worden. Die ‹B'nai B'rith-Liga gegen Diffamierung› hat ihn beschuldigt, «antisemitisches Gift in den amerikanischen politischen Blutkreislauf zu injizieren». Dennoch ist es LaRouche und seinen Anhängern in den letzten vier Jahren gelungen,

* *Dennis King, freier Journalist aus New York, veröffentlichte zahlreiche Beiträge über die «LaRouchians». Er ist Autor eines Berichtes der ‹Liga für Industrielle Demokratie› mit dem Titel «Nazis ohne Hakenkreuz» und von vielen Magazinbeiträgen und Zeitungsartikeln über politische Kulte.*
Ronald Radosh ist häufiger Mitarbeiter von The New Republic und Co-Autor mit Joyce Milton von «Die Akte Rosenberg».

Nachdruck aus der amerikanischen Zeitschrift *The New Republic* vom 19. November 1984 (Übersetzung: Michael Hübel)

Zugang zu einer großen Zahl von Mitgliedern der Administration zu erlangen – darunter hochrangige Mitarbeiter des Nationalen Sicherheitsrats und des CIA –, denen LaRouche zur Sammlung von Nachrichten und zur Propaganda für ihre politischen Ziele genauso nützlich war wie sie für ihn, um seine Ziele zu legitimieren.

Die Basis der Anstrengungen LaRouches ist seine Kaderorganisation National Caucus of Labor Committees (NCLC), die eine Auswahl von Tarnorganisationen kontrolliert und enge Verbindungen zum Ku-Klux-Klan unterhält. Die sichtbarsten Teile seiner Organisation sind die Fusion Energy Foundation (FEF), die für Atomenergie und Strahlenwaffen eintritt, und das National Democratic Policy Committee (NDPC), eine Wahlmaschine am Rande der Demokratischen Partei. Das NDPC unterstützte LaRouche in den letzten Vorwahlen als Präsidentschaftskandidat und steht nun hinter seinem Wahlkampf als Unabhängiger. LaRouche und seine Anhänger betreiben darüber hinaus noch einen internationalen «Pressedienst», der wöchentlich die *Executive Intelligence Review (EIR)* (Jahresabonnement $399) herausgibt und geheime Berichte an viele ausländische Regierungen, einschließlich der Republik Südafrika, lieferte.

Als Ronald Reagan ins Amt kam, schwärmten LaRouches guterzogene, sprachgewandte Anhänger in den verschiedenen Bereichen der Exekutive und in den Büros führender republikanischer Kongreßmitglieder aus. Die LaRouchians, wie sie allgemein genannt werden, stellten sich als glühende Anhänger der Administrationspolitik dar und sagten bei Senatshearings zur Besetzung von Regierungsämtern für die von Reagan vorgeschlagenen Bewerber aus. In Reagans erstem Jahr bekamen sie Zugang zu vielen hochrangigen Personen, und die *EIR* druckte Tonbandabschriften von sogenannten Interviews oder, in einigen Fällen, «exklusiven» Interviews – mit Landwirtschaftsminister John Block, dem Unterstaatssekretär im Verteidigungsministerium Richard DeLaurer, dem Unterstaatssekretär im Handelsministerium Lionel Olmer, dem damaligen Unterstaatssekretär im Finanzministerium Norman Ture, dem Assistant – jetzt Associate – Attorney General (Justizminister) Lowell Jensen und Senator John Tower, Vorsitzender des Streitkräfteausschusses im Senat. Darüber hinaus gelang es LaRouche selbst, eine Einladung für ein Frühstück mit Innenminister James Watt am 26. März 1981 zu erlangen; zwei Mitarbeiter LaRouches frühstückten in der folgenden Woche mit Watt.

Wie ehemalige LaRouchians berichten, war einer derjenigen, um die sie sich besonders bemühten, der Arbeitsminister Raymund Donovan. Als 1982 Beschuldigungen im Zusammenhang mit Donovans Baufirma Schiavone und organisierter Kriminalität von Sonderstaatsanwalt Leon Silverman untersucht wurden, begann LaRouches Sicherheitschef Jaffrey Steinberg seine eigene Gegenuntersuchung, um Schiavone zu unterstützen. In einem Aktenvermerk an Morris Levin, Berater und Sekretär Schiavones, beschreibt Steinberg – auf dem Briefpapier von *Independent Leads*, einer LaRouche-Publikation – den Fortgang seiner Arbeit und erwähnt Pläne für ein Treffen mit Robert Shortley, einem Privatdetektiv, der für Ronald Schiavone, Donovans Geschäftspartner, arbeitete. Eine Kopie dieses Vermerks beschaffte Frank Smits Jr., Student der University of Oklahoma, von einer LaRouche-nahen Quelle.

Der am 28. September 1982 vorgelegte Silverman-Bericht kam zu dem Ergebnis, daß für eine Anklage Donovans nicht genügend Anhaltspunkte vorlagen. Dennoch führte das Büro des Bezirksstaatsanwalts der Bronx danach eine eigene Untersuchung durch, die zu einer Anklage gegen Donovan und sieben Angestellte Schiavones, einschließlich Levin und Schiavone, in 137 Fällen von Diebstahl und Betrug im Zusammenhang mit dem Vertrag zum Bau eines New Yorker U-Bahn-Tunnels mündete. In einem Interview hat Levin die Verbindung zu Steinberg zugegeben: «Ich habe hin und wieder mit Jeff gesprochen», sagte er. Er sagte auch, daß er und Schiavone mehrmals Steinberg getroffen hätten und seitdem immer noch in telefonischer Verbindung stünden, um Informationen auszutauschen.

Größtenteils waren die Bemühungen der LaRouchians, 1981/82 Verbindungen mit Kabinettsmitgliedern aufzubauen, nicht sehr erfolgreich. James Watt zum Beispiel erinnert sich, daß LaRouche «alle richtigen Redewendungen benutzte, aber man bemerkte ganz instinktiv, daß etwas an ihm nicht stimmte». Dennoch setzten die LaRouchians den Wert dieser Kontakte in der Öffentlichkeit voll ein, um ihre Position in Washington zu legitimieren, während sie sich um den Aufbau von Verbindungen zu wichtigen Personen im Nationalen Sicherheitsbereich und den Nachrichtendiensten ebenso wie zu Wissenschaftlern in streng geheimen Projekten bemühten.

Die Geschichte der LaRouche-Kontakte im Nationalen Sicherheitsbereich wurde im vergangenen März in der – inzwischen eingestellten – NBC-Sendung «First Camera» von der Emmy-Preisträgerin Pat Lynch dokumentiert. Bei der Vorbereitung ihres Fernsehberichts erhielt sie von ehemaligen LaRouche-Anhängern die Namen vieler Regierungsbeamter, die sich privat mit LaRouche oder seinen Mitarbeitern getroffen hatten. Unter den von Lynch interviewten war Dr.

Norman Bailey, der im Dezember 1983 von seinen Ämtern als Special Assistant des Präsidenten und Senior Director der Internationalen Wirtschaftsabteilung im Nationalen Sicherheitsrat zurückgetreten war. Bailey bestätigte nicht nur die Anschuldigungen ehemaliger La-Rouche-Anhänger über weitreichende Verbindungen der La-Rouchians zur Administration – er rechtfertigte diese Verbindungen auch mit der Behauptung, LaRouche besitze «einen der besten privaten Nachrichtendienste der Welt».

Die NBC-Sendung erwähnte auch die neonazistischen Thesen La-Rouches, die Bedrohungen von Reportern durch seine Organisation sowie eine angebliche Diskussion zwischen LaRouche und seinen Mitarbeitern 1977 über einen Plan, Jimmy Carter mit einer ferngezündeten Bombe zu ermorden (der letztgenannte Vorwurf ist einer der Punkte in einer Schadenersatzklage, die LaRouche gegen NBC und die ‹B'nai B'rith-Liga gegen Diffamierung› anstrengte, in der er behauptete, diese hätten sich «verschworen», um ihn zu diffamieren. Die Klage wird zur Zeit vor dem Bundesdistriktgericht in Alexandria, Virginia, verhandelt). Am Tag nach der «First Camera»-Sendung forderte der Vorsitzende des Demokratischen Nationalkommitees, Charles Mannett, Präsident Reagan auf, die «schockierenden Verbindungen des Weißen Hauses» zu LaRouche zu beenden. Aber Larry Speakes, Sprecher des Weißen Hauses, erklärte in derselben Woche bei einem Vortrag, daß es die Politik der Administration sei, mit «jedem amerikanischen Bürger», der «hilfreiche» Informationen haben könnte, zu sprechen.

Der Grund der Verbindungen zwischen LaRouche und Mitarbeitern der Administration ist nicht eine irgendwie geartete Sympathie für LaRouches Ideologien. Selbst diejenigen, die eng mit LaRouche zusammengearbeitet haben, weisen seine Verschwörungstheorien weit von sich. Interviews mit einer Vielzahl von Personen ergeben in jedem Fall, daß die Basis der Verbindung eine Philosophie des Nutzens war: Mitarbeiter des Nationalen Sicherheitsrats fanden die von LaRouchians beschafften Nachrichten zur Formulierung ihrer Strategien nützlich. Regierungswissenschaftler fanden in einigen Fällen die Unterstützung von LaRouches Tarnorganisationen für Fusionsenergie und «Star Wars»-Waffen nützlich, um diese exotischen Themen einer breiteren Öffentlichkeit bekannter zu machen.

John Cusack, Stabschef des Sonderausschusses des Repräsentantenhauses für Drogenmißbrauch und -kontrolle, früher ein hohes Mitglied der Rauschgiftbehörde DEA, erinnert sich, wie die La-Rouchians 1981 «einige Punkte an Seriosität gewannen, indem sie sich aggressiv in Fragen stürzten, die die Administration interessierten, wie zum Beispiel Drogenkontrolle». Nach Cusack bewegten sie sich in einem «Vakuum... Sie klingelten dort, wo niemand sonst klingelte. Sie sagten für die Reagan-Administration die richtigen Dinge.»

LaRouches Einstellung zu dem Verhältnis scheint ganz genauso opportunistisch zu sein wie das der Administration. Dr. Steven Bardwell, Plasmaphysiker und Wissenschaftsberater LaRouches, trat im letzten Winter aus dem NCLC aus, weil er den Eindruck hatte, die Ideologie der Organisation werde durch LaRouches Versuche, die Verbindungen zur Administration zu verbessern, kompromittiert. «Wir werden an der Nase herumgeführt», schrieb Dr. Bardwell in einem Memorandum vor seinem Austritt, «bei unserer Wahrnehmung dessen, was die Administration von uns erwartet. Als vor neun Monaten dieser Reagan eine der unseren ähnliche ‹Star Wars›-Politik übernahm, gewannen unsere NSC/DIA/CIA-‹Verbindungen› einen mächtigen Einfluß über uns. Wir begannen nun, unsere Polemik, unsere öffentlichen Auftritte, die Nachrichtenbeschaffung und Rahmenbedingungen zu modifizieren, um unserer neuen Klientel zu gefallen.»

Aber wenn dieses Verhältnis eher opportunistisch als ideologisch ist, so ist es nicht weniger abstoßend. Einer der Freunde der Administration, der dies klar sieht, ist Henry Kissinger , der uns die antisemitischen Angriffe gegen ihn durch die LaRouchians beschrieb. Wir setzten ihn über LaRouches Treffen mit hohen Mitarbeitern der Administration, einschließlich Beamten des CIA, in Kenntnis. «Wenn dies wahr ist», sagt Kissinger, «wäre es ungeheuerlich, dumm und fast unverzeihlich.»

LaRouche und der Nationale Sicherheitsrat (NSC)

Trotz der skurillen Angriffe LaRouches auf Henry Kissinger und andere Personen des öffentlichen Lebens waren einige Mitglieder der Administration bereit, ihn anzuhören. Zwischen Anfang 1981 und Anfang 1984 haben die LaRouchians zum Beispiel eine ganze Reihe von Treffen mit NSC-Mitarbeitern gehabt – nicht nur mit Norman Bailey, sondern auch mit Richard Morris, Special Assistant von Präsident Reagans damaligem Sicherheitsberater William Clark, und mit Dr. Ray Pollock, der NSC-Direktor für Verteidigungsprogramme war.

Bailey, heute Partner des ehemaligen CIA-Direktors William Colby in einer Washingtoner Beraterfirma und auch Berater des 84er

Reagan-Bush-Wahlkampfs, sagte uns, er habe zwischen acht- und zwölfmal LaRouchians getroffen, darunter drei Treffen mit LaRouche selbst. Das erste Treffen im Frühjahr 1982 sei von einem «hohen Mitarbeiter» Clarks arrangiert worden. Trotz seiner anfänglichen Bedenken (er hatte 1975 die LaRouchians verklagt, nachdem sie ihn als «Faschisten» bezeichnet hatten), war Bailey überrascht von ihrer Unterstützung der Administrationspolitik in Fragen wie Strahlenwaffen, Atomkraft und industrieller Revitalisierung. Er habe «von Zeit zu Zeit» nützliche Informationen bekommen, die er «niedergeschrieben und weitergegeben» habe.

Unter Bezug auf ein Gespräch zwischen LaRouche und dem argentinischen Präsidenten Raúl Alfonsín im Juni 1984 erklärte Bailey: «Diese Leute sind wie Spürhunde. Sie kommen an viele (ausländische) Offizielle, die sich ihnen manchmal öffnen.» (Tatsächlich hat LaRouche mindestens zweimal die indische Premierministerin Indira Gandhi und 1982 den mexikanischen Präsidenten Lopez Portillo getroffen.) Bailey verteidigte seine Plaudereien mit den LaRouchians als Teil seiner Aufgabe, die Ansichten von Führern der Dritten Welt zur Schuldenkrise zu verfolgen. Er gab zu bedenken, daß LaRouche ein «bestimmtes Maß an Voraussicht» gezeigt habe, als er zu einem Zeitpunkt auf die Schuldenkrise hinwies, als nur eine Minderheit unter den Wirtschaftswissenschaftlern daran dachte.

Bailey bestätigte, daß er im letzten Frühjahr in LaRouches Villa in Leesburg, Virginia, zum Abendessen war. «Ich war neugierig», sagte Bailey. Er lobte das vorzügliche Essen und beschrieb das Anwesen als mit Hunden und einem Kettenzaun «stark gesichert».

Norman Bailey sagte uns, daß LaRouche «überhaupt kein Antisemit» sei. Als ihm ein Kommentar aus *New Solidarity*, einer LaRouche-Zeitung, unter dem Titel «Registriert die zionistische Lobby als ausländische Spione» gezeigt wurde, erwiderte Bailey: «Viele Leute sind antizionistisch, ohne antisemitisch zu sein.»

Der frühere NSC-Mitarbeiter Richard Morris, der jetzt Clarks Berater im Innenministerium ist, hatte ebenfalls breite Kontakte mit LaRouche-Anhängern. Er erzählte uns, daß er LaRouche bei zwei Gelegenheiten getroffen und «von Zeit zu Zeit» mit ihm telefoniert habe. Er sei mit der Ideologie der LaRouchians «im großen und ganzen» nicht einverstanden, dennoch empfinde er ihre Informationen und Meinungen als nützlich. «Ihnen gelingt es, Mitglieder südamerikanischer Regierungen zu treffen», sagte er und erwähnte auch ihre Reise nach China. Morris' Meinung nach sind einige von LaRouches Anhängern «sehr seriös». Er beschrieb sie als «akademisch gebildet», die mit «guten, echten Informationen» dienen könnten.

Richard Morris erklärte, daß die LaRouchians während der Amtszeit Clarks «umfangreiches Material» an das NSC geschickt hatten. Er wisse allerdings nicht, ob irgendwelches Material Clark erreicht habe. Letzten Juli sagte LaRouche unter Eid in einer Eingabe im Verfahren LaRouche gegen NBC aus, daß er einmal eine Antwort Clarks auf ein Memorandum erhalten habe. «Es gab die Notwendigkeit für mich, zu wissen, ob er sie bekommen hatte», sagte LaRouche, der die Information selbst als geheim beschrieb.

Morris gab ebenfalls zu, daß es «politisch sehr viele Nachteile» bei den Verbindungen zu LaRouche gebe, aber er glaubt, daß es «vielleicht falsch sein könnte», ein «glattes Verbot» aller Verbindungen der Administration zu LaRouche zu erlassen. «Es gibt den ersten Verfassungszusatz auch für denjenigen, mit dem man nicht einverstanden ist», sagte er uns. Er verwechselte dabei offensichtlich das Recht auf freie Meinungsäußerung mit dem Recht, einen hohen Regierungsvertreter persönlich zu treffen.

Der vielleicht entscheidendste Kontakt LaRouches im NSC war Dr. Roy Pollock – einer der Hauptarchitekten von Reagans «Star Wars»-Plan. Pollock, der Anfang des Jahres die Administration verließ, erzählte uns von zwei Treffen mit LaRouche in seinem NSC-Büro und erzählte uns auch von seiner langen Liste von Kontakten mit LaRouche-Mitarbeitern: erst als Wissenschaftler im Los Alamos National Laboratory, dann als Berater des Energieministeriums und dann im NSC.

Roy Pollock erklärte, LaRouche sei ein «furchterregender Kerl». Aber auch er war beeindruckt von LaRouches talentierten Anhängern. Pollocks erster Kontaktpartner war Chuck Stevens, ein Ingenieur, der für die Fusion Energy Foundation arbeitete und Pollock anrief, als er noch in Los Alamos arbeitete. Stevens und andere FEF-Mitglieder hätten «interessante Gerüchte aus dem Bereich der mit Fusion Beschäftigten» zu berichten gewußt, die, wie Pollock meinte, ein «gutes Licht auf ihren Nachrichtendienst werfen».

Während Roy Pollocks Zeit im Energieministerium kam es zu gemeinsamen Mittagessen mit Stevens. Beim NSC setzte Pollock die Telefongespräche mit Stevens fort und traf sich mehrere Male mit anderen Mitarbeitern LaRouches, die energisch für ein neues Manhattan-Projekt im Bereich der Strahlenwaffen eintraten. Er war besonders von den Argumenten Dr. Uwe Henke von Parparts, dem obersten wissenschaftlichen Berater LaRouches, beeindruckt. Dennoch lehnte Roy Pollock die Angebote der LaRouchians ab, seine Reisekosten zu von LaRouche gesponsorten Strahlenwaffenkonferenzen in Paris und Thailand zu übernehmen.

Pollock erklärte, daß sein erstes Treffen mit LaRouche Anfang 1983 auf Wunsch von Morris zustande gekommen sei. Richard Morris nahm – ebenso wie LaRouches Frau Helga Zepp-LaRouche – an dem Treffen teil. Sie sprachen über westdeutsche Politik. Bei dem zweiten Treffen im Herbst 1983, bei dem LaRouche eine angebliche Verschwörung europäischer oligarchischer Familien erläuterte, versuchte LaRouche, so Pollock, über ihn «an den ‹Judge› heranzukommen» – gemeint war Sicherheitsberater Clark. Pollock faßte LaRouches Kommentare etwas widerwillig in einem einseitigen Vermerk zusammen und «schickte ihn über die Straße zu Clark».

Ein gemeinsamer Punkt, der von Bailey, Morris und Pollock herausgestellt wurde, war ihre Überzeugung, die Mitarbeiter LaRouches seien – im Gegensatz zu LaRouche selbst – rationale Menschen und diese Mitarbeiter – nicht LaRouche – seien die Hauptquelle wertvoller Informationen. Allerdings zeigen die Forschungs- und Propagandaanstrengungen der LaRouchians, die mit NSC-Mitarbeitern zusammengetroffen sind, nicht viel Rationalität. Einer dieser Mitarbeiter ist Jeffrey Steinberg, LaRouches Sicherheitschef, der im Juni 1984 in einer Eingabe im Verfahren LaRouche gegen NBC erklärte, daß er das Executive Offices-Gebäude, in dem das NSC untergebracht ist, im vorangegangenen Jahr acht- bis zehnmal besucht habe. Steinberg ist Mitautor von «Dope, Inc.», einem von LaRouche in Auftrag gegebenem Buch, in dem die englische Queen und prominente amerikanische Juden für den internationalen Drogenhandel verantwortlich gemacht werden. Da ist auch noch der Fall von Dr. von Parpart und LaRouches Wirtschaftsberater David Goldmann (der Norman Baileys wichtigster NCLC-Kontakt war): von Parpart und Goldmann unterschrieben 1978 gemeinsam einen Artikel in *New Solidarity*, in dem sie jüdische «Verräter» beschuldigten, amerikanische Wasserstoffbombengeheimnisse für Israel gestohlen zu haben, und dann vorschlugen: «Beide Supermächte sollten kompromißlos klarmachen – und falls die amerikanische Regierung es nicht tut, dann die Sowjets einseitig –, falls Israel eine Atomwaffe zündet, daß es sofort von einem nuklearen Gegenschlag der Supermächte ausgelöscht wird.»

Offensichtlich ist das NSC nicht der einzige Teil der Administration, der hinter den Verrücktheiten der LaRouchians Methode zu erkennen glaubt. Im Januar 1983, zu einem Zeitpunkt, zu dem die Treffen der LaRouchians mit NSC-Vertretern bereits gute Fortschritte machten, schickte das Außenministerium der Botschaft in Bonn ein dringendes Telegramm unter dem Titel: «Erläutern Sie Ihre Strategie gegenüber den Anti-LaRouche-Disorganisationsanstrengungen.» Im

Namen von George Shultz nahm das Telegramm Bezug auf die Beschwerde eines LaRouche-Journalisten, «bestimmte amerikanische Botschaftsvertreter im Ausland» hätten versucht, Personen im Ausland von Verbindungen mit LaRouche abzuraten. Das Telegramm zitierte dann die offizielle Antwort, in der es heißt, daß negative Charakterisierungen von amerikanischen politischen Persönlichkeiten «nicht autorisiert» seien und daß Beamte sich «der Äußerung persönlicher Meinungen enthalten (sollten), wenn sie dienstlich tätig sind». Die klare Implikation: LaRouche sollte erlaubt werden, sich weiterhin ohne Einschränkung als wichtige amerikanische Persönlichkeit und Freund der Administration darzustellen.

LaRouche und die Wissenschaftler im Verteidigungsbereich

LaRouche war entschlossen, sich in der Gemeinschaft der Wissenschaftler im Verteidigungsbereich ebenso um Einfluß zu bemühen, wie er sich um das Vertrauen entscheidender Personen in der Administration bemüht hatte. Seine Haupttaktik war, seine Arbeit mit der von Edward Teller zu verknüpfen, dem Vater der Wasserstoffbombe, Mitglied des Wissenschaftsrats des Weißen Hauses und wesentlich an der Entwicklung der Strategischen Verteidigungsinitiative SDI, dem offiziellen Star Wars Programm, beteiligt. LaRouches Anhänger bringen in ihren Publikationen dauernd Tellers Bild und bewundernde Berichte über seine Arbeit. Sie geben vor, Teller und LaRouche würden auf dasselbe Ziel hinarbeiten. Anfang 1983 nannte LaRouche gar seinen eigenen Strahlenwaffenplan den «LaRouche/Teller-Vorschlag».

Teller streitet eine Kooperation mit LaRouchians ab. Er sagt, sie hätten ihn in den frühen siebziger Jahren des Völkermordes beschuldigt, aber 1976 hätten sie ihn plötzlich «mit ihren Freundschaftsangeboten überfallen». Ihre Freundschaft störe ihn mehr als ihre Angriffe. Obwohl er mit FEF-Vertretern am Telefon geplaudert habe, habe er alle Einladungen zu einem Treffen mit LaRouche abgelehnt, den er als «schlecht informierten Mann mit phantastischen Konzeptionen» bezeichnet.

Dennoch blieb Teller stumm, als die LaRouchians seinen Namen benutzten, um sich Türen in Washington und einem halben Dutzend europäischer Städte zu öffnen. Heute sagt Teller, er hätte LaRouche früher öffentlich ablehnen sollen. Aber er fügt hinzu, er hätte Bedenken gehabt, jemanden «dafür zu kritisieren, daß er mit meinen Ideen übereinstimmt».

Nachdem wir Teller interviewten, bekamen wir einen Artikel in der *New Solidarity*, der von einer von LaRouche gesponsorten Strahlenwaffenkonferenz vom März 1984 in Paris berichtete. Dem Artikel zufolge sprach LaRouche zu der Konferenz – ebenso wie Dr. Robert Budwine – ein wichtiger Star Wars-Wissenschaftler vom Lawrence Livermore National Laboratory und ein enger Freund Tellers, der in seine Rede eine «Mitteilung an die anwesenden Europäer von seinem Freund Dr. Edward Teller» aufgenommen hatte.

Budwine bestätigte, auf der Konferenz gesprochen zu haben und daß die LaRouchians seine Reisekosten übernommen hätten. Er beschrieb den Bericht der LaRouchians über Tellers Mitteilung als «totale Fälschung». Teller allerdings erklärte auf unsere Nachfrage in einem Telefongespräch: «Ich mag Dr. Budwine Grüße an LaRouche aufgetragen haben, aus Höflichkeit.» Er habe Budwine geraten, nicht an der Konferenz teilzunehmen – «vielleicht nicht stark genug» – und daß er Budwine, der auch auf einer LaRouche-Konferenz in Bangkok gesprochen hatte – geraten habe, nicht mehr zu Veranstaltungen dieser Art zu fahren. Allerdings gab Teller zu, sich mit Colonel Marc Geneste getroffen zu haben, einem französischen Neutronenbombenexperten, der eng mit LaRouche verbunden ist und kürzlich im Auftrag LaRouches eine Vortragsreise durch die USA unternahm. Teller beschrieb sein Treffen mit Geneste, das sich auf SDI konzentrierte, als «vollkommen freundlich».

Teller und Budwine sagten übereinstimmend, daß Budwine letztes Jahr aus Gefälligkeit Teller gegenüber, den die LaRouchians wegen einer Unterstützung unter Druck gesetzt hatten, Kontakt zu den LaRouchians aufnahm. Budwine erläuterte, er kenne LaRouche nicht «seit Adam und Eva»; sein Motiv sei lediglich gewesen, den Druck von Teller zu nehmen. Aber es geschah etwas, das Teller nicht geplant hatte. Budwine wurde von der LaRouche-Organisation – nach eigenen Angaben – angezogen und wurde für einige Monate in den Randbereich ihrer Aktivitäten einbezogen. Er begann, an Veranstaltungen LaRouches teilzunehmen, so an der Jahreskonferenz des NCLC in LaRouches Villa letzten Januar. Er verbrachte auch einige Stunden in Vier-Augen-Gesprächen mit LaRouche über Platonismus, indo-europäische Wurzelsprachen und andere Lieblingsthemen LaRouches.

Budwine erkannte LaRouches Ideen als «ungebändigte Pseudowissenschaft» und sagte dies auch LaRouches Mitarbeitern. Aber er fühlte sich auch auf anderen Ebenen von der Gruppe angezogen. Er beschreibt die Konferenz im Januar mit den Worten: «Ihre Wärme und ihre Rücksichtnahme aufeinander ist erstaunlich. Sie hatten barocke Harfenmusik im Hintergrund, als ob sie einen Salon des 18. Jahrhunderts wiederauferstehen lassen wollten.»

Budwines wissenschaftliche Ausbildung verhinderte, daß er den intensiven Rekrutierungsbemühungen der LaRouchians erlag. «Sie redeten immer wieder über ihre große Methode, aber ich fragte immer wieder: was ist dies für eine Methode, die euch immer die falschen Antworten gibt?» Budwine begann, über politische und religiöse Kulte nachzulesen. Heute glaubt er, «LaRouche ist kein ernst zu nehmender Mensch, er ist sogar weniger: er ist verrückt».

Eine andere wichtige Person in der Star Wars-Forschung ist Dr. John Nuckolls, Associate Director für Physik bei Lawrence Livermore und verantwortlich für die «O-Group», die Forschungsgruppe zu den «Zauberschild»-Waffen. Nuckolls sagte, daß er extensive Kontakte zu den LaRouchians gehabt habe und einmal FEF-Mitglied gewesen sei. Er berichtete, ihre Versuche, die «Klassifikationsbarriere» zu durchbrechen, hätten manchmal «Interaktion erschwert». Er gab zu, manchmal «ratlos» zu sein, ob ihre Werbeaktivitäten für die Regierung «positiv oder negativ» seien, aber er sagte, «es mag sinnvoll sein, jemanden an der Basis zu haben, unter der Annahme, sie sind an der Basis». Er wolle sie weder angreifen noch verteidigen. «Wir haben gemeinsame Interessen», sagte er und nannte Fusionsforschung und SDI.

Einige Verteidigungsexperten sind besorgt, daß es der extremistischen NCLC gelungen ist, so nah an den Bereich der Verteidigungsforschung herangekommen zu sein. Einer dieser Experten ist Generalmajor a. D. George Keegan Jr., früher Chef des Nachrichtendienstes der Luftwaffe und einer der ersten prominenten Amerikaner, der sich – bereits Mitte der siebziger Jahre – für ein Star Wars-Verteidigungssystem ausgesprochen hatte. Keegan ist der Meinung, daß es den LaRouchians gelungen sei, alle privaten und öffentlichen Organisationen, die im Bereich der Fusionsforschung (ein wichtiger Forschungsbereich, der Laser- und Partikelstrahlenwaffen umfaßt) und in der Beobachtung sowjetischer Fusionsentwicklungen tätig sind, zu unterwandern. «Ich habe mit immer größer werdendem Erschrecken erlebt, wie erfolgreich sie in der Beschaffung von meiner Meinung nach geheimen Informationen waren», sagt er.

Keegans Meinung wird von General James Abrahamson, Direktor des SDI (und ein Objekt der Bewunderung für LaRouche-Publikationen) nicht geteilt: er sei sich über irgendwelchen «besonderen Zugang» der LaRouchians zu Informationen nicht bewußt. Er ergänzt allerdings, daß «seine (LaRouches) Leute die SDI-Technologien verstehen» (dies ist eine seltsame Ergänzung, da, wie Dr. Nuckolls uns sagte, man Zugang zu geheimen Informationen haben müsse, um die Technologie zu verstehen).

Keegan hat teilweise den Verdacht, daß die Informationen der LaRouche-Organisation in die Hände der Sowjets gelangen könnten. Diese Beunruhigung wird von der Heritage-Foundation geteilt, die in einem im letzten Juli veröffentlichten Bericht über LaRouche geheime Treffen zwischen LaRouche und dem sowjetischen UN-Diplomaten Genedy N. Serebrayakov erwähnt (eine Verbindung, die zuerst in der *National Review* 1979 beschrieben wurde). Der Bericht beschuldigte einen LaRouche-Anhänger, in jüngster Zeit versucht zu haben, «von einem Mitglied des Streitkräfteausschusses des Repräsentantenhauses die Reichweite der Cruise Missile – eine der strengsten amerikanischen militärischen Geheimnisse – beschaffen zu wollen (nach John Basma, Redakteur von *Military Space*, geschah der Zwischenfall 1981 und der LaRouche-Anhänger war am Odometer des Flugkörpers interessiert).

Daß Konservative nicht nur paranoid auf die eindringliche Neugier der LaRouchians reagieren, geht aus einem geheimen Memorandum eines wichtigen Sicherheits-Mitarbeiters von LaRouche an die NCLC-Führung vom 19. Januar 1981 hervor. Obwohl der Vermerk die NCLC-Mitglieder als Opfer sowjetischer KGB-Tricks darstellt, so spricht er doch von Serebrayakov als dem «bestimmten UN-Kontakt» und erwähnt Reisen von FEF-Wissenschaftlern nach Moskau zum Zwecke «wissenschaftlicher Zusammenarbeit». Es heißt in dem Memorandum, daß eine der Reisen zu einem «Zwischenfall» führte, in dem ein ungenannter LaRouchian einen neunzigseitigen Bericht über die «amerikanische Wissenschaftlergemeinschaft» schrieb, und daß die Sowjets die ihnen zur Verfügung gestellten Informationen als «sehr nützlich» empfunden hätten. Das Memorandum sagt weiter, falls ein Problem der «nationalen Sicherheit» im Zusammenhang mit dem «Zwischenfall» auftreten sollte, «dann macht unsere Verpflichtung zu einer offenen Politik der Zusammenarbeit mit den Sowjets in wissenschaftlichen und verwandten Bereichen unsere Verteidigung fast wasserdicht». Der Vermerk beklagt sich im folgenden über Anti-NCLC-Einfluß auf die Sowjets, angeblich ausgehend von der US-Kommunistischen Partei, der eine «beständige Störung unserer klaren Kanäle zu den Sowjets» zur Folge hätte.

Wie die Zeitschrift *Fusion* berichtete, sind zwei Mitarbeiter der FEF im Dezember 1981 nach Moskau gefahren, um an einer Konferenz über «Laserinteraktion» teilzunehmen. Darüber hinaus erinnern sich ehemalige NCLCler an eine Dia-Show eines LaRouche-Mitarbeiters, der gerade von einem Besuch des sowjetischen Wissenschaftskomplexes in der Nähe von Novosibirsk in Zentralsibirien zurückgekehrt war.

LaRouche und Star Wars

Abgesehen von Sicherheitsproblemen – haben die LaRouchians irgendeinen bedeutenden Einfluß auf die SDI-Verantwortlichen gewonnen? Die Antworten der Administrationsvertreter und Wissenschaftler im Verteidigungsbereich auf diese Frage waren widersprüchlich, oft unklar. Norman Bailey sagte in einem nicht gesendeten Teil seines Interviews mit Pat Lynch, die LaRouchians seien «sehr stark für bestimmte Programme (der Administration)» wie «die defensiven Technologien, die der Präsident in seiner (Star Wars-)Rede erwähnte». Bailey meinte auch, daß Präsident Reagans und Mr. LaRouches «politische Einschätzung» sich im Bereich dieser defensiven Technologien «entsprächen». Ray Pollock, einer von mehreren Mitarbeitern der Administration, die die Politik hinter Reagans Star Wars-Rede entwickelten, bestreitet, daß der Enthusiasmus LaRouches für SDI jemals größeren Einfluß auf das Denken der Administration bekommen habe. Dennoch gibt Pollock offen zu, in Gesprächen mit Abgesandten LaRouches potentiell «Verdienstvolles» zu wirtschaftlichen «spin-offs» des SDI gefunden zu haben.

Unter den Rüstungswissenschaftlern kommt Dr. Nuckolls vorschnell zu der Einschätzung, daß der LaRouchianismus SDI nicht beeinflußt habe. Aber Dr. Lowell Wood, Leiter der «O-Group» und der vielleicht führende Star Wars-Wissenschaftler der Vereinigten Staaten, wollte keine derartig umfassende Aussage wagen. Wood berichtete, daß die LaRouchians ihm erzählt hätten, sie seien mit höchsten NSC- und Pentagon-Vertretern zusammengekommen, einschließlich persönlicher Mitarbeiter Präsident Reagans. Obwohl Wood, der selbst Zugang zu führenden Vertretern der Administration hat, nicht versucht hatte, diese Prahlereien zu verifizieren, so gab er doch zu, daß «viele Regierungs-Mitglieder der heutigen (Administration)» sich ihm gegenüber bewundernd über «Qualität, Geschwindigkeit und Präzision» der Nachrichtendienste LaRouches geäußert hätten.

Tatsächlich hat sich die Organisation LaRouches, lange bevor sich die meisten Regierungsvertreter und Wissenschaftler überhaupt mit dem Thema beschäftigten, für eine SDI-Version eingesetzt. So hat sich 1977 Dr. Bardwell vom NCLC zweimal mit General Keegan getroffen, und die LaRouchians gaben eine Broschüre heraus, in der sie argumentierten, die Entwicklung von Partikelstrahlenwaffen sei «entscheidend für das Überleben der Nation». Obwohl Keegan bald darauf seine Kontakte zu den LaRouchians wegen seiner Bedenken über ihre Politik einstellte, setzen sie ohne ihn ihre Arbeit fort durch Artikel in *Fusion*, die genaue Verfolgung der sowjetischen Literatur zur Fusionsforschung und durch Polemiken gegen Wissenschaftler, die der Partikelstrahlentechnologie skeptisch gegenüberstanden.

Aber der Kern ihrer Arbeit in diesem Bereich war während der Carter-Administration die Betreuung von Wissenschaftlern in der Fusionsforschung – dem Sprungbrett der Star Wars-Technologie. Wesentlich bei diesen Anstrengungen war der Aufbau einer pragmatischen Beziehung zu mehreren Wissenschaftlern in Carters Energieministerium, die die FEF zur Verbreitung des Gedankens der Fusionsforschung nützlich fanden, und bereit waren, durch Reden auf Konferenzen oder auf anderen Wegen ihr Prestige für die Organisation zur Verfügung zu stellen.

Dr. John Clark, damals Stellvertreter, heute Direktor des Büros für Fusionsenergie, lobte 1978 in einer Rede die FEF für ihren «Mut», für die Hochtechnologie einzutreten, und erklärte, die in diesem Bereich Tätigen seien «tief in der Schuld» der FEF. (Die FEF benutzte diese Aussage sofort in ihrer Mitgliederwerbung, und Dr. Clark erneuerte sie auf Nachfragen, wie aus einem vom Energieministerium freigegebenen Freedom of Information-Dokument hervorgeht.)

Auch Dr. Stephen Dean, Direktor für Magnetic Confinement-Systeme im Büro für Fusionsenergie, sprach auf Veranstaltungen der FEF, zum Beispiel bei einer Konferenz zur Förderung palästinensischer und arabischer Ziele mit Dr. Clovis Maksoud als Hauptredner. Dean setzte, nachdem er die Regierung verlassen hatte, die Zusammenarbeit mit der FEF fort und begleitete sogar einen wissenschaftlichen Mitarbeiter LaRouches nach Indien, wo die beiden eine Audienz bei der Fusions-Enthusiastin Indira Gandhi bekamen. In einem kürzlich geführten Telefoninterview deutete Dean an, er und andere führende Fusionswissenschaftlicher hätten weiterhin Sympathien für die Arbeit der FEF. «Ich glaube nicht, daß sie dem Land irgendwie geschadet haben», sagte er.

Keiner der heutigen oder früheren Wissenschaftler im Energieministerium, die der FEF halfen, haben je viel Sympathie für die Verschwörungstheorien der Gruppe gehabt. Dennoch ist es den LaRouchians gelungen, eine eher ideologische Verbindung zu zwei Einzelgängern unter den Fusionsforschern an Universitäten zu knüpfen, Dr. Winston Bostick und Dr. Friedwardt Winterberg. Bostick, der auf der Luftwaffenbasis Kirkland von 1979 bis 1983 mit Strahlenwaffen zu tun hatte, bestätigte vor kurzem in einem Telefoninterview, daß er viele politische Positionen LaRouches teile, wie zum Beispiel seine Versuche, «deutsche militärische, wissenschaftliche, kulturelle und wirtschaftliche Traditionen» unter den Amerikanern zu verbreiten. Winterberg, der Ende der siebziger Jahre der Luftwaffe seine Strahlenwaffen-Ideen vortrug und auch weiterhin zu dem Thema seine Spekulationen anstellt, hat in verschiedenen Bereichen, auch auf Vortragsreisen, mit den LaRouchians zusammengearbeitet. 1981 stellte er ihnen geheime Diagramme wie zum Beispiel zu «nuklearen Röntgenwaffen mit thermonuklearen Sprengköpfen» zur Verfügung, die sie sogleich in *Fusion* abdruckten. Dann schrieb er ihnen eine Anleitung zur Benutzung einer Wasserstoffbombe.

Gegen Ende der Carter-Ära gab die FEF an, Tausende von Mitgliedern unter Wissenschaftlern und Ingenieuren sowie 80000 *Fusion* Abonnenten zu haben. 1980 gelang es sogar einem FEF-Wissenschaftler, eine Einladung für ein Referat in der Militärakademie West Point zu militärischen Nutzungsmöglichkeiten der Fusionskraft zu erhalten, und ein anderer FEF-Mann sprach vor einer größeren Zusammenkunft in Lawrence Livermore. Mit der vergrößerten Seriosität kamen viele Spenden, und im Rechnungsjahr 1980/81 gab die FEF ein Einkommen von annähernd 2 Millionen US-Dollar an.

La Rouches *New Solidarity* berichtete im April 1981, daß Präsident Reagan «für seine Unterstüzung eines ABM-Systems im Weltall» bekannt sei. Diese Information war offensichtlich ein Grund dafür, daß die FEF 1981 ihr Hauptinteresse von der Fusionsforschung weg hin zu Strahlenwaffen auf Partikel- oder Lasergrundlage verlagerte. Im Mai 1981 führte die FEF eine Konferenz in Washington zur Verbreitung neuer Forschungsergebnisse über «Anti-Raketen-Strahlen-Potentiale» durch. LaRouche selbst schlug im folgenden Februar auf einem EIR-Forum in Washington vor, eine öffentliche Aktion für defensive Strahlenwaffen als Gegengewicht zur «Nuclear Freeze»-Bewegung durchzuführen. LaRouche gab dann einen Bericht heraus, der detailliert für Strahlenwaffen eintritt, um eine moderne US-Militärpolitik zu entwickeln. Die FEF verbreitete an Wissenschaftler und das Pentagon im Mai 1982 dann ein «Weißes Papier» von Dr. Bardwell über Strahlenwaffen. Im August verteilte die FEF einen Sonderbericht zur Röntgenlaserkonzeption an Kongreßmitglieder, gefolgt von verschiedenen «Informationsgesprächen» für Kongreßmitarbeiter.

In der Zwischenzeit verfolgten die LaRouchians genau die Lobbytätigkeit von Teller, Wood und anderen Wissenschaftlern für ein Raketenabwehrsystem im Weltraum.

LaRouche-Publikationen berichteten zum Beispiel von einem Treffen zwischen Teller und Präsident Reagan und einer anschließenden Rede Tellers vor dem Nationalen Presseclub im September 1982. Als Präsident Reagan am 23. März 1985 Öffentlichkeit und Medien und selbst einige wichtige Wissenschaftler mit seiner Star Wars-Rede überraschte, schien er die LaRouchians nicht zu überraschen. Bereits einen Monat vor Reagans Rede hatte LaRouche seine Anhänger aufgerufen, ihre Lobbykampagne für Strahlenwaffen zu intensivieren, um, wie LaRouche erklärte, «im März defensive Strahlenwaffen zu einem in ganz Amerika bekannten Begriff zu machen».

Nach Reagans Rede wandten sich die Medien an die FEF als seriöse Quelle, um zu erklären, was dem Präsidenten vorschwebte. FEF-Sprecher wurden in Agenturberichten, nationalen Zeitungskommentaren, der *Washington Post* und vielen Lokalzeitungen im ganzen Land zitiert. In ihren eigenen Publikationen schrieben sie sich einen wesentlichen Anteil an der Entwicklung der Star Wars-Pläne zu und beschrieben gar LaRouche als den «geistigen Vater». Nach Roy Pollock «überfluteten» sie das Kapitol mit solchen Behauptungen. Er erinnerte sich, daß einige Personen in der Administration «beunruhigt» waren, aber daß «nichts getan wurde, um die Sache richtigzustellen».

Die LaRouchians warben auf verschiedenen Ebenen für die neue Politik des Präsidenten. Ihre Sprecher sagten bei Anhörungen im Kongreß aus und setzten sich für Strahlenwaffen-Resolutionen in verschiedenen Staatsparlamenten ein. Strahlenwaffen wurden ein wichtiges Thema in ihren Wahlkampfauftritten und in Reden der FEF-Wissenschaftler. Im Sommer 1983 veröffentlichte die *EIR* zwei Einschätzungen des Nationalen Sicherheitsrats über geheime Strahlentechnologie, und im Oktober 1983 hielt die FEF ein Strahlenwaffenseminar im Dirksen Office Building ab. Dr. Pollock, der an dem Seminar teilnahm, erinnert sich, daß der «Raum voll war» und «viele Regierungsleute» anwesend waren.

In Europa organisierte die von LaRouche kontrollierte Europäische Arbeiterpartei eine Reihe von Seminaren, um Unterstützung für eine NATO-Mitwirkung bei SDI zu schaffen. In enger Zusammenarbeit mit Colonel Geneste gelang es der EAP, eine Anzahl französischer, deutscher und italienischer Generale zur Teilnahme zu bewegen. Auf einer LaRouche-Konferenz im November 1983 in Rom teilte sogar General a. D. Volney Werner, ehemaliger Oberbefehlshaber des amerikanischen Bereitschaftskommandos, das Podium mit LaRouche. Werner glaubte damals, die LaRouchians hätten einiges an positiver Arbeit durch ihre SDI-Unterstützung geleistet. Kleinlaut erklärt er aber heute, daß er «am liebsten in bezug auf dieses Treffen und diese Organisation hinter dem Horizont verschwinden» wolle.

Die LaRouchians sind auch vom Pentagon nicht gerade gemieden worden. John D'Amecourt zufolge, dem Programmdirektor im Büro für Öffentlichkeitsarbeit des Verteidigungsministeriums, war sein Stab in der Lage, sie in der Vergangenheit «durch die Vermittlung von Rednern zu unterstützen». Er bestätigte, daß bei einer Demonstration von LaRouches Schiller-Institut im letzten Mai in Crystal City, Virginia, zwei Gastredner des Pentagon teilgenommen hätten: Brigadegeneral Anthony Smith, Hauptdirektor für europäische und NATO-Politik in der Abteilung Internationale Sicherheitspolitik des Verteidigungsministeriums, und Franklin Miller, ziviler Direktor für strategische Machtpolitik in derselben Abteilung. Interessanterweise fanden sie nach ihrer Ankunft nicht die von den LaRouchians versprochenen 2000 Leute vor, sondern nur eine kleine Versammlung von Veteranen.

Laut D'Amecourt wollte sich nach dieser Erfahrung niemand zur Verfügung stellen, als die LaRouchians für eine Veranstaltung im September in Westdeutschland einen Redner anforderten. Er spekulierte, die Attacken LaRouches auf Henry Kissinger, die er beschrieb als «etwas, was ich dem schlimmsten Demokraten oder Liberalen nicht antun würde», hätten ihren Teil zu der Zurückhaltung beigetragen. Dennoch sagte D'Amecourt, die LaRouchians würden von seinem Büro nach wie vor als «konservative Gruppe» angesehen, die die «Administration im allgemeinen sehr unterstützt». Daher bemüht er sich immer noch diensteifrig darum, für sie Redner zu finden, obwohl er zugibt, daß er beispielsweise für die Kommunistische Partei dies nicht tun würde: «Wir wollen nicht mit etwas in Verbindung gebracht werden, das dem Ministerium einen schlechten Namen einbringt», setzt er hinzu.

Ein hochrangiger Pentagon-Mitarbeiter mit einer ähnlich zweideutigen Haltung gegenüber den LaRouchians ist Dr. Richard DeLaurer, Unterstaatssekretär für Forschung und Entwicklung und ziviler Chef des SDI. 1981 gab DeLaurer, ein ehemaliger Geschäftsführender Vizepräsident von TRW, Inc., LaRouches *EIR* in seinem Büro im Pentagon ein langes Interview. Wie der Text des Interviews zeigt, nutzte DeLaurer die Gelegenheit, sich in konservativen Lieblingsthemen zu produzieren. Er machte ein Jahrzehnt der «Grünung Amerikas» und den Einfluß von «Gurus», die aus «Lebensmittelkarten ihren Vorteil» zögen, für die Schwäche der amerikanischen Wissenschaft verantwortlich. Während des Interviews wurde er nach seiner Einschätzung der sowjetischen Fortschritte im Bereich weltraumgestützter ABM-Systeme gefragt. Er antwortete, seine Informationen zu dem Thema kämen aus der Fachzeitschrift *Aviation Week and Space Technology* und der *EIR*. Er zitierte als Meinung eines seiner Mitarbeiter: «Ihr müßtet darüber mehr wissen als jeder andere.»

Heute gesteht DeLaurer, daß die Aussage über die Kompetenz der *EIR* Ausdruck seiner «Erbitterung» gegenüber dem Interviewer gewesen sei. DeLauer über LaRouche: «Ich habe keinen Nutzen für den Mann und seine Meinungen.» Doch Richard DeLaurer (der vor kurzem in LaRouche-Publikationen für seine angebliche Bremserrolle gegenüber SDI angegriffen wurde) macht für die FEF eine Ausnahme und lobt sie als «die einzige aktive Gruppe, die Jane Fonda bekämpft» und für Atomkraft eintritt: «In ihrer Unterstützung von Atomkraft – darauf bezogen – unterstütze ich sie.» DeLaurer enthüllte immerhin, daß er sie auch finanziell unterstützt habe. Auf einen obszönen Anti-Jane-Fonda-Aufkleber der FEF angesprochen, meinte DeLaurer schmunzelnd: «Ich habe einen weiteren FEF-Slogan für euch: ‹In Ted Kennedys Auto sind mehr Leute umgekommen als je in einem Atomkraftwerk.›» Dennoch blieb DeLaurer bei seiner Einschätzung: die LaRouchians haben «überhaupt keinen Einfluß» im Verteidigungsbereich.

LaRouche und der «totale Krieg»

Obwohl LaRouche Strahlenwaffen in der Öffentlichkeit als «Defensivwaffen» bezeichnet hat, ist sein wahrer Plan eine wilde Phantasie, die nichts mit legitimen Verteidigungsinteressen zu tun hat. In einer Artikelserie zum «totalen Krieg» in *New Solidarity* beschrieb er 1978, wie eine aufgerüstete USA unter seiner Führung dauerhaft eine weltweite «Hegemonie» erzielen könne. «Ich schlage vor, Kriege zu gewinnen», sagte er und erklärte, solche Kriege sollten auf die «progressive Liquidierung» von Regierungen, die eine Kapitulation ablehnten, und auf «totalen Sieg» über die «letzte Bastion des Feindes» hinzielen. Richtige Militärpolitik, schrieb er, habe «in ihrem Zentrum die Kriegführung stets als Werk Gottes betrachtet...» Zum Nutzen der «Menschheit» müsse Amerika die «Kräfte des Bösen zermalmen» und sie unter die Regierung seiner «starken, wenn auch liebenden Hand bringen». LaRouche entwickelt in den Ausführungen zu seiner Doktrin eine Strategie des kombinierten ABC-Schlages (atomar, biologisch, chemisch) auf den Feind, «mit dem Ziel, alle möglichen Formen des Widerstands an der Front zu vernichten».

LaRouche gab in seiner 78er Veröffentlichung zu, daß zwischen 120 und 180 Millionen Amerikaner in einem solchen ABC-Austausch ihr Leben lassen würden. Er scheint dies später für übertrieben zu halten und hat seine Agitation für «defensive» Strahlenwaffen erhöht, während er gleichzeitig sein Konzept der «totalen Mobilisierung» um die Mobilisierung der amerikanischen Wirtschaft für ein riesiges Manhattanprojekt zum Bau des perfekten Anti-Raketenschilds erweitert. Die Tatsache, daß sein Hauptziel unverändert ist, wird von Dr. Steven Bardwell im Januar 1984 vor seinem Rücktritt in einem NCLC-Vermerk bestätigt. Bardwell, LaRouches Hauptexperte für Strahlenwaffen, klagt, daß das NCLC die defensive Strahlenwaffenstrategie Tellers aufgegriffen und sie zu einer Erstschlagspolitik entstellt habe. Er erklärte, daß diese Verzerrung, die das Eintreten für einen «breiten, massiven Militäraufbau der USA» beinhalte, in Wirklichkeit auf die Ablehnung des «Existenzrechts der Sowjetunion (in ihrer heutigen Form)» hinauslaufen würde. Bardwell enthüllte auch, daß LaRouche inzwischen noch über seine Pläne für ABC-Waffen hinausgegangen ist und nun über «Waffen des Jüngsten Tages» spekuliert, einschließlich Kobaltbomben.

LaRouche und der CIA

Wenn LaRouche von der Eroberung der Welt träumt, so träumt er auch davon, ihr oberster Agentenführer zu sein. Ehemalige Mitglieder haben ihn tatsächlich mit General Midwinter, dem wohlhabenden texanischen Superpatrioten in Len Deightons «The Million Dollar Brain» verglichen, der einen Nachrichtendienst unter Leitung eines gigantischen Computers finanziert.

Während der frühen Carter-Ära erklärte LaRouche unter Hinweis auf das Zurückschrauben verdeckter Geheimdienst-Operationen, er werde das Liegengebliebene übernehmen. Er hatte bereits einen kleinen Nachrichtendienst, den er nun nach und nach ausbaute. Seine Anhänger gründeten die Zeitschrift *Executive Intelligence Review*, und der Job des «Korrespondenten» wurde die beste Tarnung seiner Amateurspione. *EIR*-«Nachrichtenbüros» in einem Dutzend europäischer Städte begannen bald, einen ständigen Fluß von Kleinigkeiten über Telex in LaRouches New Yorker Hauptquartier zu führen. Neben LaRouches eigenen Reisen begannen *EIR*-Korrespondenten nach Ländern wie Vietnam zu reisen, wo ein rühriger LaRouchian ein langes und offenes Interview mit Außenminister Nguyen Co Thach führen konnte.

Die Nützlichkeit der LaRouche-Nachrichten ist nicht nur von NSC-Mitarbeitern, sondern auch von professionellen Geheimdienstlern wie Generalleutnant a. D. Daniel Graham, früher Chef des militärischen Nachrichtendienstes DIA (ein scharfer Gegner LaRouches in konservativen Kreisen) unbestritten. Graham erinnert sich an ein Telefoninterview, in dem die LaRouchians Informationen über Angola und Mosambik beschafften, die aus anderen Quellen nicht zur Verfügung standen.

Obwohl die LaRouchians auch einer Anzahl ausländischer Botschaften in Washington ihre Dienste anboten, war ihr wichtigstes Ziel, Beachtung und Respekt der amerikanischen Nachrichtendienste, insbesondere des CIA, zu gewinnen. Nach CIA-Dokumenten, die unter dem Freedom of Information Act freigegeben wurden, überschwemmten sie bereits 1976 den CIA mit Telefonanrufen, einschließlich eines Anrufs in der Privatwohnung des damaligen CIA-Direktors George Bush, in denen sie um eine Gelegenheit baten, ihn über terroristische Gruppen zu informieren. CIA-Vertreter waren damals LaRouches kommunistischer Vergangenheit wegen skeptisch hinsichtlich dessen Intentionen. 1977 allerdings stellte LaRouche den inzwischen verstorbenen Mitchell WerBell III, einen Ultrarechten mit CIA-Verbindungen, für den Bereich Öffentlichkeitsarbeit und als Sicherheitsberater ein. WerBell war auf seinem Landsitz in Georgia Gastgeber von Zusammenkünften, auf denen LaRouchians einer Anzahl ehemaliger CIA-Agenten vorgestellt wurden. Es gelang ihm auch, einige CIA-Angestellte in eine konspirative Wohnung im Crystal City Marriot in der Nähe von Washington zu locken, wo LaRouchians sie über die angebliche Weltverschwörung hinter dem Heroinhandel informierten.

Ehemalige LaRouchians sagen, daß die NCLC Ende der siebziger Jahre Walter Mackem, einen früheren CIA-Agenten, als Berater zur Unterstützung WerBells einsetzten. Mackem hatte bereits vorher bei einem vergeblichen Plan, die Insel Abaco in den Bahamas mit Söldnern zu besetzen, mit WerBell zusammengearbeitet. Nach Lucien Conein, einem bekannten früheren CIA-Spezialisten für verdeckte Operationen, der heute bei der Rauschgiftbehörde DEA arbeitet, hat Mackem «im letzten Jahr» «etwas» für die LaRouchians getan. Mackem allerdings wollte nur «soziale» Kontakte zu LaRouche bestätigen.

Der Zugang der LaRouche-Organisation zu offiziellen Nachrichtendiensten verbesserte sich nach Reagans Amtsantritt entscheidend. Wie ehemalige LaRouchians und einige Ex-Mitglieder der Administration berichteten, begannen Mitarbeiter LaRouches, sich mit einigen Angehörigen von CIA und DIA zu treffen oder Telefonkontakt zu halten. Und der CIA hat bestätigt, daß LaRouche in der Lage gewesen sei, selbst das innere Heiligtum Langleys zu besuchen.

Admiral Bobby Ray Inman, Stellvertretender CIA-Direktor von Februar 1981 bis Juni 1982, erhielt in sein Büro «Fluten» von La Rouche-Material. Er sei einmal mit Lyndon und Helga Zepp-La Rouche auf deren Wunsch hin zusammengekommen. Die Treffen in Inmans Büro befaßten sich vor allem mit Helga Zepp-LaRouches Ansichten über die politische Situation in Deutschland. Rückblickend erinnerte sich Inman, in den späten siebziger Jahren und auch in den ersten Jahren der Reagan-Administration habe der CIA Hilfe von auswärtigen Quellen benötigt, da die Kürzungen von CIA-Personal zu einem Nachrichten«vakuum» in einigen Regionen, insbesondere Südamerika, geführt hätten.

Inman erzählte, daß Treffen mit solchen Quellen wie LaRouche normaler Teil seines Jobs gewesen seien. Dies wird allerdings von einem früheren hochrangigen Mitarbeiter aus dem Sicherheitsbereich, der die Hierarchie des CIA genau kennt, bestritten. Dieser entgegnete, daß der CIA «sechs Ebenen von Leuten unter dem Vizepräsidenten» habe, die sich mit Personen wie LaRouche zusammensetzen könnten.

Obwohl Inman angibt, dem Ehepaar LaRouche «keine Einladung zu weiteren Kontakten» gegeben zu haben, gibt er doch zu, daß es nicht «dauerhafte Politik» war, sie von der Behörde fernzuhalten. Tatsächlich war LaRouche – nach Aussagen des CIA-Sprechers – in der Lage, noch ein weiteres Mal Langley zu besuchen, diesmal zu einem Treffen mit Inmans Nachfolger John McMahon. Ein ehemaliger New Yorker Polizist, Phil Perlonge, den LaRouche als Leibwächter angestellt hatte, hat beschrieben, wie LaRouche im April 1983 offensichtlich zu dem zweiten Treffen nach Langley fuhr – begleitet von einer Sicherheitsmannschaft, zu der Roy Frankhouser, der «große Drachen» des Ku-Klux-Klan in Philadelphia, gehörte, den LaRouche angeheuert hatte, um nach Attentätern Ausschau zu halten.

LaRouchismus an der Basis

Die Verbindungen der Reagan-Administration mit den LaRouchians und das Versäumnis, gegen die Prahlereien LaRouches über seinen Einfluß auf Reagans Star Wars-Programm vorzugehen, haben den

Eindruck in der Öffentlichkeit verstärkt, daß LaRouche eine seriöse politische Figur auf der Rechten sei.

LaRouche hat diesen Eindruck der Seriosität genutzt, um seine Wahlmaschine, das National Democratic Policy Committee (NDPC) aufzubauen, das innerhalb der Demokratischen Partei arbeitet und behauptet, die Stimme der konservativen Demokraten zu sein. Das 1980 begründete NDPC ist in den letzten Jahren durch seine Unterstützung der Reagan-Politik in wichtigen Bereichen und durch Tarnung von LaRouches Antisemitismus als «Anti-Kissinger Rhetorik» gewachsen. Das NDPC ist heute eine eindrucksvolle Wahlmaschine, die viele Amerikaner der schweigenden Mehrheit, einschließlich vieler Farmer, die von besonderen Farmaktivisten geworben werden, ebenso wie LaRouches alte Kader erreicht.

Obwohl das NDPC in den 84er Vorwahlen keine großen Stimmenzahlen für LaRouche selbst erringen konnte (er erreichte höchstens 150000 Stimmen in etwa 15 Staaten), so hat es erstaunlich viele Wahlerfolge an der Basis im ganzen Land errungen. 1983 wurden über 600 Kandidaten in 25 Staaten für öffentliche Ämter oder für die demokratische Partei ins Feld geschickt. 1984 sprang die Zahl auf über 2000 Kandidaten in mindestens 30 Staaten, wovon die meisten keine Schwierigkeiten hatten, sich auf dem Stimmzettel zu plazieren. Obwohl einige der neuen Gesichter unter diesen Kandidaten zur Ideologie der LaRouchians konvertiert sein mögen, sind andere – vielleicht die Mehrheit – nur in Einzelfragen mit LaRouche einverstanden und ignorieren entweder die zugrunde liegende Ideologie oder sind sich ihr nicht bewußt. Dennoch bezeichnen sich NDPC-Kandidaten oft als «LaRouche-Demokraten», und die Organisation ist in ihrer Spitze von LaRouches ideologischen Statthaltern dominiert.

In den Vorwahlen in Ohio im Mai 1984 hat das NDPC Kandidaten in einer Mehrheit der 21 Kongreßwahlkreise aufgestellt und im siebten Wahlkreis ihre erste demokratische Kongreßnominierung erhalten. Ihr Kandidat, der ebenso fest in der Nachbarschaft verankert ist, wie er LaRouches Weltanschauung teilt, schlug den Kandidaten der regulären Demokraten mit 23000 gegen 15000 Stimmen. Obwohl der Distrikt traditionell republikanisch ist – und dem NDPC-Kandidaten keine realen Gewinnchancen gegeben werden –, hat der *Columbus Dispatch* angemerkt, dieser Vorwahlsieg könne «in die Geschichte eingehen als erster Schritt, Lyndon H. LaRouches Präsidentenwahlkampfmaschine zu legitimieren».

In Ohios zweitem Kongreßwahlkreis errang der NDPC-Kandidat eine zweite Nominierung – allerdings ohne Gegenkandidat. Im achten Wahlkreis, wo der Kandidat der regulären Demokraten über extremistische Verbindungen des NDPC nachbohrte, verteidigte der NDPC-Kandidat sich energisch. Das Ergebnis war ein knapper Verlust des NDPC-Kandidaten, der immerhin noch 47 Prozent der Stimmen erhielt.

Die Abstimmungen in Ohio waren kein Einzelfall. Im ganzen Land hatten NDPC-Kandidaten eindrucksvolle Ergebnisse in Vorwahlen für Senat, Repräsentantenhaus und Sitze in Staatsparlamenten. Obwohl die Mehrheit dieser Erfolge in traditionell republikanischen Distrikten zu verzeichnen waren, in denen die regulären Demokraten traditionell kaum bekannte oder undynamische Kandidaten aufstellten, können die Erfolge kaum ignoriert werden: in North Carolina errang der NDPC-Kandidat für den US-Senat 127000 Stimmen in einer Wahl mit drei Kandidaten und wurde zweiter mit 15 Prozent hinter Gouverneur James Hunt. In Oregon errang der NDPC-Senatskandidat 24 Prozent unter zwei Kandidaten. Bei den Kongreßvorwahlen in Pennsylvania bewarben sich NDPC-Kandidaten um 12 Sitze, bei fünf davon errangen sie beeindruckende Ergebnisse. Das höchste Ergebnis des NDPC in Pennsylvania gelang im siebten Wahlkreis mit 46 Prozent unter zwei Kandidaten. In Kalifornien erreichte der NDPC-Kandidat im 54. Wahlkreis 49 Prozent bei zwei Kandidaten. In Michigan gewann das NDPC im vierten Wahlkreis 26 Prozent der Stimmen und wurde unter drei Kandidaten zweiter. Ebenfalls in Michigan errang der Kandidat des NDPC im neunten Wahlkreis 33 Prozent unter zwei Kandidaten. In den Vorwahlen am 14. August in Georgia erreichte der NDPC-Kandidat, ein Flugzeugpilot, 24 Prozent unter vier Kandidaten und erhielt so eine Chance, gegen den Erstplazierten anzutreten. In der Stichwahl im Dezember erreichte dieser Kandidat 17000 Stimmen – 34 Prozent der Gesamtsumme.

Aber derartige Ergebnisse – und in anderen Staaten gibt es mehr – zeigen nicht das ganze Bild. Im Einklang mit ihrer Taktik des ‹von unten nach oben› behauptet das NDPC, mehr als 200 demokratische Kreisversammlungssitze in Kalifornien, Illinois, Florida, Massachusetts und anderen Staaten gewonnen zu haben. In den Vorstadtkreisen rund um Chicago errangen sie 57 Sitze. Ihr Kandidat als Rechnungsprüfer im Will County errang die demokratische Nominierung mit einem Abstand von mehr als 3000 Stimmen gegenüber dem Kandidaten der regulären Demokraten. Bei den meisten der Kreisversammlungssiege gab es keinen Gegenkandidaten – die Tatsache bleibt, daß das NDPC Kandidaten hatte und niemand sonst.

Die LaRouchians geben für das NDPC 26000 Mitglieder in über 43 Staaten an. Obwohl langjährige LaRouche-Beobachter dies für übertrieben halten, zeigen die Berichte des NDPC und des 84er-

LaRouche-Wahlkampfbüros an die Bundeswahlkommission, daß ein weites Spektrum von Amerikanern aus verschiedenen Lebensbereichen bereit war, Geld für LaRouche zu spenden. Im letzten Jahr haben Vorwahl- und Wahlkomitees (ohne das NDPC) fast 2 Millionen Dollar an Spenden und über 3 Millionen Dollar als Darlehen erhalten und dadurch einen Anspruch auf 488 396 Dollar Wahlkampfkostenerstattung aus Bundesmitteln erhalten. Mit diesem Geld, zusammen mit Geld aus Tarnfirmen und anderen Quellen, war LaRouche in der Lage, mindestens 14 halbstündige Fernsehspots bei den nationalen Networks (und eine großen Anzahl regionaler Fernseh- und Radiospots) zu kaufen, um für Reagans Strategische Verteidigungsinitiative zu werben und sowohl Walter Mondale als auch die angebliche Kissinger-Verschwörung zu brandmarken. Durch diese «Kamingespräche» am Fernsehschirm wurde LaRouche bei Millionen von Amerikanern, die bis zu diesem Jahr noch nie von ihm gehört hatten, bekannt, wenn auch nur flüchtig. Genaue Beobachter glauben, daß die Gesamtausgaben seines politischen und Propagandaapparats 1984 15 Millionen Dollar überstiegen.

Die Welt nach LaRouche

Bevor Lyndon LaRouche Mitte der siebziger Jahre zu rechtsextremen Ideen konvertierte, war er drei Jahrzehnte in linksextremen Gruppen und Ideologien zu Hause. Er war Sanitäter im Zweiten Weltkrieg, brach mit dem Pazifismus seiner Eltern, die Quäker waren, und driftete im linksextremen Milieu von Sekte zu Sekte und landete am Ende im Jahre 1948 als Mitglied der trotzkistischen Socialist Workers Party (SWP) unter dem angenommenen Namen «Lyn Marcus», abgewandelt nach Lenin und Marx. Mitte der sechziger Jahre bildete er seine eigene Gruppe, das New York Labor Committee, das dem SDS beitrat und 1968 eine bedeutende Rolle im Studentenstreik an der Columbia-Universität spielte.

Als der SDS LaRouches Anhänger ausschloß, nannte er seine Gruppe sofort in «National Caucus of Labor Committees» um und begann zu lehren, der Kapitalismus werde innerhalb des nächsten Jahrzehnts unter der unbarmherzigen Führung der NCLC überwunden werden. Immer noch vergeblich auf der Linken, in Wirklichkeit aber langsam auf dem Weg nach rechts, begann er 1973 die «Operation Mop

Up», eine Serie von etwa 40 Überfällen auf Mitglieder linksextremistischer Gruppen (einschließlich der Kommunistischen Partei und der SWP). Seine mit Knüppeln bewaffneten Anhänger reisten von Stadt zu Stadt und griffen oft einzelne Personen an. Viele mußten danach ins Krankenhaus, und einige LaRouche-Anhänger wurden wegen Körperverletzung verhaftet.

LaRouche verkündete im Dezember 1973, er sei Ziel einer Attentatsverschwörung, deren Zentrum beim CIA liege. Der Nachrichtendienst, so LaRouche, entführe seine Anhänger und mache sie durch homosexuelle Vergewaltigungen zu Kamikaze-Attentätern, die per Codewort aktiviert würden. Diejenigen, die diese Phantasien glaubten, teilten damit ihre Bereitschaft, LaRouches nächsten Schritt mitzumachen: den offenen Umschwung zum Rechtsextremismus.

In einer 77er Ausgabe von *Campaigner*, der theoretischen Zeitschrift der NCLC, erläuterte LaRouche, seine Allianz mit der Linken sei nur taktischer Natur gewesen. Die Theorien Marx' sah er nun als ungenügend an – aber immer noch denen von Mill («ein Schurke»), Hume («ein bewußter Schurke»), Ricardo («ein lügender Schurke»), Malthus («ein bezahlter Schurke») und Adam Smith («ein angemieteter Schurke») überlegen. Um «neo-fabianistische» Angriffe abzuwehren, würden die LaRouchians nunmehr die «kapitalistische Entwicklung» unterstützen und ein «harter Haufen» werden.

LaRouche zeigte 1978/79, was er damit meinte, als er seine Anhänger nach Georgia schickte, um sich auf dem Anwesen Mitchell WerBells III einem «Counterforce»-Training zu unterziehen. Zu dieser Zeit war LaRouche ein enges Bündnis mit Elementen des Ku-Klux-Klan und der Willis Cartos-Lobby eingegangen und übernahm offen antisemitische Rhetorik. LaRouches Zeitung *New Solidarity* erklärte, Zionismus sei ein Kult des Bösen, eine Intrige von Juden beherrsche die Welt, der Holocaust sei «mystisch» und «B'nai B'rith» «läßt die Tradition der Juden, die die Kreuzigung Christi fordern, wieder aufleben».

LaRouches Antisemitismus ist die Basis einer weitgefächerten Ideologie, die die Geschichte als Kampf einer unveränderbar bösen «Oligarchie» von «Wucherern» mit «aristotelischer» Philosophie und den – ebenso entschlossenen, aber schlechter organisierten Kräften des «Neo-Platonismus» sieht, unter deren Führern sich Karl der Große, Alexander der Große und, in neuerer Zeit, Lyndon LaRouche befinden. Durch die Jahrzehnte, argumentiert LaRouche, habe die Oligarchie des Bösen ungeheure Verbrechen gegen die Menschheit begangen. Sie habe die alte griechische Zivilisation durch asiatische Sexkulte unterminiert, mittelalterliche Päpste vergiftet, den Sklavenhandel organisiert und (nachdem sie im 17. Jahrhundert ihr Hauptquartier nach England verlegt hat) Abraham Lincoln und John F. Kennedy getötet und das Heroin erfunden.

LaRouche betrachtet seine «neo-platonistischen, humanistischen» Truppen als Kern einer Superrasse «goldener Seelen» und entwickelt, auf den Feind bezogen, eine separate biologische Art, den «zionistisch-britischen Organismus», der «zerstört werden muß, damit die Menschheit leben kann». In der Tat enthält das Programm LaRouches viele Elemente des Neonazismus: «reale Diktatur» des industriellen Kapitalismus, «sofortige Eliminierung» des jüdischen Einflusses in Wirtschaft, Regierung und Arbeit, die Forderung nach einem «Ständigen Sonderstaatsanwalt», um Juden des Hochverrats anzuklagen, die Forderung nach einer Veränderung der amerikanischen Kultur nach deutschem Vorbild und nach «totaler Mobilisierung» für den «totalen Krieg».

Die Kritiker LaRouches werden sofort als Teil des Plans entlarvt. Als die *New Republic* vor neun Monaten einen Artikel über LaRouche abdruckte («Paranoid Politics») antwortete *New Solidarity* mit einer Breitseite, in der die *New Republic* als Werkzeug eines Netzes beschrieben wurde, dem der KGB, der ADL, das FBI, der ILGWU, Murder, Inc., der Britische Secret Service und die *National Review* angehöre. Diese Verschwörer hätten, wie *New Solidarity* erklärte, 1978 einen «wesentlichen Versuch» unternommen, Lyndon LaRouche «zu ermorden».

Am 23. Oktober 1984 verkündete LaRouche während einer halbstündigen bezahlten politischen Sendung im CBS Network zwischen 20.00 und 20.30 Uhr: «Walter F. Mondale ist ein Agent des sowjetischen Geheimdienstes.» Dies, so sagte er, sei «ein klarer, dokumentierter Fakt». Mondales Rolle als «wissentlicher Agent sowjetischen Einflusses» sei darüber hinaus Teil einer riesigen «Verratsoperation», die die westdeutschen Grünen, Willy Brandt, «das von der Schweiz kontrollierte Kornkartell», Henry A. Kissinger und – als offensichtlicher Nachsatz – die *New Republic* umfasse. In seiner gegenwärtigen Präsidentschaftskampagne hat LaRouche seinen Antisemitismus etwas abgepolstert: Zionisten werden nun als «Kissinger und seine Freunde» bezeichnet, aber die wahre Bedeutung geht LaRouches Ku-Klux-Klan-Freunden nicht verloren. In einem kürzlich erschienenen Artikel gratulierte Robert Miles, der Klan-Führer in Michigan, La Rouche, er habe den «neoatheistischen Materialismus Kissingers» aufgedeckt – zur Enttäuschung der «Talmudisten». Der Klan, im Gegensatz zu vielen respektablen Personen in der Regierung, scheint zu verstehen, was LaRouches Bewegung wirklich darstellt.

3. LaRouche und der Rest der Welt

«Es ist nicht notwendig, braune Hemden zu tragen, um ein Faschist zu sein [...]. Es ist nicht notwendig, ein Hakenkreuz zu tragen, um ein Faschist zu sein [...]. Es ist nicht notwendig, sich selbst Faschist zu nennen, um ein Faschist zu sein.

Es ist einfach nur notwendig, einer zu sein!»

Lyndon H. LaRouche, 7. Juli 1978

Hetzkampagnen, Irreführung und Psychoterror

«Verhindert ein rot-grünes '33! Schluß mit dem grünen Terror! Rot und grün gleich braun! Grüne = Nazis!» – Parolen wie diese finden sich immer wieder auf Flugblättern und in Publikationen der LaRouche-Organisationen. Seit ihrer Gründung stehen die Grünen, stellvertretend für die Ökologie-, Anti-Atom- und Friedensbewegung, im Mittelpunkt der Pamphlete von EAP, Schiller-Institut und anderen LaRouche-Organisationen. Seit Jahren konzentrieren sich die Angriffe gegen die Grünen vor allem auf die Person Petra Kellys. Gleich ob im bayerischen Wahlkampf oder im Ausland – prominente grüne Politiker fühlen sich nicht mehr sicher. Nur selten wurden jedoch die jeweils agierenden Personen einwandfrei und eindeutig identifiziert.

«Grüne = Nazis»? Geprägt und insbesondere in den USA immer wieder in teuren Fernsehspots verbreitet, ließ beispielsweise Lyndon LaRouche in einem bezahlten, halbstündigen Interview im US-Fernsehen die Bilder von Hitler und Petra Kelly, von anderen Grünen und anderen Nazi-Größen wie Göring nebeneinander im Bildhintergrund zeigen. «Es bleibt immer etwas hängen», klagt Petra Kelly. Diese Störaktionen gegen LaRouches «Feinde» verlaufen alle nach einer Devise: Schockieren, stören und schnell verschwinden. Im Bundestagswahlkampf 1983 traten diese Manöver geradezu flächendeckend auf. Völlig unabhängig von oft kurzfristigen Terminänderungen ihrer Wahlkampfeinsätze sah sich Kelly dem Psychoterror ausgesetzt. «Sie müssen sich vorstellen», so Kelly, «nach einer Rede kommen oft bis zu hundert Menschen zu mir, um noch mit mir zu reden. In so einer Situation großer Anspannung kommt plötzlich eine Frau und sagt etwa: ‹Ihre Rede war gut, wir legen Sie um!› In solch einem Moment weiß man nicht, wie man reagieren soll, weiß nicht, ob nicht auch die nächste Person zur gleichen Gruppe gehört. Hinzu kommt das Gefühl: Wir werden dich nicht in Ruhe lassen.»

klagt nicht: Der Teamchef Fußball-Nationalmannschaft ntlich gegen ein Magazin hen, das im Vorabdruck ein vor drei Monaten geführ- eröffentlicht hat. Zur Sub- views stehe er, aber „die d gelegten Formulierungen erkel. Satte und faule Pro- en am Hals, Porsche auf So etwas gehört nicht zu atz." In einer Mannschafts- der Teamchef der National- hänge.

aktiven Fußball: Vier Tage eisterschafts-Qualifikations- hweden in Köln gibt Franz ne Abschiedsvorstellung in -Mannschaft von 1974. Der utschen Nationalmannschaft aligen Kameraden treten am nntag in Dillingen (Donau) wahl ehemaliger nordschwä- pieler an. Neben Becken- er anderen Sepp Maier, th, Günther Netzer und Rai- von der Partie. Der Erlös staltung fließt in die Franz- iftung.

olungsspiel zwischen den -Bundesligisten FC Schalke Dortmund findet am 31. Ok- statt. Darauf haben sich ine nach dem 1:1 nach Ver- vorgezogenen Partie vom mstag geeinigt.

für das am 9. Oktober we- barkeit des Ruhr-Stadions undesligaspiel VfL Bochum slautern: Beide Klubs einig- nit dem Deutschen Fußball- den kommenden Dienstag 0 Uhr.

ssion, ob das Mitsingen der für die Fußball-National- ng wird, hat der Präsident Fußball-Bundes (DFB), Her- er, mit einer unmißverständ- ng eingegriffen. „Es handelt ur um eine Anregung", er- nderen Ländern, so in Ame- a, wird die Hymne ja sogar ssänger gesungen. Ich habe rlegt, dafür etwa unseren mann anzusprechen."

lhof Mannheim, Fußball-Bun- den seit Saisonbeginn ar- rhüter Gregor Quasten bis 985 unter Vertrag genommen. er zahlen an Hertha BSC Ber- n Arbeitgeber des Schlußman- ark. Die Elf von Trainer Klaus lagen Torwartsorgen, nach- m-Torhüter Uwe Zimmermann briß im Fußgelenk zuzog und

für diese Entscheidung war, daß die Deutsche Eisschnellauf-Gemeinschaft den Niederländer Ab Krook als verantwortlichen Trainer des A- und B-Kaders für vier weitere Jahre verpflichtet hatte.

Das Endspiel um den Tennis-Daviscup zwischen Schweden und den USA in Göteborg ist um zwei Wochen auf den 16. bis 18. Dezember vorverlegt worden. Die Gast-

geber mußten sich dem starken Druck des internationalen Verbandes beugen, der auf einer Vorverlegung beharrt hatte. Die Schweden wollten die Begegnung erst nach Weihnachten ...

entfällt d... laut gewordenen Befürchtung ... schen Dressur-Equipe könnt ... Angeles gewonnene Gold ... nachträglich aberkannt werde ... auch gegenstandslos geword...

Ein olympischer Totalausve... Montag in Los Angeles begon... ten werden das gesamte Mobili... pia-Organisationskomitees, ... Flaggen. Das Komitee erhofft ... ser Aktion nochmals einen ... letzten seiner lukrativen Geschä...

Eine Wettkampfpause von einem Jahr will Georg Agriko... Vierter im Doppelzweier von L... aus beruflichen Gründen einle...

Fußball, Länderspiel in Ista... Bulgarien 0:0.

Tennis, Grand-Prix-Turnier ... in Köln, Herreneinzel, 1. ... pha! (Neuss) — Doyle (Irland) ... wards (Südafrika) — Jelen ... 6:0, van Rendsburg (Südafr... (USA) 3:6, 6:4, 7:6.

Damen-Turnier in Filderstadt ... lar), 1. Runde: Jordan (USA ... (Österreich) 6:0, 6:2, Vermaak ... Halladay (USA) 6:1, 6:2, Graf ... — Temesvari (Ungarn) 6:2, 3:6, ... rova (CSSR) — Cueto (Stuttga... Russel (USA) — Durie (Großbri... 6:2, Scheur-Larsen (Dänemark) ... (USA) 6:3, 3:6, 6:1, Moulton (USA) ... (Holland) 6:3, 6:1.

Grand-Prix-Turnier in Tokio ... lar), 1. Runde: Connors — M... USA) 6:2, 6:4, Vijay Amritraj (Ind... ras (USA) 6:3, 6:0, Anger (USA) ... rald (Australien) 6:4, 7:6, Greer ... Shiraishi (Japan) 6:2, 6:4, Kuho... garn) — Gitlin (USA) 4:6, 6:1, 6:1.

Schießen, Länderkampf China ... in Zhengzhoe, Skeet, Frauen: 1. S... ping 197 Punkte, 2. Wu Lany... China) 196 (Weltrekord von Fe... China und Jakimowa/UdSSR mit ... bleibt bestehen, weil Weltreko... Titelkämpfen aufgestellt werde...

Motor, Rallye „Tour d'Europ... nach zwei Etappen: 1. Bohne/Ja... rode/Rethem) auf Ford Sierra 21... Günther/Barth (Betzweiler/Freude... Daimler-Benz 2333, 3. Honrath/Me... gen/Kaiserslautern) auf Audi Quat...

Motorrad-Rallye in Ägypten ... Kilometer: 1. Rahier (Belgien), 2. ... chen) 30 Sek. zurück, 3. Zocchi ... Min. zurück.

Rad, 80. Berliner Sechstag... Stand nach der fünften Nacht: ... Schütz (Australien/Dortmund) 5... zwei Runden zurück: 2. Schla... (Berlin/...

(Aus: *FAZ* vom 17. Oktober 1984)

Nächtliche Anrufe auf der privaten, geheimgehaltenen Rufnummer gehören zum Alltag der Politikerin. Auch bei Auslandsreisen, insbesondere in die USA, sehen sich Petra Kelly und ihr politischer Freundeskreis ständig Belästigungen ausgesetzt.

Selbst bei privaten Empfängen mit begrenzter Teilnehmerzahl, bei denen der Zutritt außerdem nur mit Einladungskarte möglich war –

eine Vorsichtsmaßnahme, die aus diesen Erfahrungen resultierte –, sah sich Petra Kelly belästigenden Angriffen ausgesetzt. So überreichte ihr einmal eine Frau, freundlich lächelnd, ein kleines Paket als Geschenk. Petra Kelly wurde gebeten, es zu öffnen. Der Inhalt: Ein in Blut oder blutähnliche Flüssigkeit getunkter schwarzer BH. Das Foto von der entsetzten, solchermaßen «beschenkten» Politikerin erschien später in der *New Solidarity.* Der Psychostress an diesem Tag ging weiter. Vor Beginn der eigentlichen Veranstaltung, auf der die Grüne reden sollte, wurde sie von weiteren Personen höhnisch gefragt: «Na, Frau Kelly, hat Ihnen das Geschenk gefallen?»

Das besondere «Niveau» der Angriffe verdeutlichten etliche Anzeigen, die wegen Beleidigung, Verunglimpfung oder übler Nachrede von Polizeibeamten, Rechtsanwälten oder auch einfachen Passanten gegen Angehörige der EAP, des Schiller-Instituts und anderer LaRouche-Organisationen gestellt wurden. Meistens handelte es sich um Angriffe gegen Petra Kelly oder – sofern die SPD im Mittelpunkt der jeweiligen Attacke stand – um Beleidigungen gegen Willy Brandt. In Neustadt an der Weinstraße beispielsweise erstattete ein Polizeibeamter gegen die EAP-Aktivisten Elke Gregory und Bernd Harald Schulz Anzeige wegen übler Nachrede. Die beiden hatten vor dem Hauptpostamt dieser Stadt einen nicht angemeldeten Info-Tisch errichtet. Auf einem Plakat stand zu lesen: «Warum mußte General Gert Bastian gehen? Weil Petra Kelly einen russischen SEX-STERNE-GENERAL gefunden hat!»

Petra Kelly sieht sich auch im Ausland, vor allem in den USA, immer wieder persönlichen Verunglimpfungen ausgesetzt. Im Mittelpunkt steht dabei zumeist ihre Privatsphäre.

Seltsame Blüten treibt dabei die «Informationsbeschaffung» der *Neuen Solidarität.* So fanden sich persönliche Widmungen Petra Kellys in Büchern, die sie ihrem Fraktionskollegen Gert Bastian geschenkt hatte, plötzlich als Zitat in einem Artikel der LaRouche-Zeitung wieder. Die Bücher waren vom Besitzer keinesfalls freiwillig herausgegeben, sondern aus seinem Besitz «verschwunden».

In Schriften LaRouches wurde Petra Kelly zuweilen als Führerin der «westdeutschen faschistischen grünen Partei» tituliert, wobei gleichzeitig von einem «KGB-diktierten» Programm der Öko- und Alternativpartei die Rede war. Mal «Moskaus 5. Kolonne», dann wieder «faschistische Bewegung» oder beides gleichzeitig, kombiniert mit vermeintlichen Verbindungen zur Drogen- und Rauschgiftmafia. Die EAP verbreitete Broschüren unter dem Titel: «Schluß mit dem grünen Terror» und «Stoppt die grüne Gefahr! – Die historischen Wurzeln des grünen Faschismus». Der erstaunten Leserschaft boten sich völlig neue Welten, so beispielsweise vermeintliche Verbindungslinien zwischen Prinz Bernhard der Niederlande und dem inzwischen verstorbenen Peter von Siemens zu den bundesdeutschen Grünen. Peter von Siemens wurde vorgeworfen, «einer der größten Förderer der Anthroposophen» zu sein, um im nächsten Atemzug die Frage aufzuwerfen: «Oder, warum z. B. ist Siemens jetzt gegen den Ausbau des Hochtemperaturreaktors?»

«Antisemitisch und antidemokratisch»

Interview mit Herman Rebhan, Generalsekretär des Internationalen Metallgewerkschaftsbundes (IMB)

Haben Sie den Eindruck, daß die EAP oder ihr verbundene Organisationen versuchen, Gewerkschaften zu unterwandern?

Sie versuchen schon seit Jahren, Einfluß auf Gewerkschaften zu bekommen. Früher haben sie das mit frontalen Angriffen probiert. Sie haben vor unseren Versammlungen Flugblätter verteilt und uns beschimpft. Sie sind zu Pressekonferenzen gekommen. Wir haben sie ignoriert. Dann haben sie versucht, unsere Versammlungen zu sprengen. Meistens sind sie – selbstverständlich – hinausgeworfen worden. Jetzt haben sie eine neue Taktik entwickelt: Einladungen zu Seminaren vom Schiller-Institut.

Wie ordnen Sie die EAP und Lyndon LaRouches Aktivitäten ein?

Antidemokratisch, antisemitisch, rassistisch und antigewerkschaftlich. LaRouches Publikationen haben dieselbe Richtung wie die der rechtsextremen John Birch Society in den USA oder der amerikanischen Nazi-Partei. Eine Entwicklung kennzeichnet LaRouches Organisationen. Sie sind von ganz links nach ganz rechts gewandert in einer Spanne von zehn Jahren. Herr Lyndon LaRouche war nach eigenen Angaben Mitglied einer kommunistischen Partei, da war er aktiver Trotzkist. Und dann will er mit einem Male ein «Demokrat» in Amerika geworden sein.

Haben Sie denn den Eindruck, daß die EAP insgesamt unterschätzt wird?

Ich weiß nicht, ob sie unterschätzt wird. Es ist eine kleine Gruppe; nur, es sind Fanatiker. Ich sehe allerdings, daß vor allem junge Leute in die EAP strömen und da ihr Vermögen abgeben. Ich denke, auf alle derartigen fanatischen Organisationen muß man aufpassen, selbstverständlich. Daß sie aber die Gewerkschaft untergraben könnten, kann ich mir nicht vorstellen. Sehr wichtig ist, daß die Medien über die EAP berichten.

(Aus: *Vorwärts* vom 3. Mai 1986)

Siemens – und damit der eifrige Atomkraftwerk-Bauer KWU – als heimlicher Sympi der Grünen? Sicherlich keine allzu häufig gemutmaßte Allianz – wohlgemerkt: Jahre vor dem GAU in Tschernobyl. Auf Plausibilität kommt es bei LaRouche auch weiterhin nicht an.

Trotz aller Wirrnis und Wahnhaftigkeit der tollen Thesen: Die Propaganda zeigte Wirkung. Mit einiger Verzögerung fanden sich immerhin einige Unionsabgeordnete, die die Parole «Grüne = Nazis» bereitwillig nachplapperten und sie gar im Bundesparlament einführten. Auch die Frage, ob die Grünen verfassungswidrig seien, fand, zunächst aufgeworfen von der LaRouche-Gruppe, ihren Widerhall in der Union.

Ein Musterbeispiel für die Qualität der Pamphlete lieferte die *Neue Solidarität* am 10. Juni 1982 unter der Überschrift: «Petra Kelly: Profil einer grünen Medienkreatur».

Dort hieß es: «... Mit der Maske des liebenswürdig lächelnden Frauchens setzt sie eine Politik durch, die Millionen Menschen in der Dritten Welt schon das Leben kostete und Tausenden und Abertausenden von Menschen hier die Arbeitsplätze vernichtet hat.»

Verantwortlich für diese Wertung des politischen Engagements Petra Kellys zeichnete «Charlotte Vollrads» – möglicherweise ein Pseudonym. Selbst eine Haussuchung in den Räumen der EAP und der «Neuen Solidarität» erbrachte keinen Hinweis auf die tatsächliche Existenz einer Person solchen Namens. Die gleiche «Autorin» freute sich in einem späteren Artikel über die spürbare Nervosität der Grünen-Politikerin im Dauerstress der Hetze: «Noch vor Beginn der wirklich heißen Wahlkampfphase zur Landtagswahl in Bayern im Oktober (1982) verlor die grüne Spitzenkandidatin Petra Kelly ihre Nerven. Jeden Abend hatten EAP-Mitglieder sie mit der Wahrheit über ihre synthetische politische Karriere konfrontiert...»

Die EAP-Kämpferin Charlotte Vollrads bekennt sich offensichtlich gerührt zu den Haßtiraden: «Bei der ersten Veranstaltung der Grünen im Salvator-Keller in München waren ein paar hundert Jugendliche gekommen... Umhängeschilder der EAP warnten vor dem neuen

EAP : Verhindert ein rot-grünes '33!

Schluß mit der Selbstzerstörung unserer Republik!

* Über 1300 Mandate sind im Ruhrgebiet den Grünen in die Hände geraten — obwohl jeder weiß, daß die Zerstörung der Industrie und die Herauslösung unserer Republik aus dem westlichen Bündnis (unsere Lebensgrundlage) erklärtes Ziel der Ökofaschisten ist.

* Zu alledem klatscht die SPD-Opposition erregt in die Hände, macht immer hektischer gemeinsame Sache mit den Ökofaschisten. Denn der fortschreitende Machtverfall der Regierung könnte jetzt — so rechnet man in den Planungsbüros der Sozialistischen Internationale — eine rot-grüne Machtergreifung mit dem Ziel der Abkopplung der Bundesrepublik vom Westen ermöglichen. Das ist die Antwort der heutigen „Neville Chamberlains" auf die sich zuspitzende militärische Konfrontationsstrategie der Sowjetunion.

Die CDU-Strategen „sehen nichts, hören nichts, sagen nichts" und verkriechen sich vor dem Meinungsterror und der Machtausübung der grünen Mafia: „Wir drehen die Schraube weiter an" (Die Grünen in Hessen).

* Seit den Bundestags- und Europawahlen sind über 50 Millionen DM Steuergelder an die Grünen geflossen. Zusammen mit den 60 Millionen DM aus dem Osten sind damit auch die gewalttätigen Störaktionen gegen die im Manöver befindlichen Soldaten, die Sabotageaktionen gegen Munitionstransporte, gegen nukleare Entsorgungseinrichtungen oder gegen Flughäfen finanziert worden. Die angerichteten Schäden haben die Steuerzahler wiederum Millionen gekostet, abgesehen von den Personenschäden und Rechtsverletzungen!

* Jetzt sitzen Ex-Terroristen, Altnazis, Gaddafi-Anhänger und Ostkader in unseren Parlamenten und entscheiden über Rechts-, Innen-, Wirtschafts- oder Kulturpolitik — ein Hohn auf die Idee unserer Republik, zum Beifall der DKP und des Ostblocks.

EAP Europäische Arbeiterpartei
6200 Wiesbaden · Bundesgeschäftsstelle · Postfach 2369 · Tel. 06121/377081

„Wir drehen die Schraube weiter an", drohen die hessischen Grünen. Zurecht hat ein Bericht der Thomas-Dehler-Stiftung die Grünen, was die Fragen der Gewalt und Rechtsstaatlichkeit, Kultur und Wirtschaftsprogramm angeht, mit den Nazis von '33 verglichen. Viele im Ausland sehen mit Schrecken, wie rasch unser Land politisch und kulturell verfällt — letztendlich zum Nutzen des Ostens!

Wir fordern alle Bürger auf, mit uns die Stimme zu erheben, um diesem grün-braunen Fanatismus einen Riegel vorzuschieben, damit es nicht wieder „zu spät ist" wie vor 50 Jahren nach der „gewählten" Machtergreifung der Nazis!

Kein Pardon für die politischen Rechtsbrecher und Propagandisten des Rechtsbruchs!

Schluß mit den „Friedens"-Kapitulanten und dem ost-fiebrigen Anti-Amerikanismus!

Eine wirksame Kulturoffensive gegen die Ökofaschisten, Natur-Kultisten, Separatisten und Neutralisten!

Am 9. Oktober 1984 verbreitete der Bundesvorstand der EAP via EIR *einen Aufruf zur «weltweiten Mobilisierung» gegen das Wiederaufleben einer faschistischen Massenbewegung in Deutschland, in Form der grünen Öko-Faschisten. Helga Zepp-LaRouche wird darin mit den Worten zitiert: «Jetzt ist das Maß voll. Wir brauchen unmittelbar eine Widerstandsbewegung, die heute effektiv das erreicht, was die demokratischen Parteien gegen Ende der Weimarer Republik versäumt haben: die unheilige Allianz aus Nazis und Kommunisten zu stoppen, die damals wie heute an den Grundlagen unserer Industrierepublik rütteln. Ich rufe alle Institutionen, die demokratischen Parteien, Gewerkschaften, und Kirchen auf, sich der Mobilisierung der EAP anzuschließen...»*

Angekündigt wurde ein internationaler Aktionstag, bei dem «zwei Millionen Flugblätter gegen die Grünen in der Bundesrepublik, in Frankreich, Italien und Skandinavien verteilt werden». Auch in Bonn wurden diese Zettel breit gestreut.

Führer der Grünen, M. Gaddafi, und hatten u. a. die Aufschrift ‹Ja zur Kernenergie, denn Kernkraftwerke sind besser gebaut als Petra Kelly›, die immer wieder allgemeines Schmunzeln hervorriefen...»

Die Hetze trägt Früchte: Im bayerischen Wahlkampf 1982 sprengten unbekannte Rollkommandos Veranstaltungen der Grünen, indem sie nach SA-Manier Tische und Stühle zerschlugen, um unerkannt in einem guten Dutzend mit laufendem Motor vor dem Lokal wartender Taxen zu verschwinden.

Doch damit nicht genug: Bei einer Vortragsveranstaltung von Petra Kelly in den USA ist die erste Reihe für Rollstuhlfahrer reserviert. Etwa dreißig werden hereingeschoben. Nach dem Ende ihrer Rede will Petra Kelly vom Podium gehen und erstarrt. Alle «Behinderten» haben sich von ihren Rollstühlen erhoben, umringen sie, drängen sie zurück.

Selbst in Südafrika machten die Grünen ihre bösen Erfahrungen. Im Anschluß an die mehrtätige Besetzung der bundesdeutschen Botschaft in Pretoria als Protest gegen die Südafrika-Politik der Bundesregierung, nahmen die Grünen als Beobachter an einer Pressekonferenz von Bischof Desmond Tutu in Johannesburg teil. Vor dem Gebäude standen plötzlich mehrere Personen mit Schildern wie «Erst grün dann rot» und «Grüne raus aus Südafrika». Keiner der Agierenden widersprach, als Lukas Beckmann, Vorstandssprecher der Grünen, auf die Gruppe zuging und sie laut als Mitglieder beziehungsweise Sympathisanten der EAP bezeichnete.

«Journalisten das Fürchten lehren»

Besonders allergisch reagieren die Mitglieder der LaRouche-Organisationen auf kritische Berichterstattung. Jeder, der über sie schreibt und dabei eine politische Wertung vornimmt, muß zumindest mit einer Anzeige wegen übler Nachrede oder Verleumdung rechnen. Dr. Mathias Schulenburg, Autor einer Rundfunk-Sendung im Westdeutschen Rundfunk («Nazis ohne Hakenkreuz – Die EAP in Literatur und Aktion»), gesendet am 30. November 1983, sah sich der vollen Breitseite von Klage, Diffamierung und schließlich auch Morddrohungen und anderen telefonischen Belästigungen von unbekannter Seite ausgesetzt. Für anonyme Anrufe kann natürlich keine bestimmte Gruppe verantwortlich gemacht werden. Selbst wenn man die Betrachtung auf die sozusagen autorisierten Diffamierungen beschränkt, kommt einiges zusammen. Nachfolgend eine Kostprobe aus einem Artikel des nordrhein-westfälischen EAP-Vorsitzenden Hartmut Cramer in der *Neuen Solidarität* vom 15. Dezember 1983: «... Gewöhnlich gutunterrichtete Kreise beim WDR erklärten sich Schulenburgs hartnäckiges Schweigen der letzten Wochen folgendermaßen. Nach bis jetzt von der Sendeleitung noch nicht ausdrücklich dementierten Meldungen sei der junge, begabte Atomwaffenexperte bei dem verzweifelten Versuch, zusammen mit einigen Gleichgesinnten die Richtigkeit seiner haarsträubenden These zu beweisen, derzufolge kultische Elemente durchaus in der Lage seien, privat eine Wasserstoffbombe zu bauen, auf geradezu tragische Weise ums Leben gekommen. Da er über entsprechende Verbindungen zum Geist Albert Einsteins im Jenseits verfügt habe, sei der Bau bzw. ‹Klau› einer Atombombe nicht so sehr das Problem gewesen. Nur als er mit den Worten ‹Mutti, Mutti, ich hab's› aus dem Zimmer gestürmt sei, sei er trotz (oder wegen?) seiner leuchtenden Augen in einen tiefen Schacht gestürzt und gemäß dem physikalischen Gesetz vom freien Fall direkt im untersten Kreis von Dantes Hölle gelandet. Da liege er nun, zu Eis erstarrt! Ob sich dieser tragische Vorfall im Keller des kürzlich auf

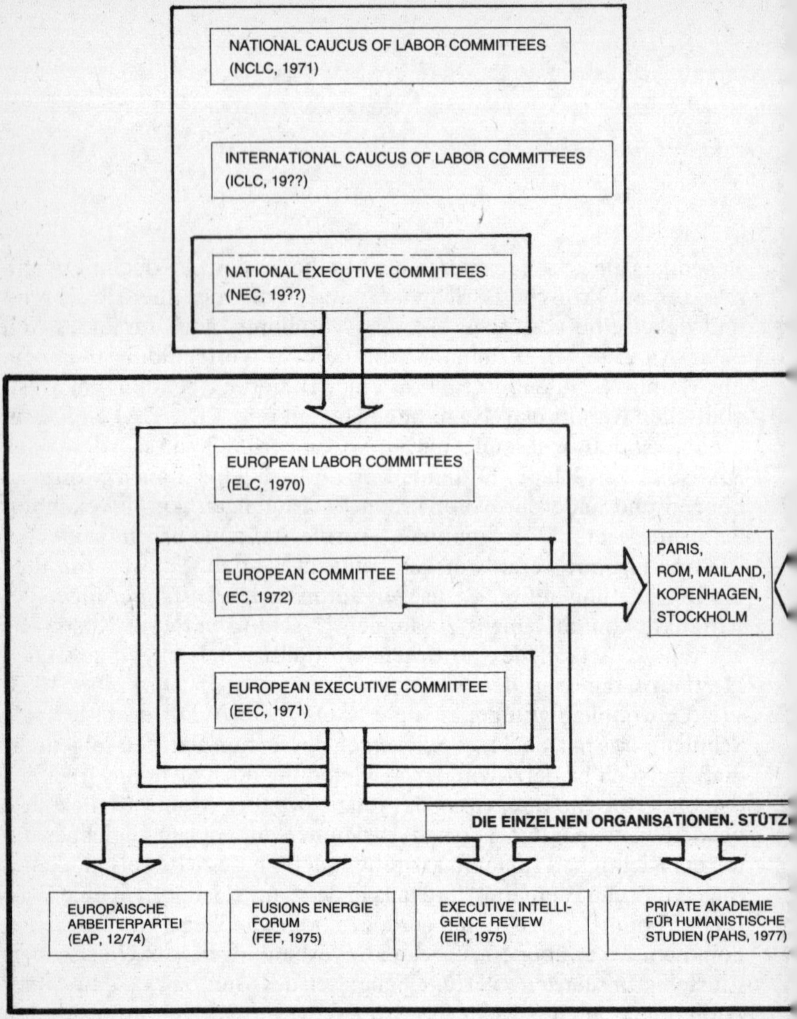
NATIONAL CAUCUS OF LABOR COMMITTEES (NCLC, 1971)
INTERNATIONAL CAUCUS OF LABOR COMMITTEES (ICLC, 19??)
NATIONAL EXECUTIVE COMMITTEES (NEC, 19??)
EUROPEAN LABOR COMMITTEES (ELC, 1970)
EUROPEAN COMMITTEE (EC, 1972)
PARIS, ROM, MAILAND, KOPENHAGEN, STOCKHOLM
EUROPEAN EXECUTIVE COMMITTEE (EEC, 1971)
DIE EINZELNEN ORGANISATIONEN. STÜTZ
EUROPÄISCHE ARBEITERPARTEI (EAP, 12/74)
FUSIONS ENERGIE FORUM (FEF, 1975)
EXECUTIVE INTELLI-GENCE REVIEW (EIR, 1975)
PRIVATE AKADEMIE FÜR HUMANISTISCHE STUDIEN (PAHS, 1977)

Die Organisationsstruktur des LaRouche-Imperiums

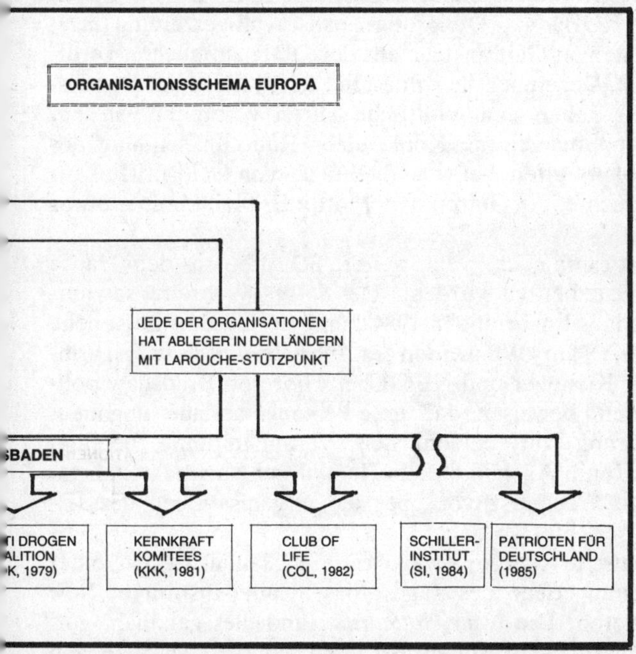

Kosten des deutschen Steuerzahlers zusätzlich abgesicherten Anwesens des WDR-Intendanten von Sell zugetragen hat, konnte bis jetzt noch nicht abschließend geklärt werden. Merke: Wenn man immer nur auf den Schuß von hinten scharf ist, dann ist die Überraschung um so größer, wenn einer mal nach hinten losgeht!»

Bereits vor der Sendung hatte die EAP unter der Verantwortung von Ralf Schauerhammer ein Flugblatt verbreitet. Überschrift: «Goebbels ist tot – beim WDR leben seine Methoden weiter!» Im üblichen EAP-Stil wurde ein Zusammenhang zwischen der bevorstehenden Radiosendung, dem Sender und Autor sowie der Drogenmafia in den USA konstruiert.

Natürlich bekam auch die *taz* ihr Fett ab. Im Zusammenhang mit kritischer Berichterstattung über die EAP und ihre Hintermänner fand sie Erwähnung in einem weiteren EAP-Zettel, mit der Dachzeile «Hinter der Rufmordkampagne gegen die EAP: Die nützlichen Idioten für den KGB»: «... Die proterroristische Tageszeitung (*taz*), bei der die Frage von Geldspritzen aus der DDR auftauchte, veröffentlichte am 22. Dezember die wildesten Lügen, die in der Bundesrepublik jemals gegen eine politische Partei verbreitet wurden. Der Artikel ist eine getreue Kopie einer Rundfunksendung des WDR ...» Es bleibt offen, bei wem die Frage «von Geldspritzen aus der DDR auftauchte ...» Getreu dem Motto: Es bleibt immer etwas hängen.

Wen wundert es da noch, wenn weitere Schriften aus dem Hause EAP mit dem Satz betitelt wurden: «Der *Spiegel* verbreitet sowjetische Propaganda.» Im Frühjahr 1984 kündigte Lyndon LaRouche persönlich via EAP an: «Wir werden den *Spiegel* politisch zu Fall bringen, indem wir Kissinger und NBC-Chef Thornton Bradshaw politisch zerstören und beweisen, daß diese Personen an einer ungeheuren Verschwörung zur persönlichen Verunglimpfung beteiligt sind...» Der Grund: Auch in diesem Hamburger Nachrichtenmagazin war wenige Wochen zuvor über die Organisationen des LaRouche-Clans berichtet worden.

Der Norddeutsche Rundfunk wagte es am 17. Januar 1985 in seiner Rundfunksendung «Echo des Tages» das Schiller-Institut in New York zu kritisieren. Die *Neue Solidarität* fand dies gar nicht gut: «... Vielleicht hätte der Washingtoner Korrespondent des NDR, ein gewisser Kirchmann, besser daran getan, einmal etwas winterliche Frischluft zu schnappen und die Demonstration und Kundgebung des Schiller-Instituts mit eigenen Augen zu verfolgen... statt die Mischung aus Halbwahrheiten, Lügen und Verleumdungen abzupinseln, die vom 13. bis 15. Januar in einer Serie des *Washington*

Com)Post erschien [. . .]. Kein Wort davon, daß Martin Luther King von den gleichen Leuten ermordet wurde, die heute gegen das Schiller-Institut mobil machen [. . .].» Nach einem breiten Bogen mit Abhandlungen über andere Hamburger Medien fand sich am Schluß des NS-«Kommentars» folgender neuer Namensvorschlag für den NDR: «Wie wäre es mit: Nachttopf der Russen?»

Im niedersächsischen Landtagswahlkampf belästigten die «Patrioten» im Verein mit anderen Anhängern LaRouches die Redakteure jener Zeitungen, die über sie *nicht* berichten mochten.

Die *Neue Solidarität* schimpfte am 12. Juni 1986, also drei Tage vor der Wahl, über «Pressezensur in Deutschland». So wird berichtet «von Patrioten, die auszogen, Journalisten das Fürchten zu lehren . . .» Am 3. Juni 1986 hatten dem Artikel zufolge «12 Wahlkämpfer der Patrioten» das Gebäude der *Neuen Osnabrücker Zeitung* aufgesucht und dort mehrere Redakteure belästigt. Ein Beispiel für die Wortwahl in diesem Bericht: «. . . Ein grünes Redakteurchen schimpft die Patrioten ‹Nazigesindel›, völlig außer sich, daß die Patrioten mit ihrer Kampagne für ein Verbot der ‹Grünen› auf so viel Unterstützung in der Bevölkerung gestoßen sind. Der Name wird notiert und das Redakteurchen später wegen Beleidigung angezeigt [. . .]. Die Patrioten haben genug gehört und gesehen und verlassen den Ort [. . .]. Zurück bleibt eine verunsicherte Redaktion, die zumindest ahnt [. . .] daß [. . .] sich ab heute viel geändert hat – durch die Patrioten!»

Offenbar hatten mehrere niedersächsische Zeitungen es abgelehnt, weitere Großanzeigen der Patrioten zu veröffentlichen.

Mordverdacht

«KGB-Desinformation» im Fall Palme

Am 18. März 1986 läuft um 9.50 Uhr eine Meldung über die Ticker der Deutschen Presse-Agentur (dpa), die die LaRouche-Organisation für zwei Wochen weltweit in die Schlagzeilen bringt: «Mordverdächtiger Schwede Mitglied rechtsextremistischer Organisation». Aus Stockholm gibt dpa einen Bericht der schwedischen Tageszeitung *Svenska Dagbladet* wieder, der an diesem Morgen erschien: «Der im Mordfall Palme als Tatverdächtiger verhaftete Victor Gunnarsson wurde 1984 Mitglied der ‹Europäischen Arbeiter Partei› (EAP) [...]. Die Zeitung beruft sich bei ihren Angaben auf eine Mitgliederliste der von ihr als rechtsextrem bezeichneten EAP mit 1800 Namen in den Unterlagen der schwedischen Steuerbehörden, die für eine Kandidatur zu Parlamentswahlen eingereicht wurde.»

Am nächsten Tag ist die Meldung in allen großen Tageszeitungen rund um den Globus. Hörfunk und Fernsehen berichten über den neuen Tatverdacht.

Der *Wiesbadener Kurier* am Sitz der bundesdeutschen EAP macht daraus eine Titelgeschichte auf der ersten Seite: «Tatverdächtiger Schwede war bis 1985 EAP-Mitglied – Partei distanziert sich von Palme-Mord – Neue Nahrung für Komplott-Theorie». Der *Kölner Stadtanzeiger* titelte: «Palme stand auf seiner Todesliste – Führte der verhaftete Ake Gunnarsson die Mordwaffe?»

In den Beiträgen wird auch die Stellungnahme der schwedischen EAP zu dem Tatverdacht veröffentlicht, die vierzig Minuten nach der ersten dpa-Meldung am 18. März über die Telexstationen der Redaktionen lief: «Vertreter der EAP in Stockholm bestritten am Dienstag, daß Gunnarsson jemals Mitglied der Organisation gewesen sei. Er habe sich um Aufnahme beworben, sei aber wegen seiner ‹zu absonderlichen Auffassungen› abgelehnt worden.» Über den Fortgang der Ermittlungen berichtet die Nachrichtenagentur weiter: «Schwedische

Beobachter werteten die am Montag veröffentlichten Angaben über Gunnarsson einhellig als Zeichen für einen Durchbruch bei der Fahndung nach dem Palme-Attentäter. Dennoch wird in mehreren Punkten auf wichtige Nuancierungen in den Angaben des Stockholmer Oberstaatsanwaltes K. G. Svensson sowie des Fahndungsleiters Hans Holmer hingewiesen.

So hieß es in der von Svensson am Montag veröffentlichten Presseerklärung einerseits, es sei wahrscheinlich, daß der verhaftete Mann an dem Mord beteiligt war. In demselben Text erklärt Svensson aber gleichzeitig: ‹Es gibt nach den bisherigen Untersuchungsergebnissen keine gerichtsverwertbaren Beweise für eine Täterschaft des Mannes.›»

Victor Gunnarsson bestritt jede Beteiligung an dem Attentat. Der Tatverdacht gegen ihn basierte vor allem auf Zeugenaussagen, wonach er sich zur Mordzeit in der Nähe des Tatortes aufhielt. Er soll zunächst versucht haben, von vorbeifahrenden Autos mitgenommen zu werden. Als das nicht gelang, soll er die Nachtvorstellung eines nahe gelegenen Kinos lange nach Beginn der Vorstellung aufgesucht haben. Ein Interview der Stockholmer Boulevard-Zeitung *Aftonbladet* mit der jetzt in den USA lebenden Ex-Frau Gunnarssons lieferte ein mögliches Tatmotiv. «Er glaubte, daß Palme Schweden der Sowjetunion eingemeinden und damit in des Teufels Grab bringen werde», erzählte die Frau.

Andere Zeugen erklärten, Gunnarsson habe Anfang Februar in Telefongesprächen gesagt: «Palme steht oben auf der Todesliste. Blut wird auf den Straßen Stockholms fließen.»

Der so schnell in das Interesse der Weltöffentlichkeit geratene 33jährige Gunnarsson war in den vergangenen Jahren mehrfach als Wachmann tätig und hatte dabei die Handhabung von Waffen erlernt. Nach den Angaben schwedischer Zeitungen soll er besonders sprachbegabt sein und neben seiner Muttersprache fließend deutsch, englisch, französisch, spanisch und italienisch sprechen. Er habe unter anderem als Schwedisch-Lehrer für Ausländer gearbeitet.

Nach und nach entstand das Bild einer dichten Indizienkette. Die Berichterstattung vermittelte in Schweden wie im Ausland den Eindruck, der Mörder Olof Palmes sei gefunden. Währenddessen bemühen sich Sprecher der LaRouche-Organisation in Schweden und auch in der Bundesrepublik, die Zugehörigkeit Ake Victor Lennart Gunnarssons zur EAP zu dementieren. Zunächst bestritten sie, daß er jemals Mitglied ihrer Organisation gewesen sei, doch dann veröffentlichten sie eine neue Version. Der EAP-Sprecher Michael Ericson distanzierte sich von dem Attentat und bestätigte zumindest, daß der

Saab - Imperium löst sich von Palme

von W. Engdahl

Stockholm, den 14. Juni (IPS) — Seit dieser Woche herrscht offener politischer Krieg zwischen dem faschistischen Regime des Premierministers Olof Palme und einer schwedischen Industriefraktion um das Wallenbergimperium herum, das einen Großteil der schwedischen Industrie und Finanzen kontrolliert.

Marcus Wallenberg hat den Fehdehandschuh selbst geworfen, als er bei einer Rede vor der Vereinigung schwedischer Industrieller in aller Offenheit feststellte, daß die Ideen der 'Grenzen des Wachstums' — wie sie von Palme letztes Frühjahr in einer großangelegten nationalen Kampagne angepriesen wurden — genau wie in den dreißiger Jahren auch heute 'überwunden' werden müßten. Wallenberg warnte davor, daß der Zusammenbruch des Pfundes den Zusammenbruch des schwedischen Exports bedeuten würde und fügte hinzu, daß die 'Amerikaner nicht im geringsten daran interessiert sind, den Wert des Dollars beizubehalten', und forderte ausdrücklich, daß ein neues internationales Währungssystem in Erwägung gezogen wird.

Wallenberg kam zu dem Schluß, daß Palmes faschistisches Programm auf diese Fragen überhaupt nicht eingeht. Zu der gleichen Einschätzung kam diese Woche die konservative Tageszeitung SVENSKA DAGBLADET. 'Was das sozialdemokratische Programm Macht auf allen Ebenen nennt, ist nichts als die totale Impotenz.'

Der angeschlagene Palme versucht jetzt, die Industriellen weiterhin zu gängeln, indem er über alle Handelsbeziehungen Regierungskontrolle ausübt. Diese Woche legte er den Ost—West—Verhandlungen des Aktienhändlers Anders Wall Steine in den Weg. Wall müht sich darum, ein wichtiges Handelsabkommen über den Austausch von Kohle gegen Eisenerz zwischen Polen und der schwedischen Granges-Stahlgesellschaft abzuschließen. Palmes Presseorgan AFTONBLADET brachte Wall daraufhin in verleumderischer Weise mit schwedischen Industriellen in Verbindung, die während des zweiten Weltkrieges Nazideutschland unterstützt hatten. In der Zwischenzeit war Palme emsig darum bemüht, schwedische Industrielle von dem polnischen Staatsoberhaupt Edward Gierek während dessen Aufenthalt in Stockholm fernzuhalten.

Ironischerweise ist Marcus Wallenberg einer der kapitalistischen Baumeister von Schwedens 'Faschismus mit menschlicher Fassade' in der Nachkriegszeit. Als Wallenbergs Saab—Scania—Unternehmen einen einträglichen NATO—Handel für seinen Viggen—Jet abschließen wollte und Dänemark ein billiges Angebot unterbreitete, erklärte Palmes Verteidigungsminister sofort, daß die Regierung nicht konsultiert worden war und daß sie 'die schwedische Luftwaffenindustrie nicht zu unterstützen gedächte'. Dies fällt nicht zufällig mit den Bemühungen der Amerikaner zusammen, Dänemark und Belgien dazu zu bringen, den amerikanischen F—16 zu kaufen, wie in der Zeitung der dänischen KP LAND OG FOLK berichtet wurde. Palme geht mit der NATO Hand in Hand, selbst wenn es gegen die Interessen der nationalen Bourgeoisie gerichtet ist, selbst wenn die 40—jährige Ehe zwischen der Sozialdemokratie und dem Wallenberg—Saab—Imperium aufgelöst wird.

(Aus: *Neue Solidarität* vom 18. Juni 1975)

Des Teufels Beelzebub

von W. Engdahl

Die schwedische Bevölkerung wird von einem Verrückten regiert, einem Lustmörder, der aus der bitterkalten Winternacht kommt, und sich mit der Axt in der Hand an sein Opfer heranschleicht. Olof Palme, der Karl XII des Atomzeitalters, streicht durch die Korridore der Weltpolitik, von einer Stadt zur anderen, von Prag nach Wien, von Lissabon nach Bukarest, von Berlin nach Mexiko City.

Hinter der demokratischen Maske steckt der wahre Olof Palme, eine bösartige Bestie, Beilmörder, des Teufels Beelzebub selbst. Er treibt die Welt an den Rand einer thermonuklearen Katastrophe, verwandelt die Bevölkerung des gesamten Landes in eine bewaffnete NATO-Polizeimacht, und treibt gleich seinem mittelalterlichen Vorgänger Karl blindlings zu einem Krieg mit dem großen russischen Bären an. Olof Palme, das häßliche Abfallprodukt einer toten Welt, Sohn einer geisteskranken Militäraristokratie, sucht schonungslos nach Möglichkeiten, eine Schlacht zu entfesseln. Langsam und gemächlich zieht er die ganze schwedische Arbeiterklasse mit seinem eigenen Meisterstück - dem "schwedischen Weg in den Faschismus" - in ihren "1984"er Tod und setzt damit den Tavistock-Alptraum im Norden Europas in die Wirklichkeit um. Palme, der Hirnschlächter, tötet in seinem geisteskranken Drang nach Rache Schritt für Schritt den Geist der Arbeiterklasse ab, und schafft den faschistischen Modellstaat, wobei er die Phantasien über "Fabrikdemokratie" benutzt, die den Arbeitern gestatten, sich als geistlose Idioten zu Tode zu schuften. Olof Palme hat das schwedische Militär in eine Strohpuppe der NATO umgewandelt, um wegen des zusammenbrechenden Finanzimperiums Rockefellers eine endgültige thermonukleare Auseinandersetzung mit der Sowjetunion zu provozieren. In Portugal, im Nahen Osten, Finnland, Jugoslawien spukt dieser Wahnsinnige herum - Mao Tse-Tungs geisteskranker Anhänger im Norden.

Der wirkliche Wahnsinn

Das eigentliche Thema jedoch ist die Angst in der schwedischen Bevölkerung, die Palme manipuliert, um zu herrschen. Ihre Quelle ist das überall vorhandene ideologische Problem der schwedischen Arbeiter. Die psychologische Verletzlichkeit der Schweden ist Krankheit des Existentialismus: Psychologischer Tod, emotionaler Tod, selbstauferlegte gesellschaftliche Isolation, völlige emotionale und moralische Neutralität! Das ist der innere psychologische Terror, der jeden Schweden verfolgt: "Lebe ich eigentlich noch?" Welches bessere Monument für den psychologischen Tod als Olof Palme selbst könnte man sich vorstellen?

Das beste klinische Material zur Einschätzung dieser Pathologie liegt im Bereich dessen vor, was als schwedische Literatur und Dramatik angesehen wird - August Strindberg und sein Epigone Ingmar Bergmann. Der einzige Grund für die Popularität ihrer scheußlichen Phantasien liegt darin, daß sie in den Köpfen ihres zumeist schwedischen Publikums fruchtbaren Boden vorfinden. Um die Krankheit des Existentialismus zu betrachten, braucht man sich nur ein Stück von Bergmann oder Strindberg anzusehen - "Das Schweigen", "Winterlicht", "Jungfrauenfrühling", "Der Totentanz", "Das siebte Siegel". Der Inhalt ist immer der gleiche - Faszination mit dem Tod, je blutiger, desto besser. Die perfekten Phantasien für die unterdrückte, gelassene und ruhige schwedische Fassade.

Die Szene eines schwedischen Abendessens. Es ist tiefer Winter, den ganzen Tag lang dunkel. Der Ort, ein kleines Landhaus im hohen Norden. Die Nachbarn sind kilometerweit entfernt, der Schnee fast einen Meter tief. Die Familie betritt das Wohnzimmer und setzt sich an den Eßtisch. Dann tritt der Vater ein, ruhig, greift nach unten, holt die Axt hoch und zerlegt die Familie in mundgerechte Happen, verstreut sie in alle Winde und rennt schreiend in die bittere Kälte hinaus. Seine Uberreste werden im nächsten Frühjahr gefunden, erfroren, die Hände um die Axt gekrallt. Hinter der Ruhe - grausamer Wahn. Oder die romantische Version: Elvira Madigan. Leute mögen das ganz sicher. Glückselige Liebe zwischen dem Bauernmädchen und dem adligen Jungen. Ein Picknick im Walde, die Sonne glitzert durch die Blätter. Wahnsinnig vor Liebe, Mozart spielend, greift er in den Picknickkorb, zieht die Pistole heraus und völlig verrückt pusten sie sich gegenseitig das Hirn aus - "der schwedische Weg".

Wo in all dem steckt der Teufel? Was ist die psychologische Wahrheit, die das schwedische Publikum dazu zwingt, von solchen Phantasien fasziniert zu sein? Wer ist der Teufel? Wer ist tot und warum diese Faszination daran? Der Teufel ist natürlich der Wahnsinn, die dunkle Macht, die hinter der ruhigen Fassade jedes einzelnem im Publikum lauert. Die Angst vor diesem Wahnsinn paralysiert das infantile Ich, das sich in die dunkelste Ecke des Geistes kauert. Wem Bergmann oder Strindberg "gefällt", der ist selbst von dem existentiellen Wahn einer Welt mittelalterlicher Bauern und Seuchen fasziniert, faßt selbst die letztlich nur logische existentielle Tat ins Auge - Selbstmord, die introvertierte Form des Mordes.

Schweden — Der mittelalterliche Weg

Beängstigend ist die Tatsache, daß der Schwede seine schrecklichen Phantasien jeden Tag aufs Neue auslebt. Warum ist der Schwede zu einer Zeit Sozialdemokrat, wo das nichts anderes heißt, als manifestierten, kriminellen Wahnsinn zu praktizieren? Die einzige Möglichkeit, um diesen existentiellen Wahn psychologisch aushalten zu können, liegt darin, ihm ein "menschliches Gesicht" zu geben. Die Realität des Lebens eines schwedischen Sozialdemokraten von heute ist eine grausame Parodie auf einen mittelalterlichen Alptraum. Was bedeutet Nullwachstum, Palmes "Gesellschaft mit niedrigem Energieverbrauch" sonst? Was sonst ist die Faszination daran, zurück in die Wälder zu gehen, aufs Land, auf eine Insel, weit weg von anderen Leuten? Seht Euch den faschistischen korporativistischen Staat an, den Palme geschaffen hat - eine genaue Parodie einer mittelalterlichen Bauerngesellschaft, in der die Bevölkerung stirbt wie Fliegen- nur abscheulicher - der Geist stirbt nämlich schon vor dem Körper ab. Es ist eine Welt aus totem Eis - die Welt Alva Myrdals - eine totgeborene Welt. Die Welt einer Sozialdemokratie, die aus der letzten Depression in den dreißiger Jahren stammt, wo Leute in den Hungertod getrieben wurden und die Bevölkerung durch wirtschaftliche Verwüstung dezimiert wurde. Der einzige Unterschied ist der, daß das eiserne Gesetz des mittelalterlichen Dorfes -bytvaang-Dorfzwang- in die tödliche "industrielle Demokratie" umgewandelt wurde.

Warum ist gerade Schweden zum Weltmodell des "Faschismus mit demokratischem Gesicht" im "1984"er Stil geworden? Die Leute leben dort schon eine tödliche Phantasie im "neutralen" schwedischen Staat aus. Es gibt keine bewußte individuelle Kreativität, alles ist nur dem sozialdemokratischen Staat untergeordnet, einem Staat, der von Wahnsinnigen regiert wird. Die Kontrolle der existentiellen Isolation des Individuums ist dort die kalte Abstraktion des korporativistischen Staates, wo dem Arbeiter gesagt wird, er kontrolliere alles, er aber genau weiß, daß er nichts kontrolliert und nur ein isoliertes Atom ist, völlig impotent. In der Tat fruchtbarer Boden für Bergmanns Phantasien.

Das einzige, was Palme gemacht hat, ist, die innere Welt dieser psychologischen Phantasien mit der äußeren Welt des Schweden in Einklang Parodie der geisteskranken Familie, ohne irgendeine Möglichkeit, die unsagbare Wut abzulassen. Jeder Konflikt wird überkleistert, unterdrückt, wegkompromittiert. Die Arbeitswelt wird zur familiären Geisteskrankheit mit einem industriellen Anstrich, worin der Teufel die unsichtbare Gesellschaft oder der unsichtbare Staat ist, die Hexe der Aufseher und die Arbeiter die hilflosen Kinder, die sich führerlosen Arbeitsgruppen unterwerfen, die sich zusammendrängen und sich Gruppendisziplin auferlegen und sich gegenseitig in kollektive Psychose hineintreiben. Wer glaubt, das sei eine Ubertreibung, braucht sich nur vor eine Saab-Fabrik zu stellen und selbst beobachten. Der Arbeitsplatz hält bewußt die paranoiden, infantilen Phantasien des Arbeiters aufrecht, sie fühlen sich allein, hilflos angesichts eines unausgesprochenen harten Gesetze blinder Abhängigkeit. Durch das gleiche Prinzip wird in seinem Geist ganz Schweden zur "Familie", isoliert, weit weg von der Außenwelt, erschreckt von der Außenwelt, von ihrer "Gewalttätigkeit", von seiner eigenen inneren "Gewalttätigkeit". Daher ist das wirkliche Ziel des "Anti-Terroristen"-Gesetzes der Regierung der schwedische Bürger selbst. Es spielt auf seinem inneren Terror und seiner Angst vor diesem Wahn, und wandelt sie in eine paranoide Angst vor Fremden und in einen unglaublichen Wunsch nach polizeilicher Uberwachung "gegen Terroristen" um. Der schwedische Arbeiter, der den willkürlichen Polizeiterror, die Hausdurchsuchungen und Verkehrskontrollen akzeptiert, tut das, weil er tief innen denkt, daß er es verdient hat, daß er schuldig ist. Auf die gleiche Art und Weise akzeptiert er den wirtschaftlichen Zusammenbruch, die Erdrosselung durch Steuern und den Staat. Die einzige Rebellion, die er sich erlaubt, ist ein noch tieferes Eintauchen in den nach innen gerichteten Wahnsinn des Alkohols, eine Verschleierung des Wahnsinns in seinem täglichen Leben.

Der schwedische Arbeiter, der Palme als seinen Führer heute noch toleriert, wenn er all dies weiß, tut das, weil er Angst davor hat, seine Welt von impotenten Todesphantasien aufzugeben. Er glaubt noch an den Wahnsinn Strindbergs. Er hält noch an der Macht des Teufels fest. Er glaubt wie jedes schwedische Kind daran, daß die Welt von dunkel brodelnden Teufeln und Hexen regiert wird, die ohne Warnung zuschlagen. Und er glaubt daran, daß die einzige Uberlebenschance darin liegt, den Teufel unangefochten weiterherrschen zu lassen, wo das Kind sich willkürlich Macht, Disziplin und sogar Tod ohne Zuflucht unterordnen muß. Er glaubt noch an die paranoide, wahnsinnige Welt der Hexerei, in der sein eigener Geist nicht existiert. Würde sonst etwa Olof Palme, des Teufels Beelzebub, auch nur einen einzigen Tag länger geduldet?

Tatverdächtige im Dezember 1984 Mitglied der Partei geworden und im Mai 1985 wegen ‹seines merkwürdigen Auftretens› wieder aus der Mitgliederkartei gestrichen worden sei. Auch in der Wiesbadener Zentrale der Partei meldete sich am Telefon unter «Campaigner-Verlag» der LaRouche-Mitarbeiter Rainer Apel und verlas anfragenden Journalisten die Ericson-Erklärung. Weitere Fragen wurden nicht beantwortet.

Eine andere Meldung der Nachrichtenagenturen über den Mordfall Palme ist zwischenzeitlich in Vergessenheit geraten. Nach der Verhaftung Gunnarssons am Mittwoch abend, dem 12. März – sein Name wurde bis zum darauffolgenden Montag (17. März) nicht bekanntgegeben –, trifft ein Bekennerschreiben einer bisher unbekannten Gruppe, die sich als «Europäische Nationalsozialistische Union» (ENU) bezeichnet, bei der schwedischen Nachrichtenagentur TT und der Abendzeitung *Aftonbladet* ein. Der Brief war auf englisch abgefaßt und in Uppsala aufgegeben worden. Willy Brandt wurde darin als «nächstes Opfer» bezeichnet. «Die ENU hat Olof Palme im vergangenen September auf ihrer Jahreskonferenz in Berchtesgaden zum Tode verurteilt», hieß es in dem Schreiben. An der Konferenz hätten «ENU»-Führer aus 13 europäischen Ländern und den USA teilgenommen.

Die bundesdeutschen Sicherheitsbehörden konnten eine Existenz dieser Organisation nicht bestätigen. Auch eine Konferenz in Berchtesgaden, dem Domizil von Hitlers «Berghof», war nicht bekannt.

Die veröffentlichten Indizien gegen Gunnarsson reichten jedoch nicht für eine gerichtliche Anklage. Bei einer zweiten Gegenüberstellung mit dem Schlüsselzeugen wurde der Tatverdächtige nicht wiedererkannt. Er wurde deshalb am 19. März wieder auf freien Fuß gesetzt. Zu seinem Schutz hielt die schwedische Polizei Victor Gunnarsson jedoch an einem unbekannten Ort von Stockholm fern.

Auch der für die LaRouche-Organisation glückliche Ausgang der Ermittlungen hatte negative Begleiterscheinungen zur Folge, die vor allem die Europäische Arbeiterpartei in der Weltöffentlichkeit nicht nur interessant machten, sondern auch in ein kritisches Licht brachten.

Die Veröffentlichungen der Organisation über Olof Palme und die schwedischen Sozialdemokraten, bis zu diesem Vorfall weitgehend unbeachtet, wurden von einem auf den anderen Tag zum Thema. Die Zeitungen zitierten aus diesem Anlaß die schwedische Ausgabe der *Neuen Solidarität,* deren Hetz-Beiträge über Palme als mögliches Tatmotiv gewertet wurden: «Schwedens Bevölkerung wird von einem Wahnsinnigen gelenkt, einem geistesgestörten Mörder, der aus der düsteren Winternacht auftaucht mit einer Axt in Bereitschaft. Hinter der demokratischen Maske steckt der wirkliche Olof Palme, eine rasende Bestie, ein Mörder mit der Axt, der Teufel schlechthin.» Auch in der deutschen Ausgabe der *Neuen Solidarität* wurde der Ermordete in den siebziger Jahren in dieser Stürmer-Sprache charakterisiert. In der Ausgabe vom 18. Juni 1975, presserechtlich verantwortet von Anno Hellenbroich, wurde Palme in einer Karikatur mit der Axt in der Hand und weit aufgerissenen Augen als lüsterner Teufel vor dunklem Hintergrund gezeigt. Darunter die Schlagzeile: «Palme: Des Teufels Beelzebub». Der mit «W. Engdahl» gezeichnete Artikel gab ähnliche Hetzparolen, offensichtlich in einer lockeren Übersetzung, wieder: «Die schwedische Bevölkerung wird von einem Verrückten regiert, einem Lustmörder, der aus der bitterkalten Winternacht kommt und sich mit der Axt in der Hand an sein Opfer heranschleicht [...]. Hinter der demokratischen Maske steckt der wahre Olof Palme, eine bösartige Bestie, Beilmörder, des Teufels Beelzebub selbst.»

Weitere Palme-Beschimpfungen in dem Horror-Text: «häßliches Abfallprodukt einer toten Welt», «Sohn einer geisteskranken Militäraristokratie» oder «Palme, der Hirnschlächter».

Auch Flugblätter der EAP ließen den Geist der Nazi-Hetze wieder aufleben. So zum Beispiel in einem Text vom 16. Juni 1976 über «Olof Palmes schwedisches ‹Saustall-Modell›». Ein Vergleich mit Orwells «Animal Farm» wurde zu üblen Diffamierungen benutzt: «[...] die Hauptschweine im schwedischen Parlament, o Verzeihung, auf der ‹Animal Farm› [...]». Der Schlußsatz in dem von LaRouche-Aktivist Wolfgang Lillge presserechtlich verantworteten Flugblatt: «Ein Schwein, das auf zwei Beinen geht, ist immer noch ein Schwein.»

In der *Neuen Solidarität* wurde noch am 12. Juli 1984 von Schweden als einem «faschistoiden Staatsmodell» gesprochen. Die Schlagzeile des Beitrages: «Olof Palmes Schweden: Totalitärer Polizeistaat – EAP führt Widerstandsbewegung gegen sozialdemokratische Gleichschaltung».

Folgerichtig wurde deshalb wohl auch am 9. September 1984 der schwedische Zweig des Schiller-Instituts «als neue, mächtige Widerstandsorganisation» etabliert. Auch das Fusions-Energie-Forum ist in Schweden aktiv. In der deutschsprachigen *Fusion* Nr. 5/6, 1982 wird der Vorsitzende der «Industrievereinigung ‹Utveckla Sverige› (Entwickelt Schweden)» vorgestellt: Kurt Frankborn (41), «Präsident des Industrieunternehmens Hogstadt Aluminium in Schweden». Der ‹Utveckla Sverige› sollen «250 Unternehmen und Firmenleitungen angehören». Die Zeitschrift der Vereinigung *Energi & Utveckling* gilt als Pendant zur *Fusion*.

Die schwedischen LaRouche-Leute schlagen ein «Milliardenprojekt» vor, um das Uranerz aus dem Schiefergestein zu gewinnen: «Der dazu notwendige Industriekomplex sollte dabei die fortgeschrittensten Technologien in sich vereinigen.» Da sollte auch ein Hochtemperaturreaktor (HTR) nicht fehlen.

Als Gast des Fusions-Energie-Forums und der *Energi & Utveckling* schlug der Unternehmer Richard G. Talbert, Gründer der «Firma ‹Texas Electro-Seise›, Fort Worth (Texas)», eine «bedeutende Neuerung für die Suche nach Erdöl- und Erdgasvorkommen» vor. Laut *Fusion* (Nr. 1, 1982, S. 58) sprach Talbert unter anderem «mit führenden Geologen und Geophysikern eines staatlichen geophysikalischen Forschungszentrums im schwedischen Uppsala» und hielt «Vorträge vor den Explorationsabteilungen deutscher und schwedischer Unternehmen [...]».

Schweden gehört, neben der Bundesrepublik und Italien, zu den wichtigsten Operationsgebieten der LaRouche-Organisation in Europa. Die einzelnen Vereinigungen wurden nach dem gleichen Muster, wie es aus der Bundesrepublik bekannt ist, mit amerikanischer Hilfe aufgebaut. Ihre Aktivitäten in dem skandinavischen Land gleichen den in anderen Operationsgebieten wie ein Ei dem anderen.

Um den zeitweise verdächtigten Mitarbeiter Victor Gunnarsson ist es unterdessen ruhig geworden.

In der zweiten Maiwoche wurde Victor Gunnarsson erneut Zeugen gegenübergestellt. Wenig später wurden die Ermittlungen gegen ihn ganz eingestellt. Der Chefankläger K. G. Svensson trat wegen Differenzen mit Polizeichef Hans Holmer zurück. Die LaRouches triumphierten in ihrer *Neuen Solidarität*: «KGB-Desinformation gegen die schwedische EAP».

4. An deutscher Technik soll die Welt genesen

LaRouche auf der Suche nach der Energiequelle für übermorgen

Technofanatismus, Elite-Denken und die «Lüge» vom Holocaust

Dr. Klaus Karbe konnte sich die EAP-Propaganda nicht mehr länger anhören. Er sagte den LaRouche-Leuten hinter ihrem Informationsstand auf dem Theaterplatz in Bonn-Bad Godesberg gründlich seine Meinung. Doch die offenherzige Antwort auf die Fragen, ob er nicht auch «für Kernenergie» und «gegen die Grünen» sei, wurde massiv erwidert. Im März 1983, fast ein Jahr nach dieser Begegnung, sah er die EAP-Werber Feuerle und Prinz vor der 8. Zivilkammer des Landgerichts Bonn wieder. Er soll ihnen gegenüber geäußert haben: «Das sind die neuen Nazis!»

Die EAP, vertreten durch den Parteifunktionär Uwe Friesecke, klagte auf Widerruf und Unterlassung – «bei Meidung von Ordnungsgeld bis zu 500000,– DM, ersatzweise Ordnungshaft bis zu 2 Jahren». Der Bonner Klaus Karbe erklärte vor Gericht, den Begriff «neue Nazis» nicht verwendet zu haben, vielmehr habe er von «einer neuen faschistischen Partei» gesprochen.

Das Bonner Landgericht jedoch wies in seinem am 28. April 1983 verkündeten Urteil (Az 80619/82) die harte EAP-Klage als unbegründet ab. Die Begründung: als wertende Meinungsäußerung sei die Aussage von Klaus Karbe «in Wahrnehmung des Rechts auf freie Meinungsäußerung gemäß Artikel 5 Absatz 1 des Grundgesetzes erfolgt».

Was sich der EAP-Kritiker Karbe mühsam vor Gericht erstreiten mußte, ist für die LaRouches längst zur Selbstverständlichkeit geworden. Harte politische Wertungen über den Gegner sind in ihren Publikationen an der Tagesordnung, nicht selten mit einem Beigeschmack, der in furchterregender Weise an vergangene Zeiten des Schreckens erinnert. Ein Beispiel aus der *New Solidarity (N. S)* vom 21. März 1976: das Editorial mit dem Titel «Eine Strategie für den Kriegsgewinn». Der Hetzartikel erklärt im *Stürmer-Stil,* was mit dem politischen Gegner geschehen soll: «Amerika muß für seinen gerechten Krieg durch die sofortige Eliminierung der nazistischen jüdischen Lobby und anderer britischer Agenten aus den Räten der Regierung, der Industrie und der Gewerkschaften gereinigt werden.» Als wichtiger Vorstoß auf dem Weg zum Kriegsgewinn sei es, Roß und Reiter zu nennen («Naming of names» – ein Begriff aus der Geheimdienstsprache): «Krieg gegen Kissinger, Brzezinski und die britischen oligarchischen Nazis ist ein gerechter Krieg.»

Am 8. Dezember 1978 klärt der große Parteiführer Lyndon H. LaRouche in einem *NS*-Artikel persönlich über die Hintergründe des Zionismus auf. In seinem «Pamphlet» wird der Zionismus als «Status kollektiver Psychose» bezeichnet, «durch die London den größten Teil des internationalen Judentums manipuliert».

LaRouches Weltsicht, mehr als dreißig Jahre nach dem Ende der grausamen Erfahrungen des Faschismus geäußert: «Die (gegenwärtige) Zeitperiode ist gefährlich, weil Israel ein britischer Marionetten-Staat im Mittleren Osten ist.» Und weiter im Stil der Ewiggestrigen: «Die verächtliche, aber leidenschaftliche Sophisterei, die die zionistischen Demagogen allen anbieten, die dumm genug sind, durch solche Schwindel beeindruckt zu werden, ist die ‹Holocaust›-These. Es wird argumentiert, daß die Juden-Verfolgung im Nazi-Holocaust den Zionismus zur existentiellen Bedingung für das ‹jüdische Überleben› mache, so daß jeder Antizionist nicht nur ein Antisemit ist, sondern jede Art krimineller Handlungen gegen Antizionisten wegen der mythischen ‹sechs Millionen jüdischer Opfer des Nazi-Holocaust› entschuldigt ist.» Und LaRouche fährt mit der altbekannten Leugnung des faschistischen Völkermordes fort: «Das ist schlimmer als Sophisterei. Es ist eine Lüge.»

Angesichts dieses Verständnisses der deutschen Geschichte muß auch das Technologie-Modell von Helga Zepp-LaRouche den aufmerksamen Beobachter aufhorchen lassen: «Die Deutschen haben heute das Recht und die Pflicht zu sagen: ‹Deutsche Technik für die Welt›.»

So stand es in einem Beitrag der *Neuen Solidarität* zum 4. Bundesparteitag der EAP in Eltville am 17. Juli 1980: «Was ist eine Nation?»

Dort wird auch aus der Rede des amerikanischen Präsidentschaftskandidaten Lyndon H. LaRouche zitiert: «Wir müssen eine neue republikanische Elite aufbauen, und die einzige Kraft, die auf der ganzen Welt dazu in der Lage ist, ist unsere Organisation. Nur wir haben das Wissen und die Methode, einer neuen Elite das nötige historische, naturwissenschaftliche und vor allem ökonomische Wissen beizubringen, das die Welt zum Überleben braucht.»

Das Fusions-Energie-Forum (FEF): LaRouche und die Gemeinde der Atomwissenschaftler

Wiesbaden, am 31. Januar 1978. In der Schiersteiner Straße Nr. 6 treffen sich am Abend neun Personen, eine Frau und acht Männer im Durchschnittsalter von 32 Jahren. Managertypen, deren Zeit auch abends um halb acht noch kostbar ist. Ihr Treffen soll nicht lange dauern, tiefgreifende Diskussionen sind nicht zu erwarten. Dennoch soll an diesem Abend etwas Neues kreiert werden: ein Verein mit hochgesteckten Aufgaben.

Dr. Helmut Böttiger, geboren 1940, ist der älteste Teilnehmer in der Runde. Er schlägt sich selbst als Versammlungsleiter vor.

Böttiger eröffnet die Sitzung. Die Versammelten bestätigen einstimmig seine Versammlungsleitung. Ralf Schauerhammer, Student, geboren am 15. Mai 1949 in Jena, protokolliert die Versammlung.

Der nächste Tagesordnungspunkt ist ebenso schnell abgehakt: Gründung des «Fusions-Energie-Forums». Die Abkürzung für den neuen Verein: FEF. Die vorbereitete Satzung deutet auf große Ziele: «Einen Beitrag leisten zur Lösung der dringendsten Weltprobleme.»

Die Teilnehmer der Gründungsversammlung lassen erkennen, daß es sich bei dem FEF um eine weitere LaRouche-Organisation nach altbekanntem Muster handelt. Die Studenten Hans Bandmann, Günter Beyes und Ralf Schauerhammer, der Lehrer und ehemalige Bielefelder Hochschulassistent Dr. Helmut Böttiger, der graduierte Ingenieur Helmut Frick, der Unternehmensberater Dr. Johannes Horn, der Ingenieur Hartmut Schäfer, der Medizinische Assistent Jürgen Spahn und die Laborantin Elisabeth Stalleicher – sie alle sind schon von den Wahllisten der Europäischen Arbeiter Partei und den Vereinslisten anderer LaRouche-Organisationen bekannt. Sie teilen sich größtenteils im «Club of Life», in der «Privaten Akademie für Humanistische Studien» oder in der «Anti-Drogen-Koalition» die Vorstandsämter.

Als Geschäftsstelle wird die Schiersteiner Straße Nr. 6 in Wiesbaden gewählt – zu diesem Zeitpunkt der Sitz zahlreicher LaRouche-Organisationen. Erklärtes Kernziel der neugeschaffenen Vereinigung: die möglichst rasche Entwicklung der kontrollierten Kernfusion. So klar wie das Ziel sind bereits auch die Gegner ausgemacht. Der neue Verein stellt «den technologiefeindlichen neomalthusianischen Theorien» die Notwendigkeit des technologischen Fortschritts auf allen Gebieten, besonders aber auf dem Gebiet der Kernenergie entgegen.

Das Fusions-Energie-Forum ist straff geführt. Die Satzung verankert das Recht des Vorstandes, über die Mitgliedschaft zu entscheiden – bei derart geringer Mitgliederzahl ein bedeutendes Vereinsrecht: «Über den Ausschluß entscheidet der Vorstand mit einem schriftlich begründeten Bescheid.»

Der 29jährige Student Hans Bandmann wurde auf Vorschlag Böttigers zum Vorsitzenden gewählt – einstimmig, wie alle Entscheidungen in diesem exklusiven Club. Der ebenfalls 29jährige Ralf Schauerhammer wird sein Stellvertreter. Bandmann und Schauerhammer bewohnen zu dieser Zeit gemeinsam das Haus in der Wiesbadener Arndtstraße 6. Wie fast alle anderen LaRouche-Aktivisten wohnen sie auf wenige Wohnungen beziehungsweise Wohngemeinschaften verteilt zusammen. Dieses durchgängige Strukturprinzip, seit Gründung der European Labour Committees gültig, hält die Mitarbeiter in enger Bindung zur gemeinsamen Aufgabe.

Für einen Tagesordnungspunkt hat die Gründungsversammlung jedoch mehr Zeit: den Bericht des soeben gekürten Vorsitzenden Bandmann über eine Konferenz der bereits länger existierenden amerikanischen «Bruderorganisation» «Fusion Energy Foundation» (FEF) in New York, die 1974 von Lyndon H. LaRouche gegründet wurde. Er betont das besondere Gewicht, das von den dort versammelten 200 Vertretern aus Großbetrieben, Botschaften und Universitäten auf die Durchführung des «Nahost-Entwicklungsprojektes» der FEF gelegt wurde. Wieder einmal einstimmig bekennen sich die Wiesbadener FEF-Neulinge auf Vorschlag des Vorsitzenden zu den Freunden aus den USA: «Das Fusion-Energie-Forum sieht in der Fusion Energy Foundation ihre Bruderorganisation in den Vereinigten Staaten, mit deren Zielen und Arbeitsweisen es vollständig übereinstimmt.»

Der FEF-Vorsitzende Hans Bandmann zählt heute zu den Abtrünnigen. Er gehört keiner LaRouche-Organisation mehr an. Er lebt zurückgezogen und möchte von der EAP und den anderen Vereinigungen nichts mehr hören. Das Beispiel Bandmann zeigt, wie der La Rouche-Clan mit «Problemfällen» und internen Kritikern umgeht.

Das nüchterne Protokoll der Mitgliederversammlung vom Samstag, dem 27. Juni 1981, läßt den Stil der Auseinandersetzung erahnen.

Treffpunkt war auch diesmal die Schiersteiner Straße 6 in Wiesbaden. Die FEF-Versammlung dauerte von 16 bis 19 Uhr. 12 stimmberechtigte Mitglieder waren anwesend, unter ihnen einige Teilnehmer, die bei der Gründungsversammlung noch nicht dabei waren, allerdings zu den bekannten Namen in der LaRouche-Organisation gehören: Uwe Friesecke, Edmund Steinschulte, Heinz Horeis, der Fusion-Verleger Karl-Heinz Holz und Josef Stalleicher, «der an Abstimmungen nicht teilnahm, und ein Gast». Ralf Schauerhammer eröffnete die Versammlung und schlug sich als Versammlungsleiter vor. Das Protokoll verzeichnet unter dem Tagesordnungspunkt eins: «Ralf Schauerhammer verlas eine Erklärung des Vorstandes über Ausscheiden und Ausschluß von Hans Bandmann aus dem FEF und seinem FEF-Vorstand. An die Verlesung schloß sich eine Aussprache über Einzelheiten, Hinter- und Beweggründe der Vorfälle um Hans Bandmann an [...].» Der Name Hans Bandmann taucht in der Teilnehmerliste dieser Versammlung nicht auf.

Ralf Schauerhammer wird sogleich einstimmig zum Nachfolger Bandmanns gewählt, erster Stellvertretender Vorsitzender und Schriftführer wird Dr. Helmut Böttiger, zweiter Stellvertreter Uwe Friesecke (Jahrgang 1948). Bis zum November 1985 wurde diese Vorstandszusammensetzung nicht mehr geändert.

«Fusion»
LaRouche-Lobhudelei, Atomtechnologie und Nazi-Humor

Sie paßt weder in die Regale der naturwissenschaftlichen Institute noch in die Abteilung «religiöse Sekten». Wer die Zeitschrift *Fusion,* über sechzig Seiten stark, reich bebildert mit Schwarzweiß-Fotos und technischen Zeichnungen, in Händen hält und durchblättert, wird sie auf Anhieb nicht zuordnen können. Scheinbar seriöse wissenschaftliche Beiträge neben einem Kommentar, wie in der Ausgabe 6, 1985, mit der Überschrift: «Was, Sie glauben auch an Tachyonen-Energie?» oder ein Beitrag über «Die Geometrie des Lebens» von Dr. med. Ned Rosinsky, abgerundet durch eine Witzecke auf der «letzten Seite», die eindeutig die Ekelgrenze demokratischer Moral überschreitet (siehe Kasten «Humor»).

Fusion, das ist ein Gemisch aus teilweise seriösen wissenschaftlichen Beiträgen, Pseudo-Wissenschaft und offener Volksverhetzung gegen Grüne und alle nicht mit der LaRouche-Ideologie konformen Gruppen und Personen.

Der Zeitschriftentitel *Fusion* ist zugleich politisches Zukunftsprogramm. Die Kernfusion ist für die LaRouches das technologische Konzept, das alle Menschheitsprobleme auf Jahrhunderte hinaus lösen soll. Als diese technisch nicht verwirklichte Methode der Energiegewinnung für die Forschungspolitiker noch Science-fiction war, begann das FEF mit seinem Propagandafeldzug für Kernfusion.

Nach dem Reaktorunfall von Tschernobyl können sich die La Rouches nun auf Verbündete in Bonn freuen. Sogar der Bundesforschungsminister Dr. Heinz Riesenhuber ist von der Fusionsidee begeistert. In einer Presseerklärung vom 20. Mai 1986 ließ er seiner Faszination freien Lauf:

«Wie groß die Energiemengen sind, die bei der Fusion frei werden können, zeigt die Wasserstoffbombe – die bisher einzige Form, in der die Fusion auf der Erde in großem Maßstab verwirklicht worden ist.»

Bei gründlichem Durchblättern der vermeintlichen Wissenschaftszeitschrift muß jedem aufmerksamen Leser die Eigenwerbung für den großen Lyndon H. LaRouche auffallen. Die Zugehörigkeit der *Fusion* zu dem LaRouche-Clan ist unübersehbar. Um so erstaunlicher ist deshalb, daß renommierte und bekannte Wissenschaftler zu Interviews mit der *Fusion* bereit sind. So zum Beispiel der «erste Bundesdeutsche im Weltall» Dr. Ulf Merbold oder der Nobelpreisträger Professor Dr. Klaus von Klitzing.

Das Heft ist in wissenschaftlichen Bibliotheken, wie etwa in der Kernforschungsanlage Jülich oder auch in der Bibliothek des Deutschen Bundestages, einsehbar.

Wer liest diese Zeitschrift? Angeblich verfügt die *Fusion* über 20000 deutschsprachige Abonnenten. Der ehemalige FEF-Vorsitzende Hans Bandmann berichtete, der Siemens-Konzern hätte 1981 82 100 Exemplare zur freien Verteilung abonniert.

Interessierten, die an Info-Ständen der EAP oder anderer La-Rouche-Vereinigungen auf der Straße angesprochen wurden, ist die Zeitschrift auch kostenlos zugesandt worden.

Nur wenige Ausgaben der *Fusion* enthielten Inserate, meist von Firmen mit naturwissenschaftlich-technischen Spezialprodukten, zum Beispiel aus der Laseroptik. In den jüngeren Ausgaben sind überhaupt keine Fremdanzeigen mehr zu sehen. Lediglich auf eigene Publikationen, wie das Buch der *Fusion*-Autoren Heinz Horeis und Michael Liebig: «Strahlenwaffen – Militärstrategie im Umbruch», erschienen im Verlag für Wehrwissenschaften in München, wird hingewiesen. Eine Umschlagseite ist auch häufig mit einer Anzeige für das «International Journal of Fusion Energy» versehen, einer Publikation der Fusion Energy Foundation aus den USA.

Ein Abonnement der *Fusion* kostet jährlich 40 Mark – ein für Fachzeitschriften vergleichsweise niedriger und wohl kaum kostendeckender Preis. Die Mitgliedschaft im FEF kostet im Jahr 120 Mark, für Studenten und Schüler nur 60 Mark.

Wie die Fusion Energy Foundation und ihre «Bruderorganisationen» in mindestens acht Ländern diese aufwendige Publikation der *Fusion* sechsmal im Jahr, ergänzt durch das *International Journal of Fusion Energy,* finanziert, bleibt ihr Geheimnis.

Die enge Bindung an die amerikanische Bruder- (oder Mutter-?) organisation ist vor allem in der Vereins-Publikation des FEF erkennbar. Die Zeitschrift *Fusion* erscheint in der Bundesrepublik ab Juli 1980, zunächst vierteljährlich, später zweimonatlich. Entsprechende Länderausgaben gibt es auch in anderen Ländern, jeweils herausgegeben von gleichnamigen Vereinen: in Frankreich die «Fondation pour l'énergie de fusion» mit Sitz in Paris, in Italien die «Fondazione per L'Energia di Fusione» mit Sitz in Rom, in Schweden die «Fusionsenergiföreningen», in Mexiko die «Associación Mexicana de Energia de Fusión» und schließlich das *Fusion Asia Magazine* in New Delhi. In über einem halben Dutzend Großstädten werden FEF-Vertretungen in der Bundesrepublik genannt – mit bekannten Adressen von La-Rouche-Residenten.

Die erste deutschsprachige Ausgabe wirkt zunächst wie eine Hauspostille des Garchinger Max Planck-Instituts für Plasmaphysik (IPP). Das Titelbild zeigt die kurz vor Drucklegung in Betrieb genommene Fusionsanlage ASDEX (Axialsymmetrisches Divertor-Experiment), im Innenteil steht der Leiter des Instituts, Professor Wienecke, Rede und Antwort. Sein Foto stammt, wie noch weitere Aufnahmen in

Fusion Nr. 1, vom Garchinger IPP. Dieser Themenschwerpunkt war kein Zufall. Schließlich hat das Fusions-Energie-Forum sein Vermögen für den Fall seiner Auflösung den Garchinger Forschern zugedacht – mit der Maßgabe, die Mittel unmittelbar und ausschließlich für die Fusionsforschung zu verwenden.

Auch in der Diplomatie erzielten die LaRoucher mit ihrer Zeitschrift Erfolge. *Fusion*-Autor Dr. Steven Bardwell erhielt zum eispiel im Juli 1980 eine Einladung zum Vortrag auf einer vom Mexikanischen Petroleum-Institut veranstalteten Konferenz über «Ökometrie und Energie». Im September 1980 trat die mexikanische FEF als Veranstalter auf. *Fusion* zufolge waren als Teilnehmer Vertreter der Entwicklungsbank der mexikanischen Regierung und Repräsentanten des mexikanischen Ölkonzerns PEMEX gekommen.

Kontakt zu Diplomaten wurde über das FEF auch in Bonn aufgebaut. Mit einer Studie über «Die Industrialisierung Afrikas» wandten sich die Fusionsenergie-Kämpfer an die in Bonn residierenden Botschaften und entwicklungspolitische Organisationen. Zur Vorstellung der Studie lud das Fusions-Energie-Forum ins Nobelhotel Steigenberger im Bonn-Center ein. Den vierzig Teilnehmern des Empfangs – unter ihnen nach Angaben von *Fusion* vorwiegend afrikanische Diplomaten aus den Botschaften von Äthiopien, Elfenbeinküste, Kamerun, Madagaskar, Malawi, Togo und Zaire – versicherte die Mitautorin Helga Zepp-LaRouche, die Afrikaner könnten die Probleme des Kontinents nicht alleine lösen. Beispielhaft verwies sie statt dessen «auf die wirtschaftspolitischen Vorstellungen, die im 19. Jahrhundert die Industrialisierung Europas, der USA und Japans ermöglichten».

Hans Bandmann, auch als Autor der Studie vorgestellt, empfahl den Einsatz sogenannter «harter» Technologien wie Stahlwerke im Gegensatz zur «sanften» Konkurrenz von Biogasanlagen und Sonnenenergie. Obgleich Afrika über unerschlossene Kohle-, Öl- und Wasserkraftreserven verfüge, müsse vor allem die Kernenergie in diesem Kontinent uneingeschränkt genutzt werden: «nukleare agro-industrielle Produktionskomplexe (Nuplexe)» als Ausgangspunkt der Industrialisierung Afrikas – zur Freude der europäischen Wirtschaft.

Angesichts dieser eindeutigen Parteinahme für eine Entwicklungspolitik, die auf hochindustrialisierten Großanlagen aufbaut, muß ein Firmeninserat in der *Fusion* besonderes Erstaunen auslösen, eine Rarität mit hohem Seltenheitswert: in der Ausgabe 5, 1981 wird eine einseitige Anzeige der Firma Fritz Werner GmbH aus Geisenheim am Rhein veröffentlicht. Das sonst um Publizität überhaupt nicht bemühte Unternehmen liefert Großanlagen besonderer Art in alle

Welt. Unter «Anlagen» verstehen die Geisenheimer, neben einigen tatsächlich zivilen Gerätschaften wie Druckereimaschinen und kleineren Biogasanlagen, hochmoderne Waffenfabriken. Auf den «Anlagen» von Fritz Werner werden heute überall in der Welt in Lizenz Kriegswaffen produziert, unter anderem das «deutsche Wundergewehr» G 3 von Heckler & Koch. Der heimliche Riese des deutschen Rüstungsexports, stets um einen zivilen Anstrich seines Geschäfts bemüht, befindet sich über ein verschachteltes Beteiligungssystem zu fast hundert Prozent in staatlichem Besitz und wird wesentlich kontrolliert von der staatlichen Kreditanstalt für Wiederaufbau (KfW).

Der staatliche Waffenlieferant macht zwar als Gesamtkonzern keine großen Profite, dafür aber um so größere und brisantere Exporte. Mit hohem Personaleinsatz ist der öffentlichkeitsscheue Staatsbetrieb in fast jedem Krisengebiet dabei. Die Auftragssummen der Einzellieferungen von Fritz Werner-«Anlagen» gehen bis in Milliardenhöhe. Doch selbst in dieser Größenordnung wollen die Geisenheimer ihre Arbeit nicht beim Namen nennen. Für Waffenfabriken fallen ihnen zuweilen sogar sehr ausgefallene Bezeichnungen ein, wie zum Beispiel «Marmeladenfabrik» oder wie im Falle einer Lieferung an den Wüstenstaat Saudi-Arabien der weniger gelungene Tarnname «Sägewerk».

Das Erstaunliche bei der Fritz Werner-Anzeige in *Fusion* ist zunächst die Tatsache, daß Fremdinserate in der LaRouche-Zeitschrift sehr selten sind. Außer Hinweisen auf andere Publikationen der Organisation findet der Leser keine Werbung in den Heften. Die Anzeigenseite der Geisenheimer Rüstungsexporteure ist auch deshalb besonders kurios, weil Fritz Werner bisher als Inserent in Wissenschaftszeitschriften noch nicht aufgetreten ist. Nicht einmal die «wehrtechnischen» Fachzeitschriften werden mit Inseraten der Rüstungsschmiede bedacht.

Die Rückfrage bei dem Unternehmen im Rheingau brachte keine neuen Erkenntnisse. Am Telefon gab sich der Firmensprecher zunächst überrascht. Er wolle alles überprüfen, versicherte der Fritz Werner-Mann.

Die Fragen blieben jedoch unbeantwortet. Auch mehrere schriftliche Anfragen vermochten das Unternehmen nicht zu einer Stellungnahme zu bewegen.

«Humor»

Wie in allen Publikationen der LaRouche-Organisation, so darf auch in *Fusion* die Hetze gegen Grüne und «Atomgegner» nicht fehlen. Eine Kostprobe dieser besonderen Art von Humor, wie sie selbst in der *Deutschen Nationalzeitung* nicht zu lesen ist, aus der *Fusion* Nr. 1, 1984: «Was ist schwarz und sitzt auf einem Baum? – Ein Grüner nach einem Waldbrand.»

Oder: «Organische Düngung wird von den Grünen als Mittel gegen das Waldsterben vorgeschlagen. Frage: Wieviel Grüne sind notwendig, um einen Baum zu düngen? Antwort: fünf. Eigentlich reicht einer, aber für diesen werden fünf benötigt, um ihn zu überzeugen, in die Knochenmühle zu steigen...»

Kein Einzelfall. In *Fusion* Nr. 4, 1984 darf über folgenden «Witz» gelacht werden: «Moderne Kunst: Warum hat man dieses Bild hier aufgehängt? Weil man den Künstler nicht erwischt hat!»

Stars von gestern

Die Mitstreiter des Fusions-Energie-Forums

Abstruse Theorien und Pseudowissenschaft einerseits, ein kleiner, illustrer Club von «verdienten» Naturwissenschaftlern andererseits – das ist die merkwürdige Mischung der multinationalen Fusion Energy Foundation. Die wirre, technofanatische Ideologie, besser gesagt der wahnsinnige Ideenbrei, für sich allein genommen, könnte die häufig geäußerte These von der «Polit-Sekte EAP» belegen. Der *Spiegel*-Titel vom 5. Mai 1984 würde den Punkt treffen: «Wahn-GmbH und Co. KG».

Wenn da nicht noch die «renommierten» Wissenschaftler wären, deren politischer Standort und akademische Vita keineswegs in das Reich des Wahnsinns passen. Um das Fusions-Energie-Forum ist eine kleine Gruppe von Kernphysikern versammelt, deren wissenschaftlich-technologische Arbeiten die Entwicklung der Atomkraft entscheidend geprägt haben, unter ihnen Kernkraft-Pioniere der ersten Stunde, als die Deutschen mit Hochtouren an der Entwicklung der «Uranbombe», der großen Hoffnung der letzten Weltkriegsjahre, arbeiteten. Der einzige «Wahn», von dem diese Forscher besessen sind, ist der uneingeschränkte Glaube an das wissenschaftlich und technologisch Machbare.

Zu ihnen gehört der mittlerweile emeritierte Professor **Erich Bagge** (73), ehemals Leiter des Instituts für Reine und Angewandte Kernphysik an der Christian Albrecht-Universität Kiel.

Während des Zweiten Weltkrieges arbeitete Bagge in der «Gruppe Diebner», benannt nach dem Leiter des Kernforschungsreferats in Hitlers Heereswaffenamt, Dr. Kurt Diebner. Das große Ziel der Gruppe war die Entwicklung einer reichsdeutschen Atombombe. Heute bestreitet Bagge zwar, jemals etwas mit der Entwicklung von Waffen oder gar Nuklearwaffen zu tun gehabt zu haben, doch seine eigenen Schriften belegen eindeutig, daß er eine zentrale Rolle bei dieser «kriegswichtigen» Forschung spielte. Zusammen mit Diebner veröffentlichte er ein Taschenbuch, in dem auch sein Tagebuch über diese Zeit veröffentlicht ist (Bagge/Diebner/Jay: Von der Uranspaltung bis Calder Hall, Reinbek 1957). Auch in der *Fusion* (Nr. 6, 1985) beschreibt Bagge in einem ausführlichen Beitrag seine Arbeit mit Kurt Diebner. Am 1. September 1939 sei er nach Berlin ins Kriegsministerium einberufen worden. Eine seiner ersten Aufgaben sei es gewesen, für den 26. September 1939 «ein Treffen von Physikern zu organisieren, die sich in Deutschland mit Kernphysik beschäftigten», um gemeinsam «[...] die Möglichkeiten der technischen Nutzung der Kernenergie (zu) diskutieren». Zusammen mit dem «zuständigen Referatsleiter des Heeresamtes, dem Physiker Dr. Kurt Diebner», bereitete Bagge die Tagesordnung vor und lud die Teilnehmer ein.

Zwischen 1941 und 1943 entwickelte Bagge die Isotopenschleuse, ein Gerät zur Anreicherung des Urans bis zu einem bombenfähigen Grad. Die für die Bombenentwicklung zentrale Anlage wurde später von den Amerikanern in Hechingen bei Haigerloch demontiert und in die USA verfrachtet. Bis zu seiner eigenen Festnahme arbeitete Bagge – auch nach Darstellung der *Fusion* – am «deutschen Atomprojekt mit».

Wie bei seinen Kollegen war diese Vergangenheit kein Hinderungsgrund für eine Nachkriegskarriere unter demokratischen Verhältnissen. Im Gegenteil, die Kenntnisse und Erfahrungen dieser Wissenschaftler waren heiß begehrt. Bereits 1948 wurde Bagge zum Außerordentlichen Professor und Abteilungsleiter des Physikalischen Staatsinstituts in Hamburg berufen. 1957, zwei Jahre nachdem Kernforschung aufgrund alliierter Beschränkungen in der Bundesrepublik erst wieder erlaubt war, wurde der Atompionier Ordinarius und Leiter des neugegründeten Kernphysikalischen Instituts in Kiel. Bagge leitete darüber hinaus seit der Gründung bis 1970 die Gesellschaft für Kernenergieverwertung in Schiffbau und Schiffahrt (GKSS) in Geesthacht bei Hamburg.

Das GKSS-Forschungszentrum ist eine GmbH. Ihr Stammkapital wird von der Bundesrepublik, den vier Küstenländern, der Kernenergie-Studiengesellschaft (KEST) und verschiedenen Unternehmen der Industrie, der Schiffahrt sowie Banken gehalten. Das 660 Mitarbeiter zählende Institut wendet derzeit jährlich etwa 90 Millionen Mark auf – größtenteils aus dem Forschungsetat der Bundesregierung. Wichtigstes Forschungsprodukt der GKSS war das von Erich Bagge entscheidend geprägte Atomschiff «NS Otto Hahn» – «NS» steht für «Nuklearschiff».

Kurz nach der Aufhebung der alliierten Beschränkungen wurde mit der Gründung der KEST im August 1955 und der GKSS im April 1966 der Startschuß für dieses kerntechnische Großprojekt gegeben, das 1968 in Dienst gestellt wurde. Ganz lapidar wird im Forschungsbericht das Ende des ökonomisch irrsinnigen Reaktorschiffes vermerkt: es war «fast elf Jahre lang ohne technische Störungen in Betrieb. Danach lagen die wesentlichen mit der nuklearen Antriebsanlage gewonnenen Erfahrungen und Erkenntnisse vor. Das Schiff wurde deshalb 1979 stillgelegt.»

Kein Wunder, daß die reaktorbetriebene Seefahrt zum Lieblingsthema des «Vaters der NS Otto Hahn» in der *Fusion* gehört. So fragt der *Fusion*-Autor Erich Bagge in der Ausgabe 2, 1982: «Kommt die kommerzielle Atomschiffahrt?» In seinem Beitrag kolportiert er die angebliche Überlegenheit «deutscher Technik» – die zumindest im Falle der NS Otto Hahn nicht ohne italienische Reaktortechnologie aus der Nuklearsektion des FIAT-Konzerns auskam. Technologie-Deutschtum, von Erich Bagge erzählt: ein Mitarbeiter der GKSS sei auf einer internationalen Reaktortagung in Frankreich von einem französischen Kollegen 1978 gefragt worden, wann endlich die NS Otto Hahn stillgelegt würde. Die Begründung, wie sie Bagge wiedergibt: «Jedesmal, wenn wir im Ausland französische Maschinen anbieten und die NS Otto Hahn läuft gerade in einen Hafen dieses Landes ein, können wir unsere Koffer packen! Es heißt dann, wenn die Deutschen Atomschiffe bauen können, dann liefern sie uns auch Maschinen, die zuverlässig funktionieren!»

Doch nicht nur für lockere Unterhaltung ist der Atomprofessor Bagge gut. Er verfügt, Recherchen des Kölner Wissenschaftsjournalisten Matthias Schulenburg zufolge, über recht gute Beziehungen zum Fraunhofer-Institut für Naturwissenschaftlich-Technische Trendanalysen (INT) in Euskirchen bei Bonn. Dieses Institut beobachtet im Auftrag des Bundesverteidigungsministeriums die Entwicklung auf dem Gebiet der strategischen Waffen: Atomwaffen, Trägersysteme, Strahlenwaffen usw.

Schulenburg brachte erstmals Bagges Engagement für das Fusions-Energie-Forum in die Öffentlichkeit. Über den Chefredakteur der *Fusion,* Dr. Jonathan Tennenbaum, weiß Bagge eigentlich nur Gutes zu berichten: «Ein sehr gescheiter Mann, dieser Doktor Tennenbaum.» Der *Fusion*-Chef wolle «nicht, daß wir Deutschen bei der Kernfusion beiseite stehen, und das finde ich auch».

Über einen weiteren Mitstreiter der *Fusion,* den ehemaligen Bagge-Schüler **Friedwardt Winterberg**, berichtete Matthias Schulenburg in einer WDR-Hörfunksendung am 30. November 1983.

Demnach war Friedwardt Winterberg, derzeit Professor für theoretische Physik an der University of Nevada in den USA, zumindest in früheren Jahren häufiger Gast im Euskirchener INT gewesen. Schulenburg schätzte diese Kontakte wegen des strategisch bedeutsamen Charakters des Fraunhofer-Instituts als sehr brisant ein. Seine Mutmaßung: «Wenn das INT sein Geld wert ist, müßte es eine Art Giftschrank haben, in dem verwahrt wird, was man in der Bundesrepublik über nukleare Waffen weiß [...]. Dazu hätte dann Zugang ein Professor Friedwardt Winterberg [...], denn Winterberg ist Berater für nukleare Waffenentwicklungen am INT [...].»

Das reizte zum Dementi. Der Institutsleiter, Dr. Klaus Grünewald, wiegelte ab: «Soweit das INT über vertraulich zu behandelnde Unterlagen über Nuklearwaffen verfügt, werden diese den geltenden Vorschriften entsprechend behandelt.» Es sei «völlig ausgeschlossen», daß nicht autorisierte Personen – wie dies in der Sendung über Professor Winterberg gesagt wurde – Zugang zu diesen Unterlagen erhielten. «Ebenso falsch» sei die Behauptung, daß Winterberg «Berater des INT für nukleare Waffenentwicklungen» sei: «Herr Professor Winterberg war gelegentlich seiner Deutschlandbesuche auch im INT, wobei über fachliche Fragen und neuere Publikationen auf dem Fachgebiet von Professor Winterberg diskutiert wurde [...].»

Dr. Klaus Grünewald fürchtete eine Rufschädigung, die «kaum wiedergutzumachen» sei. Auch seine Richtigstellung über regelmäßige Besuche von FEF-Mitarbeitern im INT brachte jedoch Bestätigendes zutage: tatsächlich hätte das FEF «Anfang 1983 nach einem oder zwei Gesprächen in den vergangenen Jahren mit zwei Mitarbeitern des INT erneut versucht, Kontakt zum INT aufzunehmen». Dem habe das Institut widerstanden. Dennoch kam es «dann aber doch zu einer nicht vom INT initiierten Diskussion über technologische Grundlagen und die Realisierungschancen raumgestützter Raketenabwehrsysteme (heute als SDI bekannt, Anm. d. A.), in deren Verlauf das INT sich deutlich gegen die überzogene Technologiegläubigkeit und vor allem auch gegen die Auffassung des FEF wandte, mit diesen Systemen seien alle Probleme der Welt zu lösen. Insbesondere wurde auch in späteren Stellungnahmen zur Reagan-Rede auf die mögliche Ausweitung des Wettrüstens auf den Weltraum hingewiesen [...].

Schulenburgs Recherchen erbrachten auch das merkwürdige Detail hervor, daß die FEF-Mitarbeiter bereits Wochen vor deren Veröffentlichung die berühmte Strahlenwaffenrede Reagans vom 23. März 1983 im Euskirchener Institut ankündigten. INT-Leiter Grünewald empfand dies jedoch als «vergleichsweise unerheblich».

Grünewald wird bei den Fachgesprächen mit dem Kernphysiker aus dem fernen Nevada nicht verborgen geblieben sein, daß dessen Publikationen seit den achtziger Jahren auch von der Fusion Energy Foundation herausgegeben werden. So zum Beispiel eine Arbeit über «die physikalischen Prinzipien von thermonuklearen Explosions-Erfindungen» in der Reihe «Fusion Energy Foundation Frontiers of Science Series», 1981 in New York verlegt.

Ein von Lyndon H. LaRouches FEF-Verlag herausgegebenes umfangreiches Buch Winterbergs über die Wasserstoffbombe wurde in der deutschsprachigen *Fusion* mit der Überschrift «Das ‹Geheimnis› der Wasserstoffbombe» besprochen.

Der amerikanische Publizist Dennis King hatte dazu ja angemerkt, die LaRouche-Truppe sei wohl die einzige extremistische Sekte, die wüßte, wie eine Wasserstoffbombe anzufertigen ist. (S. 65ff).

Professor Dr. J. Fricke vom Physikalischen Institut der Universität Würzburg hält das Buch von Friedwardt Winterberg für so wichtig, daß er es durch eine Besprechung in einer wissenschaftlichen Fachzeitschrift salonfähig machte. Fricke, der die im renommierten Weinheimer ‹Verlag Chemie› erscheinende Zeitschrift zusammen mit Professor Dr. G. Fritsch vom Neubiberger Physik-Institut der Hochschule der Bundeswehr München inhaltlich verantwortet, weiß über Winterbergs Forschungsgegenstand zu berichten: «Zwischenzeitlich sind Fusionsbomben (welche die Zerstörungsgewalt der Spaltungsbomben vertausendfachen, die ihrerseits schon tausendfach mehr zu zerstören vermögen als ‹konventionelle› chemische Sprengbomben) Ziel gewaltiger nationaler militärischer Entwicklungsprogramme gewesen, die von Geheimhaltung umgeben waren und von Spionageaktionen durchsetzt wurden.»

Winterberg fühlt sich bei dem Fusions-Energie-Forum gut aufgehoben: «Es sind alles junge, sehr energische und intelligente Menschen, die ein echtes Interesse an dem Allgemeinwohl haben und die ganz sicherlich durch ihre Aufklärung über Kernenergie sehr viel zur positiven Formulierung einer Energiepolitik im Interesse der Bundesrepublik beitragen», so wiedergegeben in der *Fusion* Nr. 4, 1981.

In *Fusion* Nr. 2, 1981 forderte Friedwardt Winterberg dazu auf, mit Kernfusionsantrieb das Weltall zu besiedeln. Seine Überlegungen galten dabei unter anderem dem Antrieb von Raumschiffen durch «thermonukleare Mikroexplosionen, bei denen jeweils nur relativ wenig Energie frei wird». Winterbergs Zukunftsträume: «Wenn wir einen Teilchenstrahl erzeugen können, der als Waffe geeignet ist, dann läßt er sich natürlich auch zur Zündung einer Mini-Wasserstoffbombe verwenden. Die Trägheitseinschluß-Kernfusion muß im

Prinzip realisiert sein, ehe man sich über eine waffentechnische Anwendung überhaupt Gedanken machen kann, denn diese benötigt viel höhere Energie [...].»

Die *Fusion*-Redaktion bemerkt dazu, daß «Dr. Friedwardt Winterberg einer der Pioniere der Trägheitseinschluß-Fusion (sei); er gilt als Vater des Konzepts, die thermonukleare Zündung durch Beschuß mit Hochgeschwindigkeits-Projektilen auszulösen ...» Der Kernphysiker beschäftige sich «seit langem mit der Nutzung der Kernenergie in der Weltraumfahrt. Für seine Arbeiten zum Kernfusions-Raketenantrieb verlieh die Hermann Oberth/Wernher von Braun-Stiftung Dr. Winterberg im Jahre 1979 die Hermann Oberth-Medaille in Gold.» Der derart mit Lobeshymnen geschmückte Beitrag Winterbergs ist als Bearbeitung eines Vortrages ausgewiesen, den der Wissenschaftler am 15. Oktober 1980 in Los Angeles auf einer Tagung der US-amerikanischen Fusion Energy Foundation hielt.

Winterberg verteidigte seine Auftritte und Publikationen beim FEF und der *Fusion* unbeirrt mit der Bemerkung, er habe auch in ostdeutschen Physik-Zeitschriften veröffentlicht und niemand halte ihn deshalb für einen Kommunisten. Friedwardt Winterberg dementierte nach Schulenburgs Hörfunk-Sendung, jemals Mitglied in einer der LaRouche-Organisationen gewesen zu sein. Dies allerdings war in der WDR-Sendung gar nicht behauptet worden.

«[...] auf Energieinseln werden in unterirdischen Kavernen Kernsprengkörper periodisch gezündet und Kernbrennstoff erbrütet und Wasserstoff erzeugt. Beide Energieträger können leicht verfrachtet werden und die Menschheit über thermische Konverterreaktoren mit Elektrizität und über hydrierende Kohleveredelung mit Treibstoff versorgen [...].»

Das ist nicht als Science-fiction gemeint. Der Autor meint es ernst, todernst. Mit seinem Vorschlag, unterirdische Atomexplosionen zur Nutzung ganz friedlicher Energie einzusetzen, ist der Schweizer Professor Seifritz dem großen Traum einer «friedlichen Kernfusion» nähergekommen.

Walter Seifritz ist ein ansonsten angesehener deutscher Reaktorphysiker an der Technischen Hochschule Zürich. Ausgangspunkt seiner Überlegung ist eigentlich eine höchst unfriedliche Kernfusion, wie sie schon seit 1952 bekannt ist, dem Zeitpunkt der Zündung der ersten Wasserstoffbombe.

Seine Untersuchungen über die «Makroexplosionstechnik» kamen zu dem beruhigenden Ergebnis, daß eine Kaverne im Salzgestein von

200 Meter Durchmesser ausreichen müßte, um Explosionen von 20-Kilotonnen-Sprengkörpern zu widerstehen. Zum Vergleich: die Hiroshima-Bombe hatte 13 Kilotonnen. Bei fünf Explosionen pro Tag würde genügend Dampf erzeugt, um ein oberirdisches Kraftwerk von 1600 Megawatt zu betreiben.

So ist es nachzulesen in dem bahnbrechenden Werk von Walter Seifritz: «Nukleare Sprengkörper – Bedrohung oder Energieversorgung für die Menschheit», das für 98 Mark in dem Münchener Fachverlag Thiemig erschien.

Das Problem des hochradioaktiven Fallouts, der bei solchen Explosionen in den Kavernen entstehen würde, hat Seifritz jedoch eher stiefmütterlich behandelt. Immerhin, er weist darauf hin, daß «der Kaverneninhalt nicht in die freie Luft» gelangen darf. Deshalb soll das unterirdische Bomben-Kraftwerk nach oben abgeschlossen werden, mit einer halbkugelförmigen Sicherheitshülle aus Beton wie bei heutigen Atomkraftwerken. Allerdings traut er diesem Schutzkonzept selbst nicht so ganz. Die Anlage sollte deshalb vorsorglich «auf abgelegenen Inseln» errichtet werden. Größer als die Probleme der technischen Realisierung ist für den Atomtechnologen Seifritz jedoch die politische Verwirklichung. Er rechnet mit «erheblichen Akzeptanzproblemen».

Dr. Walter Seifritz, geboren am 14. Juni 1939 in Tuttlingen, Direktor des Eidgenössischen Instituts für Reaktorphysik, gehört zur Stammtruppe der Wissenschaftler rund um das Fusions-Energie-Forum. In seinem Thiemig-Taschenbuch über nukleare Sprengkörper verweist Seifritz gleich mehrfach auf weiterführende Literatur in der *Fusion* und auf befreundete Atomforscher wie Friedwardt Winterberg. Er konnte bei seiner bahnbrechenden Arbeit auch auf Schriften des Instituts für Naturwissenschaftlich-Technische Trendanalysen (INT) der Fraunhofer-Gesellschaft in Euskirchen zurückgreifen. Und in Kürschners Gelehrten-Kalender ließ er die *Fusion* immerhin als eines seiner wissenschaftlichen Publikationsorgane vermerken, eingereiht zwischen «Atomwirtschaft» und «Temp. Technik».

Das größte Problem besteht für Seifritz eigentlich nur in der politischen Durchsetzung der atomtechnischen Zukunftsprojekte – technologisch ist für ihn alles machbar. Für den politischen Kampf entwickelt er ebenfalls erstaunlich unkonventionelle Modelle. So zum Beispiel in seinem Buch «Sanfte Energietechnik – Hoffnung oder Utopie?»: «[...] Ein Management, dem es gelänge, [...] die jeweiligen intellektuellen Modeströmungen steuernd in die eine oder andere Richtung zu kanalisieren, hätte in der Tat den Stein der Weisen gefunden. Bis jetzt weiß man noch nicht einmal, wie sich die Sequenz: Anti-

Vietnambewegung Anfang der siebziger Jahre, Ökologie- und Umwelt-Welle und anschließende Anti-Kernenergie-Welle Mitte der siebziger Jahre fortsetzt. Auf was könnte man ‹die Meute hetzen?› heißt die Preisfrage.»

Für den Thiemig-Verlag, als dessen Taschenbuch Band 92 dieses Werk erschien, hat sich die Frage erledigt. Just im Frühjahr 1986, als die Europäer vom Reaktorunfall in Tschernobyl geschockt wurden, schloß der Atom-Verlag Thiemig seine Tore und machte in München 670 Menschen arbeitslos. Bis dahin waren im gleichen Haus auch «Fachbücher» des FEF-Aktivisten Krafft A. Ehricke erschienen. Vor allem in der Thiemig-Fachzeitschrift *Atomkernenergie/Kerntechnik* tummeln sich die Fusions-Leute. Im Herausgeberkreis der Zeitschrift sind gleich drei FEF-Autoren zusammen: Walter Seifritz, Friedwardt Winterberg und als Geschäftsführender Herausgeber Erich Bagge. Der Verlag inserierte auch in der *Fusion*.

In *Atomkernenergie/Kerntechnik* (1981) wirbt der Verlag besonders lobend für das Buch von Walter Seifritz über «Sanfte Energietechnik»: «Ein Kernenergieexperte von hohem Rang schaltet sich mit diesem Buch in die öffentliche Energiediskussion ein und stellt für den gebildeten Laien in entwaffnender Offenheit die Halbwahrheiten und unverantwortlichen Irreführungen der Öffentlichkeit durch die Kernenergiegegner bloß [...]. Wer sich ein Gewissen aus der Zukunft der kommenden Generation macht, sei es aus politischen, wirtschaftlichen, sozialen, ethnischen oder religiösen Motiven, wird dem Autor dafür dankbar sein, daß er in verständlicher Form und zu rechter Zeit über die Auswirkungen einer verhängnisvollen Ideologie der ‹grünen Karte› aufklärt [...].»

Das paßt bestens in das LaRouche-Konzept: Verteufelung der Technologie-Kritik der Grünen, der Ökologiebewegung und mit allen technologisch nur denkbaren Konzepten an die Lösung der Zukunftsprobleme. Nur muß die «kommende Generation», die diese Welt mitverantworten soll, wohl noch geschaffen werden: man muß sie dafür «steuernd in die eine oder andere Richtung kanalisieren». Das ist das Zukunftskonzept des Techno-Wahns, nach den sozialen und politischen Kosten, nach den Gefahren für die Menschheit wird nicht mehr gefragt. Die Technologen der FEF-Clique haben jegliche verantwortliche Rücksichtnahme auf die Gefährdung von Mensch und Natur verloren. Wer für den Erhalt des natürlichen Ökosystems eintritt, wird verteufelt, bekämpft und diffamiert – oder kanalisiert.

Ein Paradebeispiel dieses Technologie-Verständnisses ist in der *Fusion* Nr. 4, 1982 nachzulesen. Dort wird das «amerikanische ‹Projekt Pflugschar›» vorgestellt: «Die friedliche Nutzung von Nuklearexplosionen». Über den Autor des Beitrages, Dr. Gary Higgins, schreibt die *Fusion*-Redaktion: «Higgins ist Assistent des Leiters für Nukleartests am Lawrence Livermore National Laboratory, Kalifornien» – einem der wichtigsten Militärforschungsinstitute in den USA. «Er erhielt seine Ausbildung als Nuklearchemiker unter Glenn Seaborg in Kalifornien. Von 1959 bis 1969 leitete er das Programm für friedliche Kernexplosionen in Lawrence Livermore.» *Fusion*-Autor Gary Higgins über die amerikanischen Experimente an dem Seifritz-Traumkonzept: «Das ‹Projekt Pflugschar›, ein Programm zur Untersuchung der möglichen Anwendungen friedlicher Kernexplosionen, wurde 1959 ins Leben gerufen. Bis zu seiner Beendigung im Jahre 1977 überprüfte man eine Reihe von Vorschlägen zur Erdgasförderung, zum Hafen- und Kanalbau und zur Erzeugung schwerer Elemente auf ihre Brauchbarkeit, und ein breites technologisches Wissen über die Wirkungen von Nuklearexplosionen konnte gesammelt werden.» Higgins berichtet über zwölf Testexplosionen und siebzehn Versuche im Testfeld in Nevada, «um neue nukleare Sprengsätze zu entwickeln». Der Militärforscher aus dem kalifornischen Silicon Valley der Rüstungsforschung schließt seinen Beitrag mit einem positiven Fazit ab: «Weitere Verbesserungen sind zu erwarten, wenn die Technologie von Kernexplosionen zu friedlichen Zwecken in breiterem Umfang industriell genutzt wird. Die Freisetzung von Radioaktivität in die Biosphäre ließe sich weiterhin verringern, ebenso wie die Kosten für die Sprengsätze.»

Die «Schatzkammer Kernenergie» als Generallösung unserer Zukunftsprobleme – natürlich ausschließlich mit «friedlicher Nutzung».

«Ein Gigant auf dem Gebiet der Aerodynamik», titelt die *Fusion* Nr. 1/1982 ihre Lobpreisung des «verdienten Wissenschaftlers Dr. **Adolf Busemann**». Busemann war schon in früheren Zeiten ein gefragter Mann. Für Hitler entwickelte er unter anderem den Pfeilflügel für Düsenjäger und befaßte sich mit Hohlladungsgeschoßtheorien, die für eine effektive Zündung von Atomwaffen essentiell sind.

Busemann gehört bei *Fusion* neben dem inzwischen verstorbenen Dr. Arnold Krafft Ehricke zu den am meisten gefeierten Wissenschaftlern. 1982 erhielt Busemann den Preis der «Fusion Energy Foundation» für besondere Verdienste um die Wissenschaft. Dem «Pionier auf dem Gebiet der Aerodynamik» und «herausragenden Experten der hydrodynamischen Methode nach Bernhard Riemann in diesem Jahrhundert» zu Ehren gab es am 6. November 1982 in New York ein Galadiner.

Und alle kamen: unter anderen Krafft Ehricke, Friedwardt Winterberg sowie Wilhelm Grossmann, Professor am Courant Institute of Mathematical Science der Universität New York. Anwesend waren natürlich auch alle Vertreter von Rang und Namen aus dem engeren Kreis der *Fusion*.

Sinn für Deutschtum zeigten vor allem die US-amerikanischen Festredner. So stellte Carol White, Leiterin der «Erziehungsabteilung» der FEF, klar, was Bildung heutzutage bedeutet und wo die politischen Hindernisse auf dem Weg zur Schaffung vieler schlauer Busemänner liegen. «Heute handelt es sich darum, ob wir als Nation überleben. Sind wir in der Lage, solche Wissenschaftler, von denen wir heute abend gehört haben, wieder hervorzubringen? Die klassische deutsche Tradition, in der die meisten Sprecher des heutigen Abends stehen – die Tradition in der Philosophie, Mathematik und Geometrie –, wurde den meisten amerikanischen Studenten nach den Bildungsreformen von John Dewey im 19. Jahrhundert verweigert. Wir brauchen eine Erneuerung der Bildung ... Wir müssen unsere Erzieher erziehen ... Wir müssen der liberalen Erziehung den Krieg erklären, wie schon Lyndon LaRouche, der Gründer der FEF und Mitglied des Vorstandes, es gefordert hat. So können wir einen praktischen Beitrag leisten, um das Lebenswerk von Professor Busemann zu würdigen.»

Busemann arbeitete wie Bagge, Seifritz und Winterberg über (thermo-)nukleare Sprengsätze.

«Prof. Dr. rer. nat. h.c. Dr. med. h.c. Dr. paed. h.c. Manfred von Ardenne» ist ein Außenseiter in der Wissenschaftler-Gemeinde rund um das Fusions-Energie-Forum: er ist ein berühmter Forscher in dem sonst verhaßten sozialistischen Ostblock, in der DDR. Doch seine Aussagen zur Kernfusion und zur Geschichte der deutschen Atomforschung passen hervorragend in das Milieu der Fusions-Fanatiker.

In der Ausgabe 2/1982 der *Fusion* wurde **Manfred von Ardenne** zu seinem 75. Geburtstag gratuliert: «einer der universalsten und schöpferischsten Forscher unserer Zeit». Was macht einen Ost-Wissenschaftler für die FEF-Leute so interessant? Mit Bagge, Ehricke, Busemann und Rudolph hat er eines gemeinsam: die Vergangenheit der «Pioniertaten» deutscher Wissenschaftler, die bis Kriegsende verbissen an der Entwicklung einer atomaren Bewaffnung für die deutsche Reichswehr arbeiteten.

In einem Hintergrund-Interview der Auslandspresseagentur der DDR wird der Titelkönig Manfred von Ardenne, dort abgekürzt

«Prof. Dr. h. c. mult.», als «langjähriger Direktor des Forschungsinstituts ‹Manfred von Ardenne› in Dresden» vorgestellt. Der «honoris causa»-Multi wird DDR-offiziell als «Mitglied zahlreicher nationaler und internationaler wissenschaftlicher Gesellschaften und Inhaber von über 500 Patenten» bezeichnet. Die DDR-Agentur berichtet über die merkwürdige Wissenschaftler-Spezies ohne selbst erworbenen akademischen Titel, er beschäftige sich in den letzten Jahren verstärkt «mit Fragen der medizinischen Grundlagenforschung» – was immer das sein mag.

Manfred von Ardenne äußert naturwissenschaftlich-technische Perspektiven im Interview mit der Auslandspresseagentur, die den FEF-Leuten das Herz höher schlagen läßt: «Größte weltweite Anstrengungen werden notwendig sein, um das Traumziel – Kernfusion in industrieller Form – zu erreichen. Der Prozeß, von dem die Sonne ihre Energie bezieht, würde auf die Erde geholt werden. Schon heute läßt sich extrapolieren, daß die Anlagen der Kernfusion riesige Dimensionen haben werden, daß sie dann aber in ihrer Leistung zur Energieversorgung ganzer Kontinente ausreichen.»

In seiner Lobeshymne auf den sowjetischen Generalsekretär versucht er, die friedlichen Absichten der deutschen Atomphysiker zu beteuern: «Michail Gorbatschow sprach davon, daß das 20. Jahrhundert der Menschheit die Energie des Atoms geschenkt hat. Maßgeblich waren daran die deutschen Physiker Otto Hahn und Max Planck beteiligt. Ich erinnere mich noch deutlich der Gespräche, die ich mit ihnen 1940/41 führen durfte, und daran, wie sehr diese großen Forscher von der Sorge erfüllt waren, daß das Atom für menschenfeindliche Zwecke mißbraucht werden könnte. Ihr Ideal war stets die friedliche Anwendung der Kernenergie, und ich weiß aus meinen persönlichen Gesprächen, daß eine Welt ohne Atomwaffen ihr höchster Lebenswunsch war.»

Der rechtsextreme Autor David Irving schrieb 1967 in seinem Buch «Der Traum von der deutschen Atombombe» über den «Baron Manfred von Ardenne»: «Die akademischen Institute betrachteten das Auftauchen von Ardennes mit Argwohn und Mißgunst. Seine Ausbildung und seine Methoden waren nicht die orthodoxen. Er hatte in Berlin vier Semester lang Physik, Mathematik und Chemie studiert, aber er war kein promovierter Akademiker; und er gehörte nicht zu den hochangesehenen theoretischen Physikern aus der Gruppe um Heisenberg.» Irving weiter: «Anfang 1940 versuchte Baron Manfred von Ardenne [...], den Instrumenten- und Ausrüstungsspezialisten von Otto Hahn, Prof. Philipp, dazu zu überreden, daß er sich um eine Beihilfe für den Bau einiger großer ‹Atomumwandlungsanlagen› an

Göring wenden solle.» In David Irvings Buch wird auch darüber berichtet, wie von Ardenne den Reichspostminister um Forschungsgelder bat. «Er suchte Postminister Ohnesorge auf und erläuterte ihm in allgemeinen Ausdrücken, daß Hahns Entdeckung nun Uranbomben ermögliche.» Über die Qualität der Forschung von Ardennes läßt Irving keinen Zweifel: «Anfang 1945 besuchte Dr. Paul Rosbaud, der deutsche Naturwissenschaftler und Verräter, zum letztenmal Manfred von Ardennes Laboratorium in Berlin-Lichtenfelde. Nach den Bombenschäden, die es zwei Jahre vorher erlitten hatte, war es vollständig instand gesetzt worden; das großartig ausgestattete Laboratorium war nun unter die Erde verlegt und stark gegen Bombenschäden gesichert. Die Van-de-Graaff-Anlage, das Zyklotron und der Prototyp des elektromagnetischen Isotopentrenners gehörten zu den fortgeschrittensten Ausrüstungen in Deutschland.»

Nach dem Krieg und der Demontage der Anlagen durch die Sowjetunion setzte Manfred von Ardenne zusammen mit etlichen Kollegen seine Forschungsarbeiten in der Sowjetunion fort – ähnlich wie die Raketenforscher um Wernher von Braun, die ihr Know-how den Amerikanern – erfolgreich – zur Verfügung stellten.

In dem *Fusion*-Beitrag zu seinem 75. Geburtstag liest sich das so: «Nach Ende des Zweiten Weltkrieges teilte Ardenne das Schicksal der meisten deutschen fähigen Wissenschaftler: sie wurden von den Siegermächten mit Beschlag belegt. Ardenne ging für zehn Jahre in die Sowjetunion und baute dort unter hervorragenden persönlichen und technologischen Voraussetzungen das ‹Suchumi-Institut für elektronische Physik› auf. Er war maßgeblich an der Entwicklung einer Großanlage für magnetische Isotopentrennung beteiligt, entwickelte nebenher neuartige Ionenquellen, die heute unentbehrlicher Bestandteil der Forschung sind, und war bereits damals im Vorfeld der Plasma- und Fusionsforschung tätig. 1955 kehrte er hochgeehrt zurück nach Deutschland, in die DDR, und begründete das private ‹Forschungsinstitut Manfred von Ardenne› in Dresden – Weißer Hirsch.» Erwähnt wird dort, daß von Ardenne heute in seinem 500 Mitarbeiter zählenden «privaten» Institut, das schon zu Lebzeiten seinen Namen trägt, unter anderem Massenspektrographen entwickelt – Meßgeräte also, die für die Isotopentrennung bei der Urananreicherung notwendig sind, auch schon einer seiner Forschungsschwerpunkte vor 1945. Ohne Massenspektrometer keine Atombombe.

In einem Kommentar in der *Fusion* wird klar, warum die FEF-Kämpfer den h. c.-Baron von Ardenne derart bewundern. Unter der Überschrift «Wir brauchen eine Wissenschaftlerelite» wird von einem

Gespräch zwischen dem DDR-Forscher und dem Strahlenwaffen-Autor und *Fusion*-Redakteur Heinz Horeis am Rande des Kongresses für Elektronenmikroskopie in Hamburg am 20. August 1982 berichtet. Über von Ardenne kommentiert die *Fusion:* «Von Ardennes Forschungstätigkeit begann zu einer Zeit, als die Wissenschaft in Deutschland noch in voller Blüte stand und durch Planck, Einstein, Schrödinger u. a. repräsentiert wurde. Wie Manfred von Ardenne im ersten Teil des Gesprächs nachdrücklich klarmacht, ist es dringend erforderlich, an diese Tradition anzuknüpfen und die Bedingungen dafür zu schaffen, daß wieder wissenschaftliche Spitzenleistungen erbracht werden können.»

Zu den Dingen, die Manfred von Ardenne «zur Zeit besonders bewegen», gehört nach einem Beitrag in *Fusion* «das Problem der Selektion und Förderung von jungen Talenten mit dem Ziel, Spitzenkräfte zu schaffen und Höchstleistungen zu ermöglichen ...»

Zur ideologischen Abrundung veröffentlichte die *Fusion* noch einen Fachbeitrag von Ardennes – wohl mehr für das Dutzend Mediziner unter den Lesern gedacht: «Sauerstoff-Mehrschritt-Therapie bedeutet die Entdeckung eines Prozesses mit überraschend starker und anhaltender Steigerung des Sauerstofftransports in den gesamten Organismus.»

«Es gibt keine Grenzen des Wachstums – denn das Weltall ist unser siebter Kontinent!» – Solche Sprüche kommen bei LaRouche gut an. Kein Wunder, daß **Dr. Krafft A. Ehricke**, der Ex-Peenemünder und Mitentwickler der «V2»-Raketen, im Fusions-Energie-Forum und den übrigen LaRouche-Organisationen feurige Anhänger fand und sich in dieser Umgebung pudelwohl fühlte. Ehricke starb am 11. Dezember 1984. *Fusion* widmete ihm einen Nachruf: «... Wegen seiner festen Überzeugung, daß nur die menschliche Vernunft in Verbindung mit schöpferischem technischen Denken die Probleme auf der Erde lösen und eine Bevölkerung des Weltraums ermöglichen kann, sah er von Anfang an in der Arbeit des Fusions-Energie-Forum (FEF) das wichtigste Forum für seine Ideen ...» Auf die Mitwirkung Ehrickes an der «Wunderwaffe» Hitlers wies die *Fusion*-Redaktion selbst hin. Im Herbst 1981 hatte Ehricke für das FEF eine Vortragsreise durch die Bundesrepublik unternommen, bei der er in Aachen, Neckarwestheim, München und anderen Städten sprach. Originalton *Fusion:* «... Grüne Chaoten versuchten mehrere seiner Vortragsveranstaltungen zu sprengen. Dies und seine persönlichen Erfahrungen bei einer grünen Massendemonstration gegen die Startbahn West in Wiesbaden riefen in ihm traurige Erinnerungen an das Vorgehen der Nazis in den dreißiger Jahren wach ...»

Ehricke selbst formulierte seine Erfahrungen mit Anti-Atom-Aktivisten an den von ihm bei FEF-Vortragsreisen aufgesuchten Hochschulen anders: «Die Anpöbelungen an den Universitäten Aachen und Hamburg und an anderen Stellen, an denen ich 1981 als Gast der FEF über den ‹Extraterrestrischen Imperativ›, Weltraumentwicklung und fortgeschrittene friedliche Nutzung der Kernkraft sprach, und die Versuche an der Universität Aachen, die Türen des Lehrsaals, die von der Polizei beschützt werden mußten, einzuschlagen – diese Erlebnisse ‹geistiger› Auseinandersetzung stellen in meinen Erfahrungen der vergangenen Jahre allerdings ein einmaliges Tief dar ...» Ein «einmaliges Tief» also. Da sind ihm die netten Jungs von der FEF schon lieber: «Ich habe viele Diskussionen mit jungen Menschen in der amerikanischen und deutschen FEF gehabt. Sie sind rationaler und zivilisierter verlaufen, obwohl wir nicht in allem übereinstimmten, als mit Umweltfanatikern, Wachstumsgrenzlern und Kulturpessimisten, die Weltraumtechnik, Kerntechnik, Technik generell und jeden positiven, konstruktiven Ausblick auf die Zukunft angriffen und ihre Argumente meistens mit deprimierender Sachunkenntnis führten ...»

Ehricke war auch nach Peenemünde intensiv mit der Raketenforschung verbunden. In den USA arbeitete er an der Entwicklung der ersten Interkontinentalrakete «Atlas» mit sowie an der ersten Raumrakete der Welt, «Centaur», deren oberste Stufe mit einem Wasserstoff-Sauerstoff-Gemisch angetrieben wird. Neben von Braun und Debus war Ehricke somit eine wichtige Person in der Gruppe jener reichsdeutschen Raketenforscher, die ihre Dienste nahezu nahtlos der zivilen/militärischen Weltraumforschung in den USA zur Verfügung stellten.

Ehricke entwickelte seine Philosophie des unbegrenzten Wachstums durch technischen Fortschritt, des sogenannten «Extraterrestrischen Imperativs», in den sechziger Jahren. Wie Krafft Ehricke selbst ausführt, formulierte er seine Gedanken mindestens fünfzehn Jahre bevor er «von der FEF oder Herrn LaRouche überhaupt etwas wußte [...]. Da Herr LaRouche ebenfalls das Wachstum betont und die Bedeutung technischen Fortschritts erkennt, ergeben sich nun, viele Jahre später, Parallelen ...»

Wie Seifritz so schwärmte auch Ehricke von der Idee, durch unterirdische Kernexplosionen Energie zu erzeugen. Er favorisierte dies für die Anwendung auf dem Mond.

In seiner Ausgabe 6, 1985 startete die *Fusion* eine Serie über «Die Geschichte der Raketentechnik», die teilweise auf Beiträge der amerikanischen FEF-Mitarbeiterin Marsha Freemann zurückging. Ziel der Artikelserie war es, «jener Kampagne entgegenzuwirken, die zu Beginn dieses Jahres (also 1985, Anm. d. A.) in den Vereinigten Staaten gegen die ehemaligen ‹Peenemünder› lanciert wurde und sich vor allem auf Dr. Arthur Rudolph konzentrierte [...]». In der Bundesrepublik gerate die «deutsche Raketenforschung, die vor mehr als sechzig Jahren begann, [...] mehr und mehr in Vergessenheit – vor allem deshalb, weil das ‹Großprojekt› Peenemünde in den düstersten Abschnitt der deutschen Geschichte fiel».

Arthur Rudolph (79) war einer von den «Peenemündern». Nach dem Krieg war er in die USA «ausgewandert», besser gesagt, von den Amerikanern übernommen worden. Rudolph war maßgeblich an der Entwicklung der Saturn-5-Rakete beteiligt, die bei der Mondlandung amerikanischer Astronauten 1969 benutzt wurde.

1984 einigte sich der Raumfahrtexperte mit der US-Regierung, seine Staatsbürgerschaft zurückzugeben und in die Bundesrepublik zurückzukehren, nachdem das Justizministerium eine Untersuchung über seine Aktivitäten während der Nazi-Zeit begonnen hatte. Die *Fusion* schrieb über dieses feinfühlige Agreement: «Arthur Rudolph verließ im stillen die USA mit dem Ziel Bundesrepublik.»

Der Raketenbauer Rudolph war bis dahin ein in den USA hochgeehrter Mann. Doch die späten Untersuchungen über seine Aktivitäten in Nazi-Deutschland brachten Erschreckendes hervor. Die Deutsche Presse-Agentur meldete am 4. Oktober 1985 aus Washington: «Der deutsche Raketenexperte Arthur Rudolph (79) hat dem US-Justizministerium gestanden, er habe gewußt, daß bei der Entwicklung der V-2-Rakete während des Zweiten Weltkriegs Zwangsarbeiter in den unterirdischen Produktionsstätten im Harz an der schlechten Behandlung durch die Deutschen gestorben seien. Das geht aus Kopien der Verhörprotokolle Rudolphs hervor, die [...] vom Jüdischen Weltkongreß in Washington veröffentlicht wurden. Ein Sprecher des Justizministeriums bezeichnete die Kopien als korrekt.»

Die *Washington Post* kommentierte die Enthüllung: «Unter den dummen und schändlichen Entscheidungen, die von den Vereinigten Staaten zuweilen getroffen wurden, sind nur wenige noch anstößiger als die Rekrutierung von Nazi-Raketeningenieuren.» Dem langjährigen von-Braun-Mitarbeiter wurde nun öffentlich vorgeworfen, «Tausende von Zwangsarbeitern zu Tode geschunden zu haben». Als ehemaliger Produktionsleiter der unterirdischen V-2-Fabrik im Harz ließ er unterernährte Häftlinge des eigens dafür eingerichteten KZ Dora-

Nordhausen in den feuchten Stollen Zwölf-Stunden-Schichten schuften, um sein Raketensoll für die Kriegsproduktion zu schaffen.

Die Ermittler der Sonderabteilung des US-Justizministeriums für die Untersuchung von Nazi-Verbrechen (OSI) entdeckten auch, daß die Personalakten der Nazi-Wissenschaftler bei ihrer Einreise in die USA geschönt wurden. So war Rudolph nach einer Beurteilung vom Juni 1945 ein «hundertprozentiger Nazi, gefährlicher Typ und Sicherheitsrisiko». In einem «revidierten Sicherheitsbericht» vom September 1948 steht jedoch geschrieben, daß der am 1. Juni 1931 in die NSDAP eingetretene Ingenieur (Mitglieds-Nr. 562007) «kein glühender Nazi war» und bei einer Entnazifizierung «wahrscheinlich als Mitläufer» eingestuft worden wäre. In einem Kriegsverbrecherprozeß mußte Rudolph als Zeuge sogar eingestehen, daß er zwölf an einem Kran aufgehängte Kriegsgefangene bemerkt habe.

Die *Fusion*-Serie über «Die Geschichte der deutschen Raketentechnik» hat mit dieser Vergangenheit wenig Probleme: «Dennoch wurden in dieser Periode», so in der Einleitung, «unschätzbare Beiträge zur Raketentechnologie geleistet [...].»

«KGB-Hexenjagd auf amerikanische Wissenschaftler» überschrieb die *Fusion* ihr Editorial in der Nr. 3, 1985 zu Ehren des kurz zuvor aus den USA in die Bundesrepublik «heimgekehrten» Nazi-Raketenforschers Arthur Rudolph.

«Seit zwei Jahren schon sieht sich die Wissenschaftlergemeinschaft der Vereinigten Staaten ungeheuren Propaganda-Attacken ausgesetzt, die zu einem regelrechten gesellschaftlichen und juristischen Scherbengericht gegenüber den deutsch-amerikanischen Wissenschaftlern ausarten, unter denen sich einige der Spitzenwissenschaftler der NASA befinden. Diese Verleumdungskampagnen gegen sog. ‹Altnazis› nehmen vor allem herausragende Ingenieure und Wissenschaftler aufs Korn, die führend an amerikanischen Raumfahrtprogrammen mitgearbeitet haben. Der Fall Arthur Rudolph ist beispielhaft ...»

In der Sonderabteilung des Justizministeriums sieht *Fusion* – folgerichtig – eine «Gefahr für die nationale Sicherheit», begründet in der «Tatsache, daß diese Behörde ... als Kanal für Vorwürfe des KGB und Stasi gegen deutsch-amerikanische Wissenschaftler fungiert ...» Zielobjekt dieser ebenso geheimen wie gemeinen Verschwörung seien «über 500 deutsch-amerikanische Wissenschaftler» in den USA. Reporter des *Bulletin of Atomic Scientists,* der *New York Times* und der *Washington Post* werden als Helfershelfer enttarnt. Die Erklärung für diesen Rundumschlag wird nachgeliefert: «Das Fusions-Energie-Forum und LaRouche stehen besonders im Schußfeld ...»

Um den Kreis zu schließen, folgt der unvermeidliche Querverweis auf die Grünen, bei LaRouche mit Nazis gleichgestellt: «... Das OSI weigerte sich bisher, trotz erdrückenden Beweismaterials über die Nazi-Verbindungen und Aktivitäten der Grünen Partei, deren Anführer hier in der Bundesrepublik offen für ‹Bruder Hitler› geworben haben, etwas zu unternehmen. Ja, das OSI hat sich der aus Ostdeutschland unterstützten Grünen bei seinen Kampagnen gegen die deutsch-amerikanischen Wissenschaftler bedient. Wir kümmern uns nur um die ‹Altnazis›, hatte ein Sprecher auf die Frage erklärt, ob das OSI die Aktivitäten der Grünen Partei, vor allem die Aktivitäten Petra Kellys in den USA, untersuche ...»

5. «Frieden schaffen mit Strahlenwaffen»

«Seit 1979 setzte sich die Neue Solidarität *für die Entwicklung von Strahlenwaffen ein. Mit einem ‹crash-Programm› für Strahlenwaffen wird nicht nur die Erhaltung des Friedens gesichert, sondern eine noch nie dagewesene technologische, wissenschaftliche und wirtschaftliche Revolution eingeleitet.»*

(Aus einer Anzeige der *Neue Solidarität,* «für die Leute, die die Welt von oben betrachten»)

Weltraumspiegel

Die Träume des Hermann Oberth

Zwei Monate nach der deutschen Kapitulation, am 23. Juli 1945, erschien in der amerikanischen Illustrierten *Life* ein bebilderter Bericht über phantastische Waffenpläne deutscher Wissenschaftler, angebliche Raumstations- und Raumspiegelpläne. Der Bericht berief sich auf kurz zuvor beschlagnahmte deutsche Dokumente, die dieses Projekt den Peenemünder Raketenforschern um Wernher von Braun zuschrieben.

Der deutsche Raketentechniker Jesco von Puttkamer, der 1962 «einem Ruf Wernher von Brauns folgend» als Aero-Space-Technologe zur NASA ging, schreibt über diese Dokumente, sie seien «zweifellos Oberthscher Herkunft». Er meinte den Raketen-Pionier Hermann Oberth. Raumfahrtwissenschaftler von Puttkamer über das frühe «Star War»-Konzept: «Als städtezerstörende Waffe wäre ein solcher Spiegel allerdings nicht verwendbar, da eine Punktfokussierung physikalisch nicht möglich ist.» (Jesco von Puttkamer: Der zweite Tag der neuen Welt. Die Raumfahrt auf dem Weg ins 3. Jahrtausend, Frankfurt 1985)

Die Phantasie hat den Raketenforscher Hermann Oberth auch im hohen Alter nicht verlassen. Am 1. November 1985 titelte die *Frankfurter Allgemeine Zeitung*: «Riesige Spiegelsysteme im Weltraum». Seine alten Pläne ließ der 91jährige anläßlich des Starts der Challenger in Cape Canaveral wieder aufleben. Die *FAZ* berichtete: «Um das Jahr 2030 werde man beginnen, im Weltraum riesige Spiegelsysteme zu installieren. Diese ließen sich zunächst auf kleine Flächen richten, etwa um Großstädte zu beleuchten und Frostschäden zu verhindern. Im Laufe der nächsten zwei bis drei Jahrhunderte werde man durch immer größere Spiegelsysteme in der Lage sein, das Wetter umfassend zu beeinflussen: Zunächst könnten die arktischen Häfen eisfrei gehalten werden, später werde man die Tundra auftauen und die Sahara bewässern.»

Hermann Oberth wurde durch sein 1929 erschienenes Werk «Wege zur Raumschiffahrt» berühmt. In *Fusion* findet man daraus folgendes Zitat wiedergegeben: «Es ist auf der Welt nichts unmöglich, man muß nur die Mittel entdecken, mit denen es sich durchführen läßt.» Oberth gehört zu den Forschern, die vom FEF bejubelt werden.

Der Mann, der gerne alles möglich machen würde, hatte entscheidenden Anteil an der Entwicklung von Hitlers V-2-Rakete.

Während die Peenemünder «Wunderwaffe» in den letzten Kriegsmonaten 4500mal auf London, Südengland und Antwerpen abgeschossen wurde, plante er schon wieder eine neue Flugabwehrrakete. 1949 forschte er für die schweizerische Armee, dann für die italienische Kriegsmarine. Ab 1955 arbeitete er für die US-Armee und für die NASA. Wieder zurück in der Bundesrepublik, wurde er Mitglied der NPD, aus der er 1967 «wegen beruflicher Nachteile durch die Feinde der Partei in aller Freundschaft mit Herrn Thadden» austrat.

Hermann Oberth gilt als guter Freund des rechtsextremistischen «Hilfskomitees Südliches Afrika». Während sich seine Mitstreiter im Dienste Hitlers nach der vorzeitigen Beendigung des «Tausendjährigen Reiches» wenigstens verbal bemühten, den demokratischen Anschein zu wahren, blieb Oberth seiner Ideologie treu. Rückblickend erklärte er: «Ich hatte gehofft, eine Rakete zu finden, die den Schandvertrag von Versailles hätte zerschlagen können.» Dennoch wird Oberth in der Bundesrepublik reichlich offenherzig gefeiert. In der Bundeswehr-Zeitschrift *Soldat und Technik* wird der «Wegbereiter des Raketenbaues» unkritisch gewürdigt, in Feucht bei Nürnberg richtete man zu seinen Ehren ein «Hermann-Oberth-Museum» ein, und natürlich darf auch eine «Hermann-Oberth-Gesellschaft e. V.» nicht fehlen. Vom Bundesforschungsministerium sowie der Luft- und Raumfahrtindustrie gab und gibt es freundliche Hilfestellung für diesen Verein.

Nach Ansicht von Krafft Ehricke handelt es sich bei der Hermann-Oberth-Gesellschaft «um eine Organisation, die sich unter der hervorragenden und aufopfernden Leitung ihres Präsidenten Dr. A. F. Staats seit Ende des Krieges der Anerkennung der Bedeutung der Weltraumtechnik auch für Deutschlands Zukunft und der Anerkennung deutscher Pionierleistungen auf diesem und verwandten Gebieten widmet. Besondere Ehrung gebührt dabei Herrn Prof. Dr. Oberth, einem der ganz großen deutschen Ingenieure, Wissenschaftler und Denker dieses Jahrhunderts ...»

Die Organe dieses Vereins erinnern an Vergangenes. Neben Präsidium, erweitertem Präsidium und Kuratorium gibt es in der Hermann-Oberth-Gesellschaft auch «Auslandsgruppenleiter» und «Landesgruppenleiter». Solche Auslandsgruppen existieren für Australien, Brasilien, Dänemark, Frankreich, Griechenland, Italien, Polen, Schweiz, Südafrika und die USA. Als US-Residenten hat die Gesellschaft den in FEF-Kreisen allseits bekannten «Prof. Dr. phil. F. Winterberg, Reno, Nevada, USA». Kuratoriums-Vorsitzender ist Professor Dr. rer. nat. Horst Löb von der Universität Gießen, der sich ebenfalls intensiv mit der Anwendung der «Kernenergie im Weltraum» beschäftigt und vor dem LaRouche-Club of Life referierte.

In *Fusion* Nr. 5, 1981 kann man über eine Konferenz der Hermann-Oberth-Gesellschaft Näheres erfahren. Vom 1. bis 4. Oktober 1981 trafen sich zu «ihrem dreißigsten Jahreskongreß» die Oberth-Freunde in Garmisch-Partenkirchen. Das ihnen gemeinsame Anliegen: «die Erforschung und Erschließung des Weltraums». Das läßt die Herzen der FEF-Leute höher schlagen. Ihre Schlagzeile über dem Konferenz-Bericht: «Die Zukunft unserer Jugend!» – «Es kamen rund 200 Teilnehmer», berichtet die *Fusion*: «Vertreter der Industrie und Forschungsinstitute, Presse und Studenten sowie Veteranen aus der Raumfahrtentwicklung, zu denen natürlich auch Hermann Oberth zählt.»

Die Konferenz der Raketen-Liebhaber hatte ein besonders interessantes Tagungsthema: die Probleme der Raketenfirma OTRAG mit den Medien.

Die «Orbital Transport- und Raketen-Aktiengesellschaft» erlangte Ende der 70er Jahre traurige Berühmtheit als «Abschreibungsfirma». Sie warb mit bis zu 240 Prozent Verlustzuweisung bei Zeichnung von Anteilen und galt als beliebtes Anlageobjekt für Zahnärzte. Als Firmenzweck galt offiziell die Erforschung und Produktion sogenannter «Billigraketen», die aufgrund einfacher Technik (Scheibenwischermotor zur Steuerung) vor allem für ärmere Länder eine Alternative zur teuren NASA darstellen sollte. Für den Test ihrer Raketen hat die OTRAG in Zaire ein Testgebiet von der Größe des Staatsgebietes der DDR gepachtet. Der Pachtvertrag mit der Regierung Zaires über das Gelände in der Provinz Shaba lautet auf 99 Jahre und gibt der OTRAG sämtliche erdenklichen souveränen Nutzungs- und Territorialrechte – eine in der Nachkriegszeit wohl einmalige Konstruktion.

Aufmerksame Beobachter wie der frühere diplomatische Korrespondent der *New York Times,* Ted Szulc, bezeichneten, gestützt auf Geheimdienstquellen, OTRAG als ein Unternehmen der bundesdeutschen Rüstungsunternehmen Dornier, MBB und der damals noch selbständigen VFW-Fokker. Ziel sei keineswegs die Erprobung der unter Fachleuten belächelten «Billigraketen», sondern von Mittelstreckenraketen und Marschflugkörpern (Cruise-Missiles). Dafür spricht die Größe des von Zaire in der Provinz Shaba gepachteten Geländes von 100000 Quadratkilometer.

Für die Starts kommerzieller Forschungsraketen wäre ein solches Gelände nicht nötig gewesen, auch die von OTRAG in ihrem Startgebiet in Zaire mehrfach durchgeführten Evakuierungsmaßnahmen der dort lebenden Bevölkerung wären unnötig gewesen. Die Produktion solcher Raketen war der Bundesrepublik zum damaligen Zeitpunkt durch die – mittlerweile – außer Kraft gesetzten WEU-Bestimmungen verboten. Folglich mußte solch eine Entwicklung heimlich geschehen.

Im Umfeld der OTRAG und ihrer Vorgängergesellschaft finden sich etliche der bereits in Peenemünde aktiven Firmen und Wissenschaftler wieder. Mit dabei sind zum Beispiel Richard Gompertz, bis 1945 Triebwerkspezialist bei der V-2-Entwicklung in Peenemünde und später verantwortlich für die Saturn 1 B-Rakete der NASA, und Kurt H. Debus, ehemals Leiter der V-2-Raketenversuche und späterer Leiter des US-Raketenzentrums Cape Canaveral, beide also langjährige Kollegen von Hermann Oberth in Peenemünde und Florida.

Die Teilnehmer der Oberth-Konferenz in Garmisch konnten sich dem *Fusion*-Bericht zufolge aus erster Hand über die OTRAG informieren. Als Redner und Gesprächspartner nahm Frank Wukasch, der OTRAG-Präsident, teil.

LaRouche und die Generale

«Das Bundesministerium der Verteidigung sah sich auf Grund zuverlässiger Informationen veranlaßt, einen ihm nahestehenden Personenkreis auf bedenkenswerte Umstände der Gründung eines Schiller-Instituts in den USA hinzuweisen.»

Das schrieb Lothar Rühl, Staatssekretär im Bundesverteidigungsministerium am 3. August 1984 an den zwischenzeitlich verstorbenen Franz Hron, einen Unterstützer des Schiller-Instituts (SI). Es ist die Antwort auf einen Brief Hrons an den Verteidigungsminister vom 10. Juli. Lothar Rühl: «Er hat mich gebeten, Ihnen zu antworten.»

Es geht um eine Auseinandersetzung in der ehemals sozialdemokratischen, republikanischen Organisation «Reichsbanner Schwarz-Rot-Gold», die in der Nachkriegszeit einen politischen Radikalisierungsprozeß nach rechts vollzog. Franz Hron gehörte dem «Reichsbanner» an.

Staatssekretär Rühl verteidigte in seinem Brief an den SI-Aktivisten die distanzierte Haltung seines Ministeriums: «Brigadegeneral Dr. Genschel, Stabsabteilungsleiter Fü S 1, hat diese Information auch dem ihm persönlich bekannten stellvertretenden Bundesvorsitzenden des ‹Reichsbanner Schwarz-Rot-Gold›, Herrn Keiling, mitgeteilt. Diesem ist auch die mit Anschreiben und Unterschrift versehene kurze schriftliche Information des Fachreferates zugegangen. Die Art der Übermittlung dieser Information an Sie bitte ich mit Herrn Keiling zu besprechen.

Ich sehe keinen Anlaß, die Maßnahme der Stabsabteilung Fü S I zu kritisieren. Dabei schließe ich die Möglichkeit unterschiedlicher Interpretation von Informationen nicht aus.

Mit freundlichen Grüßen ...» unterzeichnet von Lothar Rühl.

Doch die LaRouche-Leute wollen es dabei nicht bewenden lassen. Am 1. Oktober 1984 schreibt Michael Liebig «im Auftrag des Vorstands» des Schiller-Instituts an General Genschel: «Wie uns mehrfach von zuverlässiger Seite mitgeteilt wurde, haben Sie sich in negativer bzw. teilweise obstruktiver Weise über die Ziele und die Arbeit des Schiller-Instituts geäußert.» Michael Liebig, Multi-Funktionär im deutschen Zweig der LaRouche-Organisation, mochte es dabei nicht bewenden lassen. Er schlug Brigadegeneral Dieter Genschel ein Gespräch vor, «um, soweit bei Ihnen tatsächlich Interesse besteht, offene Fragen zu klären».

Andere Militärs hatten jedoch weniger Berührungsängste. So durfte zum Beispiel in der Militärfachzeitschrift *Europäische Wehrkunde – Wehrwissenschaftliche Rundschau* ein Beitrag von Dr. Steven Bardwell, einem LaRouche-Mitarbeiter, erscheinen. Eingereiht unter Aufsätze von Bundeswehr-Obersten und von General von Senger, dem Oberbefehlshaber der Alliierten Streitkräfte Europa-Mitte, schrieb Bardwell über «Strahlenwaffen und die Reagan-Rede vom 23. März 1983». Die Bearbeitung dieses für die bundesdeutsche Verteidigungspolitik nicht gerade unwichtigen Themas durch einen LaRouche-Mann muß besonders überraschen, wenn man sich den offiziösen Charakter der *Europäischen Wehrkunde* vergegenwärtigt. Die Zeitschrift ist laut Impressum «Offizielles Organ und Pflichtblatt» der honorigen Gesellschaft für Wehrkunde e. V. und «offizielles Organ der Clausewitz-Gesellschaft e. V., des Arbeitskreises für Wehrforschung e. V. und der Gesellschaft für Sicherheitspolitik und Rüstungskontrolle e. V. Sie erscheint eigenen Angaben zufolge «unter ständiger Mitarbeit von Angehörigen der Führungsakademie der Bundeswehr».

Militärisches scheint ja die LaRouche-Leute besonders zu interessieren. Sie besuchen Militärfachtagungen und machen Interviews mit Rüstungsforschern. Sie publizieren in ihren Zeitschriften und Dossiers Beiträge von Militärwissenschaftlern aus dem Lawrence Livermoore Laboratory und veranstalten selbst militärpolitische Konferenzen, um Kontakte zu den Fachleuten aus den Streitkräften, der Rüstungsindustrie und militärischen Forschung aufzubauen. Sie stellen regelmäßig Anfragen im Bonner Verteidigungsministerium, legitimiert wie andere Fachjournalisten als Korrespondenten des *Executive Intelligence Review* oder anderer LaRouche-Publikationen.

Und sie haben es geschafft, etliche interessante Ex-Militärs für ihre Organisation zu gewinnen. So sind nicht nur in den USA, sondern auch in Europa ehemalige Generale bei den internationalen LaRouche-Konferenzen und in den LaRouche-Publikationen zu finden. Zum Beispiel Vizeadmiral a. D. Karl-Adolf Zenker (siehe Kapitel «Patrioten für Deutschland», Seite 38f). Oder der österreichische General a. D. Wilhelm Kuntner, der seit Jahren mit verteidigungspolitischen Vorträgen auf internationalen LaRouche-Veranstaltungen glänzt. Kuntner nahm im März 1986 in Stockholm an einer Veranstaltung des Schiller-Instituts teil, bei der auch ein skandinavienerfahrener deutscher Militär auftauchte: der pensionierte Konteradmiral Dr. Eberhard Noodt.

SI-Redner Noodt war früher Stabschef im Hauptquartier der NATO-Streitkräfte in Nordeuropa, das sich im norwegischen Kolsaas befindet. Der Ex-Konteradmiral wird bei den deutschen Streitkräften intern als politisch rechtslastig eingeschätzt.

Besonders beliebter Redner bei LaRouche-Konferenzen ist auch der französische Ex-General Marc Geneste, der als Vater der französischen Neutronenbombe gilt und bei den LaRouche-Leuten auch stets ganz stolz so vorgestellt wird. Auch Geneste ist in Frankreich einschlägig politisch bekannt: er ist Mitinitiator des «Commité pour la France et son armée».

Einen ganz besonderen Waffenliebhaber hält sich das Fusions-Energie-Forum. Ihr «Forschungsdirektor Dr. Uwe Parpart Henke», der sich auch schon mal «Uwe von Parpart», «Uwe Henke» oder einfach «Parpart» nennt, wird sogar mit seinen «Forschungsergebnissen» in dem angesehenen amerikanischen Militär-Fachblatt *Defense Daily* zitiert. «Henke» – wie wir ihn im folgenden nennen wollen – geht dem *Defense Daily*-Bericht zufolge davon aus, daß schon in zehn bis zwölf Jahren ein amerikanisches Strahlenwaffensystem im Weltraum stationiert werden könne, das die Vereinigten Staaten vor feindlichen Raketen schützen könnte. Die Kosten für dieses Projekt schätzt Henke auf lockere 100 Milliarden Dollar (*Defense Daily*, 14. April 1983).

Henke wird in dem Fachblatt als «1981er Absolvent einer westdeutschen Marineakademie» vorgestellt. Doch die Angaben zur Person halten einer Überprüfung nicht stand. Die Marineschule Flensburg-Mürwik hat Henke bereits 1961 als Leutnant zur See verlassen. An der University of Pennsylvania erwarb er zwar im Mai 1965 einen Magistergrad in Mathematik, eine Henke-Doktorarbeit existiert jedoch weder im bundesdeutschen noch im US-amerikanischen Promotionsregister.

Bei der Berichterstattung über ein NATO-Manöver gingen dem Seemann jedoch gewaltig die Pferde durch. Am 11. Dezember 1975 schrieb er, diesmal als «Uwe Parpart», auf der Titelseite der *Neuen Solidarität (NS)* den Aufmacher über das NATO-Manöver ‹Hilex 75›: «Keine Übung, sondern Wirklichkeit – Atomkrieg ist für Ende Januar angesetzt.»

In Sachen Schiller und Strahlenwaffen. Kundgebung des Schiller-Instituts 1985 in Bonn (Foto: Adolf Altgaßen)

Zwei Kollegen von Henke gingen auf dem schwierigen Feld der Militärpublizistik weniger reißerisch zur Sache.

Die LaRouche-Aktivisten Heinz Horeis und Michael Liebig, in zahlreichen Vereinigungen der Organisation in verantwortlichen Positionen sitzend, konnten ihre Star Wars-Pläne auch literarisch in die Fachgemeinde der Militärforscher bringen. Sie sind die Autoren eines Buches mit dem Titel «Strahlenwaffen – Militärstrategie im Umbruch», das in dem Münchener «Verlag für Wehrwissenschaften» erschien. Nicht nur in LaRouche-Publikationen, auch in der offiziösen Zeitschrift *Soldat und Technik* wurde für das Werk der LaRouche-Männer geworben. Der im Dezember 1980 gegründete «Verlag für Wehrwissenschaften wVw GmbH» gehört dem Diplom-Ingenieur Dr. Wolfgang Bergt. Der wVw-Verleger ist Mitglied der Deutschen Gesellschaft für Wehrtechnik e. V. und bezeichnet sich selbst als «Berater der Bundesregierung». Doch das Verteidigungsministerium teilte auf Anfrage mit: «Von einer Beratertätigkeit eines Herrn Dr. Wolfgang Bergt ist hier nichts bekannt.»

Auch sonst ist Dr. Bergt sehr gesprächig. Am Telefon erzählte er von «besten Kontakten zum National Security-Büro» in den Vereinigten Staaten. Zu der Zeitschrift *Fusion* hat er ein zwiespältiges Verhältnis: «Ich bin gehalten, diese Zeitschrift zu lesen» – wegen der nuklearphysikalischen Berichte. Doch vieles darin hält er für «puren Unsinn». Die Publikation sei «in weiten Teilen schlecht». Doch das war kein Grund für Zweifel an den beiden Autoren und *Fusion*-Mitarbeitern Horeis und Liebig. «Die Autoren sind auf mich zugekommen und haben das Manuskript angeboten», erzählt der Militär-Verleger. Die Erstausgabe des Buches, die bereits in den USA erschien, sei ihm damals schon bekannt gewesen. Politische Bedenken hatte Wolfgang Bergt bei der Edierung offensichtlich nicht. Was die beiden Autoren in dem Buch geschrieben hätten, sei «vernünftig».

Das Strahlenwaffen-Thema liegt den LaRouches besonders am Herzen. So wurde am 23. November 1982, fünf Monate vor Reagans Star Wars-Rede, nach Bonn in das noble Hotel Bristol zum Seminar über «Strahlenwaffen – Technologie und strategische Bedeutung» eingeladen. Als Veranstalter fungierte diesmal die *Executive Intelligence Review* aus Wiesbaden. Angehörige der Wirtschaft und der Bundeswehr, die Militärattachés der in Bonn vertretenen Länder, selbstverständlich auch das Verteidigungsministerium und einige Fachjournalisten wurden eingeladen. 30 Mark Eintritt mußten die Besucher als Teilnehmerbeitrag entrichten. Immerhin, ein sowjetischer Kapitän zur See und ein französischer Offizier folgten der Einladung. Doch die bundesdeutschen Militärs verhielten sich zurückhaltender. «Lediglich vorgewarnte oder skeptische Bundeswehrbeobachter, die nicht von der Hardthöhe stammten», so analysierte der verteidigungspolitische Fachredakteur Ulrich Mackensen von der *Frankfurter Rundschau* vorsichtig charakterisierend die Teilnehmer aus der Bundesrepublik.

Mackensen schilderte auch die Ursache für das zurückhaltende Interesse der sonst am Thema sicherlich eifrig interessierten Fachleute: ein regierungsinternes Papier vom Frühjahr 1982 nämlich, «das sich mit Unternehmungen der mehr als obskuren ‹Europäischen Arbeiter Partei› beschäftigt und in dem mehrere Organisationen oder Firmen aufgezählt sind, hinter denen sich diese einflußschwache, aber finanzstarke Gruppe verbirgt». Mackensen zitierte aus dem Papier: «Unter all diesen Bezeichnungen [...] hätten sich Personen um Kontakte mit Behörden, Polizeidienststellen und Politikern bemüht und dies damit begründet, daß sie wichtige Informationen über illegale Waffengeschäfte, Rauschgiftschmuggel, bevorstehende terroristische Aktivitäten und mehr anzubieten hätten.» Die angekündigten Informationen hätten einer Nachprüfung jedoch nicht standgehalten.

6. Konspirative Verbindungen

«Sicherheitsrelevante Erkenntnisse über die EAP liegen der Bundesregierung nicht vor.»

Staatssekretär Dietrich Spranger
am 3. Oktober 1984 im Bundestag

«Ebenso wie der Bundesregierung liegen auch der Landesregierung sicherheitsrelevante Erkenntnisse über die EAP nicht vor.»

Der hessische Innenminister Horst Winterstein
im Landtag, 20. Dezember 1984

«Keine sicherheitsrelevanten Erkenntnisse»

Antwort der Bundesregierung vom 29. März 1985
auf eine Kleine Anfrage der Grünen

LaRouches vertrauliche Freunde

Ein Publikationsorgan ganz besonderer Art gehört zu den besten LaRouche-Freunden in der Bundesrepublik. Was in Tunesien die Parteizeitung für die LaRouches leistet, betreibt hierzulande unter anderem der Informationsdienst *Vertrauliche Mitteilungen aus Politik und Wirtschaft,* gegründet von dem mittlerweile verstorbenen CDU-Abgeordneten Artur Missbach. Fünfmal monatlich erscheint Missbachs Vermächtnis. Der am rechten Rand der Unionsparteien operierende Publizist gründete seinen Informationsdienst 1951.

Nach Auskunft der Geschäftsführerin Christel Hochheuser betrug die Auflagenhöhe des stramm rechten Dienstes Anfang 1986 rund 85000 «vertrauliche» Exemplare. Für 14 Mark im Monat erfahren die Leser, daß die südafrikanische Befreiungsbewegung ANC im militärischen Bereich von dem «russischen Juden» Joe Slovo geleitet wird und daß «der viel zu große Mikrowellensmog ein gerütteltes Maß der Schuld an Erkrankungen der Menschen trägt». Dazu gibt es jede Menge wahre oder auch nicht nachprüfbare Horrormeldungen, meist aus der nichtkapitalistischen Welt. Für den Steuerflüchtling in spe bietet der beigelegte «Exklusiv-Dienst» *Kontakt* wertvolle Anlagemöglichkeiten, beispielsweise in paraguayischen Ländereien. Aber auch sehr viele Immobilien in deutschen Landen wechseln den Besitzer via *Kontakt.* Auch die – nicht gerade für jeden Bürger notwendigen Personenschutz- und Sicherheitseinrichtungen werden in der *Kontakt*-Börse feilgeboten: Nachtsichtgeräte, Abhöreinrichtungen, Minisender- und Mikrofone, weitreichende Richtmikrofone, Decodiereinrichtungen usw... Rückschlüsse auf die werte Leserschaft sind durchaus gestattet. Die *Vertraulichen Mitteilungen* liefern für diese Klientel die dazu passenden politischen Analysen. Vor den niedersächsischen Landtagswahlen bat der Verlag seine Leserschaft um Unterstützung in seiner so notwendigen «staatspolitischen Aufklärungsarbeit. JETZT. Nach dem 15. Juni könnte es zu spät sein.»

Nicht nur die politische Panikmache und Untergangsstimmung erinnert an die LaRouche-Organisation. Auch in der gebetsmühlenartigen Kritik an den Machenschaften des «Ostküstenestablishments» liegen Missbachs Erben auf Linie. Aus den LaRouche-Publikationen wird sogar kräftig zitiert. In der Ausgabe 2524 wurde unter Bezug auf die *EIR* für den großen US-Politiker LaRouche geworben: «Gott behüte uns vor einem Wahlsieg Mondales [...]. Europa muß sich mehr um die führenden Kreise Amerikas kümmern, damit die Bundys, Kissingers und Sonnenfelds nicht das Heft in die Hand bekommen. Nur Reagan und der rechte Flügel der Demokraten (Lyndon LaRouche) sind akzeptabel.»

In der *Vertraulichen*-Nummer-2582 wurden die Leser auf die *Neue Solidarität* vom 19. September 1985 als Quelle verwiesen und vor dem Lieblingsgegner LaRouches, dem Internationalen Währungsfond (IWF), gewarnt: «Waffen des IWF: Coups und geplanter Bankenkollaps». Am 13. März 1986 erfuhr man aus dem Informationsdienst für das rechte Weltbild, einer der «großen privaten Informationsdienste Amerikas (EIR)» habe bekanntgegeben, daß «die in Punta del Este versammelten Außen- und Finanzminister von elf iberoamerikanischen Schuldnernationen (Cargagena-Gruppe) eine geheime Vereinbarung getroffen haben, einen Schuldnerclub gegen den Internationalen Währungsfonds zu bilden». Heftig wird auch vor «trilateralen Sympathien» gewarnt. Und die bundesdeutschen Christdemokraten kriegen auch ihr Fett weg. In «Selbstüberschätzung» habe die CDU «das parteipolitische Auffangbecken rechts von der CDU zerschlagen».

Ganz «vertraulich» verbreitet der Informationsdienst mit Sympathien für die Wähler rechts der Union in fast jeder Ausgabe die bekannten LaRouche-Theorien und -Ideen. Über die Gegner und Freunde sind sich Missbachs Nachfolger mit den Medien des LaRouche-Clans einig.

Zu den ebenso verläßlichen Gesinnungsfreunden Lyndon H. LaRouches darf sicherlich Ekkehard Franke-Gricksch gezählt werden. Seit acht Jahren ist er Herausgeber des «zeitkritischen Magazins» *Diagnosen*, dessen Name bis Juni 1979 «Gesunde Medizin» lautete und als Unterzeile die Begriffe «Umwelt–Soziales–Gesundheit» führte. Nicht nur der Titel hat sich geändert. Auch die Autorenschaft reicht, über mehrere Jahre verteilt, von Petra K. Kelly bis Lyndon H. LaRouche jr.

Im November 1978 warnte die *Gesunde Medizin* vor der «Unfähigkeit des Managements in Brunsbüttel», der Aufmacher lautete: «Politiker rechnen mit Katastrophen durch die Kernenergie.» Im Heft vertrat die damalige Verwaltungsrätin bei der EG, Petra K. Kelly, ihren Standpunkt: «Die Zukunft gehört der Güte (Zitat Bertha v. Suttner).» Petra Kelly ergänzte: «Die Männer an der Macht haben die Welt an einen Punkt gebracht, wo die Lebensgrundlagen aller Menschen bedroht sind [...]. Gifte und Radioaktivität in Nahrung, Luft und Wasser, im Mutterleib sowie in der Muttermilch ... sind das Resultat der patriarchalen Wissenschaft – die Gesetze der Natur erforscht, um sie zu beherrschen ...» Das ursprüngliche Impressum mit einem umfänglichen Redaktionsbeirat bestehend aus Hochschulprofessoren und Klinikleitern, schrumpfte innerhalb einiger Jahre von neun auf drei Namen zusammen, ehe es völlig verschwand. Übrig blieb Ekkehard Franke-Gricksch und sein Redakteur Gunther Burkhardt.

Spätestens im April 1983 war auch der Wandel von Kelly zu La Rouche vollzogen. Letzterer ließ seinem Haß gegen Henry Kissinger freien Lauf. In seinem zweiseitigen Beitrag geißelte LaRouche sämtliche seiner Lieblingsgegner – angefangen bei England über den «Club of Rome» bis zu Kissinger. In späteren Ausgaben wird LaRouche zitiert. So heißt es im Oktober 1983 unter der Überschrift «Terrorismus – Ächtung des libyschen Diktators»: «Der Vorsitzende des ‹National Democratic Policy Committee› der Vereinigten Staaten, Lyndon LaRouche, veröffentlichte einen Aufruf gegen den libyschen Diktator Muammar al Gaddafi, der an die Länder der Europäischen Gemeinschaft, die Vereinigten Staaten und die Mitglieder der OAU gerichtet war und zu einem Embargo Libyens aufforderte ...» Ihm galten damals die «kürzlichen Angriffe Libyens gegen Tschad und die Beteiligung libyscher Truppen bei den syrischen Operationen gegen arafattreue Kräfte ...» als Begründung.

Andere Autoren äußerten sich in *Diagnosen* über «Faschismus: Rockefellers CIA» oder warnten vor dem Einfluß der «Trilateralen» – Spezialthemen, aufgemacht und in der Ausrichtung mit Beiträgen der *Neuen Solidarität* vielfach identisch beziehungsweise inhaltsgleich.

In der Rubrik «Vertrauliches» wird der *Diagnosen*-Leser über altbekannte LaRouche-Themen aufgeklärt: «Zionismus», David Rokkefeller, «Satanismus», Perus Schuldenpolitik, AIDS, Mossad, «Moskaus Kritik an Olof Palme» – eine kleine Auswahl aus der Juli-Ausgabe 1986. Das Heft ist mit LaRouches Verschwörungstheorie geradezu vollgepfropft. Im Editorial schreibt der Herausgeber Ekkehard Franke-Gricksch über den «Holocaust-Schwindel». Der Autor Victor Marchetti, 1974 bekannt geworden mit der Veröffentlichung seiner Erfahrungen als CIA-Beamter, lieferte einen Aufsatz zur Affäre um den österreichischen Präsidenten Kurt Waldheim: «Neues Ziel im Holocaust-Geschäft». Auf der folgenden Seite darf der Autor Charles M. Fischbein nochmals zum «Holocaust-Geschäft» schreiben: «Jagd auf Senioren».

Marchetti füllte das Magazin fast alleine mit seinen Beiträgen, sieben gehen auf sein Konto. Der Rest ist von wenigen, immer wieder veröffentlichten Autoren aufgefüllt. Der Herausgeber scheut sich auch nicht, dem Leser seine Spezialthemen x-mal, in immer neuen Versionen und Aspekten vorzutragen. Die «Trilateralen», die «Bilderberger» und Libyens Gaddafi sind die alles beherrschenden Themen. Vielleicht liegt dies daran, daß die *Diagnosen* eine «Vereinbarung über die redaktionelle Zusammenarbeit mit der amerikanischen Zeitschrift *The Spotlight*» hat, wie im Impressum vermerkt ist. «Im Rahmen dieses Abkommens werden eine Reihe nationaler und internationaler Beiträge übernommen und in die deutsche Sprache übertragen.» Die «populistische» Wochenzeitschrift aus Washington wird von der «Cordite Fidelity Corporation» herausgegeben.

Der *Diagnosen*-Verlag hat seinen Sitz in Leonberg, gedruckt wird das Magazin in der Schweiz. Der Verlag gibt an, daß das Heft monatlich an etwa 7000 Verkaufsstellen in der Bundesrepublik angeboten wird. «Die Zeitschrift mit dem Vogel Phönix als Symbol» verweist ganz stolz auf ihren «weltweiten Mitarbeiterstab».

Aber auch auf einschlägig bekannte Quellen aus der Bundesrepublik wird zurückgegriffen, zum Beispiel auf Artur Missbachs *Vertrauliche Mitteilungen*.

Zu den wenigen Anzeigenkunden bei *Diagnosen* gehört der rechtsextreme ‹Grabert-Verlag› aus Tübingen, in dem sich Autoren wie Professor Robert Hepp Gedanken über ein scheinbar drohendes «Deutschland ohne Deutsche» machen. Auffällig viele der rar gestreuten Anzeigen kommen aus dem Münchener Raum. So wirbt zum Beispiel eine «Bioplasma Forschung DBF Vertriebs GmbH» aus dem Münchener Arabella-Haus für die «AFONOVA Strahlenschutz-, Antirheuma- und Absorberdecke». Das Produkt aus «Dr. Oberbachs Bioplasma-Forschung» hilft gegen «rätselhaftes Unwohlsein»: «Strahlungseinflüsse können die Ursache sein!»

Gegen die Strahlenangst kann auch der Anzeigenkunde mit dem vielsagenden Namen «Countdown Society» aus Strotzbüsch in der Eifel helfen. Zur «Katastrophenvorsorge» bietet die Company Strahlenmeßgeräte für 1200 Mark, Formaldehydprüfgeräte und Milchpulver an – «vor Tschernobyl abgepackt».

Die ‹Countdown Society› ist überdies bekannt als Vertriebsgesellschaft eines rechtslastigen Nachrichtendienstes, der *Politischen Hintergrund-Informationen*. Mit Londoner Registriernummer versehen, erscheint *PHI* zweimal monatlich, mit dem Vertrieb im kleinen Eifelort Strotzbüsch sowie im schweizerischen Bottmingen. Für 24 Ausgaben mit jeweils 12 bis 14 Seiten zahlt der Abonnent stolze 140 Mark.

In einem Werbesonderdruck kurz vor der niedersächsischen Landtagswahl polemisierte der Nachrichtendienst gegen die ‹Patrioten›: «Wölfe im Schafspelz bei der niedersächsischen Landtagswahl – Die Parteizentrale der ‹Patrioten für Deutschland› befindet sich in den USA, und vor einigen Jahren war ihnen Willy Brandt noch zu antikommunistisch.»

Vor der Wahl der Patrioten «wird gewarnt». Sie betrieben, so *PHI* «mit ihrer Eigenbezeichnung noch einen weitaus größeren Etikettenschwindel als die CDU mit ihrem ‹C›, welches für christlich stehen soll».

Auf drei engbeschriebenen DIN-A 4-Schreibmaschinen-Seiten vermittelte *PHI* einen Schnellkurs in Sachen Aufbau und Struktur des LaRouche-Organisationen. Letztendlich erscheinen den unbekannten Herausgebern die deutschen Patrioten zu US-amerikanisch – und deshalb nicht wählbar. Empfohlen wurde statt dessen das Kreuzchen bei den ‹WEISSEN›. Zitat: «Den Gastarbeitern soll der Weg zurück in ihre Heimat geebnet werden ...»

«Absolut überdurchschnittliche Renditen» verspricht die «Global Marktinvestigation and Venture Capitol (sic!) Consultant Company Ltd. AG» mit Sitz im Fürstentum Liechtenstein. «Diskretion» ist dabei selbstverständlich.

Ein ganz heißer Tip ist die Broschüre «Herz und Kreislauf wirksam schützen», die von der «Duopharm GmbH» kostenlos angefordert werden kann, Postkarte genügt an: «Abt. DG Postfach, 8023 Pullach».

So amüsant die *Diagnosen*-Inserate auch sind, eine Finanzierung des 80seitigen Monatsblattes über diese wenigen Anzeigenkunden erscheint unwahrscheinlich. Das Heft liegt als Lektüre für Gelangweilte in zahlreichen Ärzte-Wartezimmern aus und dürfte dort einen relativ breiten Leserkreis erreichen.

Wer auch seine Freunde mit Nachrichten über Trilateralismus, Zionismus und die Bilderberger beglücken will, erhält für die Abo-Werbung zum Einstieg gleich ein Buch über «Satans neues Testament». Das im *Diagnosen*-Verlag publizierte Werk von Des Griffin hat den vielversprechenden Titel: «Wer regiert die Welt?» Laut Verlagsankündigung wird der Leser über eine «massive Verschwörung» informiert – «einer ‹verborgenen Hand›, einer ‹geheimen Kraft›, die die Nationen der Erde in den endgültigen Zusammenbruch führt, damit eine gottlose, totalitäre ‹Weltherrschaft› errichtet und rücksichtslos durchgesetzt werden kann».

Eine typische Schlagzeile in der *Neuen Solidarität*, vom 12. Februar 1975: «Die Rockefeller-Nazi-Achse 1929–45». Der erste Absatz der mehrseitigen Serie beginnt mit den bekannten Spinnereien: «Der Nachrichtendienst des NCLC hat eindeutig ermittelt, daß die nunmehr auseinanderbröckelnden Bestrebungen der Rockefellergruppe, ein Viertes Weltreich zu errichten, auf früheren Erfahrungen beim Aufbau und der Erhaltung eines ähnlichen ‹gesellschaftlichen Experiments› beruhen – dem nationalsozialistischen Deutschland. Die derzeitigen Rockefellerschen Bemühungen um eine faschistische Neuordnung sind also nur ein zweiter Aufguß.»

Weiterlesen lohnt sich nicht mehr – das dürfte die einhellige Haltung jedes klar denkenden Lesers sein.

Doch hinter der verwirrenden Fassade steht durchaus Interessantes, das zu lesen sich durchaus lohnen mag: Fakten und Detailinformationen über Personen, Hintergründe und Zusammenhänge.

So verbirgt sich hinter der Rockefeller-Schlagzeile ein detailliert recherchierter Beitrag über die – damals tatsächlich existierende – Zusammenarbeit zwischen der amerikanischen Standard Oil und dem IG Farben-Konzern im Nazi-Deutschland. Diese Verbindung ist jetzt Gegenstand jüngerer Untersuchungen von amerikanischen Publizisten und Wissenschaftlern, die anhand der durch den Freedom of Information Act freigegebenen Dokumente und Akten über das «Geschäft mit dem Feind» (Buchtitel) recherchieren. Also ein durchaus seriöses, wenn auch noch stark im verborgenen liegendes, zeitgeschichtliches Thema. Die LaRouches konstruieren zwar aus den ihnen bekannten Daten und Fakten die üblichen Verschwörungstheorien, allerdings: die Daten und Fakten stimmen im wesentlichen. Der Leser muß nur die Spinnereien ausscheiden.

Der *Deutsche Informationsdienst (DID)*, ein versierter Beobachter extremistischer Gruppen im Staatsschützer-Stil, macht in einer Analyse auf diese Eigenart von LaRouche-Publikationen aufmerksam: «In EAP-Seminaren- und Schriften (z. B. *Spuren und Motive*) werden Wahrheit, Halbwahrheit mit Vermutungen und Unterstellungen (die bis zu politischen Verleumdungen reichen) gemischt. Für einen politisch Uninformierten ist diese Praxis nicht sofort zu durchschauen.»

«Keine sicherheitsrelevanten Erkenntnisse»

Das Verhalten der Verfassungsschutzbehörden und Innenpolitiker

«Informationen werden gesammelt und Fehlinformationen herausgegeben. Die Idee ist, den sowjetischen Absichten in den Vereinigten Staaten damit gut zu dienen, indem man einen ‹falschen Gegner› gegen die traditionell pro-sowjetische Communist-Party USA hat, der einerseits manipuliert werden kann, und andere linksradikale Gruppen anzugreifen und andererseits Warnungen über ‹faschistische Bedrohungen› ankurbelt.» Die rechtskonservative US-Stiftung ‹Heritage-Foundation› kommt in ihrer politischen Analyse einer «der aktivsten und oft verwirrenden Organisation der heutigen politischen Randszene der Vereinigten Staaten» zu der Vermutung, «mögliche ausländische kommunistische Verbindungen» stünden hinter der LaRouche-Organisation.

An Spekulationen über nachrichtendienstliche Hintergründe der LaRouche-Truppe mangelt es nicht. Schließlich wirft die Organisation hinreichend Fragen in dieser Richtung auf: ihre merkwürdige Informationsarbeit zwischen Desinformation und Hintergrund-Lieferungen, ihre Methoden der Informationsbeschaffung bei Militärs, Politikern und Wissenschaftlern, ihre äußerst großzügige finanzielle Ausstattung, ihre konspirative, abgeschottete Organisationsstruktur.

Alle mit ihr in Kontakt gekommenen Politiker steuern eine andere Version bei. Klaus-Henning Rosen, ehemals vorgeschlagen für den Stellvertreter-Posten im Bundesamt für Verfassungsschutz (BfV) und Leiter des Parlaments-Büros von Willy Brandt, glaubt, daß mit der Europäischen Arbeiterpartei «von einem westlichen Geheimdienst systematisch Desinformation betrieben» wird. Robert Steigerwald, Mitglied im Parteivorstand der DKP, zitiert in der Parteipostille *UZ* eine Aussage des ehemaligen CIA-Direktors William Colby, wonach der CIA jährlich 90000 Dollar in die Wochenzeitung *New*

Solidarity stecke und die Kader der LaRouche-Komitees zu 80 Prozent aus CIA- und FBI-Leuten bestünden.

Norman Bailey, ehemals hoher Beamter im Nationalen Sicherheitsrat der Vereinigten Staaten, erzählte in einem Interview mit der US-Fernsehgesellschaft NBC, LaRouche besitze «einen der besten privaten Nachrichtendienste der Welt».

Und die schon erwähnte Heritage-Foundation behauptet unter Bezug auf «eine rechte Quelle», daß die LaRouche-«Arbeiterkomitees» der siebziger Jahre, die ‹National Caucus of Labor Committees› (NCLC), «jede Art von Informationen sammelten, für die sie selbst keine Verwendung hatten» – Informationen, die «in erster Linie für die Ostdeutschen nützlich sind».

Nun ist es schwer vorstellbar, daß eine multinationale Organisation mit den größten Zentren in den USA und der Bundesrepublik in fast einem Dutzend westlichen Ländern über mehr als ein Jahrzehnt hinweg mit diversen Tarnorganisationen mehr oder weniger offen «spioniert» beziehungsweise sonstige Geschäfte eines Geheimdienstes des Ostblocks betreibt – sei es der KGB, sei es der «Stasi» –, ohne von den Abwehr-Spezialisten dieser Länder entdeckt oder davongejagt zu werden. Diese Vermutung würde nahelegen, daß die Abteilungen für Spionageabwehr und Gegenspionage in den größten Ländern der befreundeten westlichen Welt geheimdienstliche Aktivitäten von immerhin einigen hundert Personen nicht aufdecken könnten – eine politisch sehr naive Spekulation.

Viel interessanter scheint da schon die Annahme, die selbst aus Kreisen der westlichen Dienste geäußert wird, daß es sich hier um das Spiel einer mehr oder weniger «privaten» nachrichtendienstlichen Organisation handelt, möglicherweise einer aus politischen Gründen abgespaltenen Seilschaft aus westlichen Dienstlern, die ihr politisches Geschäft nicht zufriedenstellend innerhalb ihrer eigenen Nachrichtendienste durchsetzen können: vielleicht ein Produkt interner Fraktionskämpfe oder der Versuch, spezifische Aufgaben außerhalb des großen offiziellen Netzes durchzuführen.

Nur so wäre zu erklären – wenn es sich denn um eine solche Arbeit handeln sollte –, warum die Sicherheitsbehörden in den Operationsländern der LaRouche-Organisation nur halbherzig oder überhaupt nicht reagieren: denn Aktivitäten der Nachrichtendienste auf dem Territorium befreundeter Dienste oder Staaten sind nicht erlaubt.

Ein Bericht des Bundesinnenministeriums bezeichnete 1975, zusammenfassend veröffentlicht in der Ministeriumspublikation ‹Innere Sicherheit›, die seit 1973 in der Bundesrepublik operierende La Rouche-Organisation als eine «sektenartige Bewegung», «eine häufig überschätzte, in Wirklichkeit unbedeutende politische Sekte». Dies blieb im wesentlichen bis auf den heutigen Tag die Grundlinie der offiziellen Erklärungen der Bundes- und Landesregierungen. Damals konnte das Innenministerium noch eine «moskaufreundliche Linie» ausmachen, die mit der abrupten Wendung der LaRouche-Leute hin zu rechtskonservativer, teilweise extremistischer Ideologie seit 1975 nicht mehr erkennbar ist. Um so sparsamer wurden auch die regierungsoffiziellen Äußerungen.

1975 ließ Bundesinnenminister Werner Maihofer die «European Labor Committees» (ELC) und die EAP im Kapitel «Linksextremistische Bestrebungen» als eine Bewegung mit «verworrener politischer Konzeption» darstellen: «Sie schlügen jedoch 1975 zunehmend eine prosowjetische Linie ein.» Erwähnt wird in dem Bericht auch der «Internationale Stab» in Wiesbaden mit «rund 20 Mitarbeitern» und Büros in dreizehn Städten. Als «führende deutsche ELC/ EAP-Mitglieder» wurden «Helga Zepp-Ljustina, Anno Hellenbroich und Dr. med. Rolf Pauls» genannt.

Nicht ohne Brisanz ist die in diesem Verfassungsschutzbericht niedergeschriebene Feststellung, daß die Korrespondenten der damaligen LaRouche-Nachrichtenagentur «International Press Service» (IPS) «häufig Persönlichkeiten des öffentlichen Lebens» aufsuchten, «um sie über sicherheitspolitische Fragen zu interviewen und über Rockefeller-Agenten aufzuklären».

Man stelle sich vor, andere im Bericht erwähnte Extremisten-Gruppen, wie zum Beispiel der ‹Kommunistische Bund Westdeutschland› (KBW) oder der ‹Arbeiterbund für den Wiederaufbau der KPD› (AB), hätte solche Aktivitäten entfaltet ...

1976 erschien der Verfassungsschutzbericht mit nahezu unveränderten Angaben: «Ihre politischen Aussagen sind weiterhin verworren.» Als führende Mitglieder wurden wieder die drei bis heute an der Spitze der Organisation arbeitenden LaRouche-Leute aufgeführt. Bei ihrer Agitation seien «führende demokratische Repräsentanten der Bundesrepublik Deutschland verunglimpft» worden. Auch die Zahl der bei der Bundestagswahl erzielten Stimmen wurde festgehalten: ganze 6811 Zweitstimmen. Die Folgerung des Innenministers: «politisch isoliert».

Seit Ende der siebziger Jahre wurden keine umfangreichen Berichte mehr über die LaRouche-Organisation abgegeben. Die Bundesregierung wurde erstaunlich einsilbig.

Bis zum 30. Dezember 1979 war die EAP Beobachtungsobjekt des Verfassungsschutzes. Gegen die Aufhebung als Observierungsobjekt stimmte damals allein das Land Niedersachsen. Seitdem wird regelmäßig geprüft, ob die Beobachtung wiederaufgenommen werden soll. Dies wurde bisher immer negativ entschieden. Eine solche Überprüfung «unter dem Gesichtspunkt ‹Rechtsextremismus›» sei 1980 «negativ» verlaufen, erklärte der Präsident des Bundesamtes für Verfassungsschutz, Heribert Hellenbroich, 1984 dem *Spiegel*, weil «dieser Gruppe der übersteigerte Nationalismus fehlt». In einem internen BfV-Papier wird die EAP als «wirr» bezeichnet. Eine eindeutige «Einordnung zum links- oder rechtsextremistischen Lager» sei nicht möglich. Auch die Landesinnenminister verfolgen seitdem diese Einschätzung. Im Mai 1982 erklärte das baden-württembergische Innenministerium, die Gruppe vertrete «eine überaus verworrene und ständig wechselnde Ideologie, die eine klare Zuordnung unmöglich macht».

1983 und 1984 hatte der Verfassungsschutz im Bundesland Hessen, dem LaRouche-Hauptsitz in der Bundesrepublik, überhaupt nichts zu berichten. Der Wiesbadener Innenminister nahm die LaRouche-Organisation nicht in den Bericht auf.

Lediglich der Verfassungsschutzbericht in Nordrhein-Westfalen führt die EAP 1983 unter der Rubrik rechtsextremistischer «Kultgruppen» auf: «Die rechtsextremistischen Kultur- und Weltanschauungsvereinigungen weisen fast alle – insbesondere aufgrund der Überalterung ihrer Mitglieder – Verfallserscheinungen auf. Sie sind 1983 in Nordrhein-Westfalen kaum in Erscheinung getreten. Bei der in den Medien mehrfach genannten Europäischen Arbeiterpartei (EAP) handelt es sich um eine Splittergruppe (NRW: ca. 30 Mitarbeiter, Bund: 200–250), deren Ziele eine eindeutige Zuordnung zu traditionellen extremistischen Richtungen noch nicht zulassen.» Die nordrhein-westfälische Landesregierung nahm die Organisation 1983 auch in den Bericht über Jugendreligionen auf.

Seit 1984 wurden etliche Parlamentarier in der Sache aktiv. Sie wollten in parlamentarischen Anfragen von der Regierung mehr erfahren, doch der Erfolg war nicht sehr groß.

So fragte am 15. Februar 1984 die Grünen-Abgeordnete Petra Kelly: «Welche Erkenntnisse liegen der Bundesregierung über die EAP (Europäische Arbeiterpartei) vor, und aus welchen Mitteln wird nach Meinung der Bundesregierung der von dieser Gruppe betriebene erhebliche Aufwand finanziert?» Die nicht sehr erschöpfende Antwort von Staatssekretär Dr. Fröhlich: «Sicherheitsrelevante Erkenntnisse über die Europäische Arbeiterpartei liegen der Bundesregierung nicht vor.»

Diese alle Fragen offenlassende Antwort wird auch zukünftig zur durchgängigen Sprachregelung: «keine sicherheitsrelevanten Erkenntnisse». Ob es allerdings andere als «sicherheitsrelevante» Erkenntnisse gibt, geht aus dieser Beantwortung nicht hervor. Fragen nach Hintergründen, zum Beispiel der Finanzierung, werden generell nicht beantwortet. Hier hat offenbar die parlamentarische Demokratie ihre Grenzen.

Eine ähnliche Frage stellte der Bundestagsabgeordnete Dr. Klaus Kübler (SPD) am 3. Oktober 1984: «Welche Erkenntnisse liegen der Bundesregierung über die EAP (Europäische Arbeiterpartei) vor, insbesondere zur Mitgliedschaft, zur Finanzierung und zu den politischen Zielen?» Das war dem beantwortenden Staatssekretär Dietrich Spranger (CSU) offenbar zuviel auf einmal: «Herr Kollege Dr. Kübler, sicherheitsrelevante Erkenntnisse über die EAP liegen der Bundesregierung nicht vor.» Das Parlamentsprotokoll verzeichnet an dieser Stelle den Zwischenruf des Kollegen Walter Schwenninger von den Grünen: «Sehr dürftig!»

Kübler hakte noch mal nach: «Liegen dann verfassungsrechtliche Bedenken der Bundesregierung vor, und ist die Bundesregierung gegebenenfalls in die Prüfung solcher Gesichtspunkte eingetreten?» Sprangers Antwort: «Ich kann nur wiederholen, daß sicherheitsrelevante Gesichtspunkte, bei denen Sie insoweit verfassungsrechtliche einbeziehen können, nicht vorliegen.» Die Antworten des Herrn Staatssekretärs konnten den eifrigen Abgeordneten nicht befriedigen. Er wollte es noch einmal mit einer Zusatzfrage probieren: «Herr Staatssekretär, kann mir die Bundesregierung erklären, warum sie ein zweites Mal nur so kurze Antworten zu geben bereit ist?» Spranger erwiderte, begleitet von «Heiterkeit und Beifall bei der CDU/CSU»: «Ich kann die Fakten ja nicht durch beliebige Romanerzählungen verlängern.»

Der SPD-Abgeordnete Wolf-Michael Catenhusen sprang seinem Fraktionskollegen zur Seite: «Kann ich nach Ihren Antworten wirklich davon ausgehen, daß der Erkenntnisstand der Bundesregierung geringer ist als der des Wissenschaftlichen Dienstes des Deutschen Bundestages, der auf Anfragen einiger Abgeordneter in einer Stellungnahme z. B. die Frage aufgeworfen hat, aus welchen Quellen, möglicherweise Geheimdienstquellen, diese Partei finanziert wird?»

Der parlamentarische Staatssekretär antwortete abermals ausweichend: «Es geht nicht darum, daß der Verfassungsschutz den Wissensstand des Wissenschaftlichen Dienstes zu beantworten hat, sondern daß hier Fragen beantwortet werden auf Grund der Arbeit, die der Verfassungsschutz entsprechend seinem Auftrag zu erfüllen hat, und das führt zu diesen Antworten.»

Auf Fragen des Landtagsabgeordneten Erich S. Nitzling (SPD)

antwortete der hessische Innenminister Horst Winterstein (SPD) am 20. Dezember 1984 gleichlautend: «Ebenso wie der Bundesregierung liegen auch der Landesregierung sicherheitsrelevante Erkenntnisse über die EAP nicht vor.» Im Februar 1985 bestätigte das hessische Innenministerium diese Haltung in einer Antwort an die Autoren: «keine sicherheitsrelevanten Erkenntnisse».

Petra Kelly von den Grünen, der fraktionslose Abgeordnete Gert Bastian sowie die Fraktion der Grünen fuhren daraufhin im Frühjahr 1985 ein noch schwereres parlamentarisches Geschütz auf. In einer kleinen Anfrage stellten sie 14 detaillierte Fragen über die LaRouche-Organisation und ihre Aktivitäten. Sie nahmen dabei wesentlich Bezug auf US-amerikanische Zeitungsveröffentlichungen, unter anderem auf Beiträge aus der *Washington Post*.

Selbst nach Kenntnis dieser zum Teil erschreckenden Veröffentlichungen sah die Bundesregierung keinen Anlaß, von ihrer bisher mehr als knappen Formulierungs-Kunst abzuweichen.

Deutscher Bundestag
10. Wahlperiode

Drucksache 10/3135

01. 04. 85

Sachgebiet 112

Antwort
der Bundesregierung

auf die Kleine Anfrage des Abgeordneten Bastian (fraktionslos), der Abgeordneten Frau Kelly und der Fraktion DIE GRÜNEN
– Drucksache 10/3057 –

Europäische Arbeiterpartei (EAP)

Der Bundesminister des Innern – IS 2 – 612300 E/4 – hat mit Schreiben vom 29. März 1985 die Kleine Anfrage namens der Bundesregierung wie folgt beantwortet:

1. Hat die Bundesregierung Kenntnis von einer Dokumentation der Washington Post vom 13. bis 15. Januar 1985 über die Gruppe um den Amerikaner Lyndon LaRouche und seine deutsche Ehefrau Helga Zepp-LaRouche, die nach diesem Bericht
   – weltweit unter dem Namen «National Caucus of Labor Committees (ICLC)»,

- in den USA unter den Namen «National Caucus of Labor Committees (NCLC)» und «National Democratic Policy Committee»,
- in Europa als «European Labour Committees (ELC)»,
- in der Bundesrepublik Deutschland unter den Bezeichnungen «Europäische Arbeiter Partei (EAP)» und «Schiller Institut»

auftritt?

Die erwähnte «Dokumentation» ist bekannt; sie enthält keine sicherheitsrelevanten Erkenntnisse.

2. Kann die Bundesregierung bestätigen oder widerlegen, daß auch die in der Bundesrepublik Deutschland aktive sog. Anti-Drogen-Koalition mit den genannten Gruppierungen eng verbunden ist?

Die Verbindung kann bestätigt werden; vgl. die Antwort der Bundesregierung auf eine frühere Anfrage (Drucksache 8/4433).

3. Hat die Bundesregierung Kenntnis von der Tatsache, und wenn ja, wie bewertet sie sie, daß die o. a. Gruppierungen nach dem Bericht der Washington Post für eine Vielzahl von Publikationen verantwortlich sind, die diesen Zusammenhang nicht ohne weiteres erkennen lassen, wie z. B.
   - New Solidarity Newspaper,
   - New Solidarity International Press Service (NSIPS),
   - Executive Intelligence Review (EIR),
   - Campaigner Magazine,
   - Fusion Magazine,
   - Campaigner Publications?

Eine Bewertung erübrigt sich (vgl. Antwort zu Frage 1).

4. Hat die Bundesregierung davon Kenntnis, ob, und wenn ja, welche Verknüpfungen zwischen den Gruppierungen um Lyndon LaRouche und der amerikanischen «Western Goals Foundation» bzw. deren deutschem Zweig «Western Goals Europe e. V.» bestehen, die u. a. das Buch «The War called Peace – The Soviet Peace Offensive» (in der deutschen Ausgabe des Seewald Verlags «Der Krieg im Frieden») veranlaßt haben, in dem alle wichtigen Gruppen der amerikanischen und europäischen Friedensbewegung als vom Osten gesteuert dargestellt werden?

Hierüber liegen keine Erkenntnisse vor.

5. Wie bewertet die Bundesregierung die im Bericht der Washington Post enthaltene Feststellung, wonach die LaRouche-Gruppe seit 1970 Kontakte zum Geheimdienst des Pentagon «Defense Intelligence Agency (DIA)» und später auch zum amerikanischen CIA unterhielt, dem das Ehepaar LaRouche nach einem Europabesuch im Januar 1983 auch persönlich Informationen über die Partei DIE GRÜNEN angeboten hat?

Hierüber liegen keine bestätigenden Erkenntnisse vor; eine Bewertung kann folglich nicht stattfinden.

6. Hat die Bundesregierung Kenntnis von einem Bericht der New York Herald Tribune vom 3./4. November 1984, in dem ebenfalls vom CIA bestätigte Kontakte zwischen Spitzenvertretern dieses Geheimdienstes und Lyndon LaRouche hingewiesen wird?

Eine entsprechende, fünf Zeilen umfassende Notiz aus der International Herald Tribune (nicht: New York Herald Tribune) ist bekannt.

7. Hat die Bundesregierung Kenntnis von der in der Washington Post als «purer psychologischer Terror» und «psychologische Einschüchterung» bezeichneten Art und Weise, in der die LaRouche-Gruppen in allen westlichen Ländern, in der Bundesrepublik Deutschland vor allem die EAP, unliebsame Personen äußerst aggressiv verfolgen und dabei vor persönlichen Bedrohungen, Verleumdungen und Beleidigungen nicht zurückschrecken?

Die Sicherheitsbehörden sammeln keine Unterlagen über die in der Frage genannten Gruppen (vgl. Antwort zu Frage 1).

8. Wie bewertet die Bundesregierung die Tatsache, daß das Bundesamt für Verfassungsschutz die Beobachtung der EAP schon 1977 eingestellt hat, obwohl es in seinem Jahresbericht für 1976 noch ausdrücklich festgestellt hatte: «Die Agitation der ELC/EAP, bei der sie führende demokratische Repräsentanten der Bundesrepublik Deutschland verunglimpfte, hielt unvermindert an ...»?

Die Beobachtung der EAP durch die Sicherheitsbehörden wurde eingestellt, nachdem ursprünglich als extremistisch eingeschätzte Aktivitäten über einen längeren Zeitraum nicht mehr erkennbar waren.

9. Ist die Einstellung der Observierung der EAP durch das Bundesamt für Verfassungsschutz möglicherweise darauf zurückzuführen, daß der Präsident dieses Amtes ein Bruder des Generalsekretärs der EAP, Anno Hellenbroich, ist?

Nein.

10. Kann die Bundesregierung ausschließen, daß der ungewöhnlich gute Informationsstand der EAP, der auch detaillierte Kenntnisse von nicht veröffentlichten Fakten einschließt, auf Kontakte der EAP zu staatlichen Überwachungsdiensten oder zu von diesen unterrichteten Dienststellen zurückzuführen ist?

Der Bundesregierung sind keine derartigen Kontakte bekannt.

11. Kann die Bundesregierung ausschließen, daß die EAP Kontakte auch zu einigen Bundesministerien, z. B. zum BMVg, und zu Großforschungsanlagen in der Bundesrepublik Deutschland sowie zu demjenigen Teil des staatlichen Fritz-Werner-Konzerns unterhält, der sich mit Rüstungsproduktion und Rüstungsexport in die Länder der Dritten Welt befaßt?

Der Bundesregierung sind gegenseitige Kontakte dieser Art nicht bekannt. Soweit sich die EAP beispielsweise an Polizeidienststellen oder an Forschungseinrichtungen, wie das Institut für Plasmaphysik in Garching, gewandt hat, um leitende Mitarbeiter für Vortragsveranstaltungen zu gewinnen, blieben solche Kontaktversuche einseitig, da die Anfragen der EAP abschlägig beschieden wurden.

12. Wie bewertet die Bundesregierung die Tatsache, daß die Parlamentarische Staatssekretärin beim Bundesminister für Jugend, Familie und Gesundheit, Frau Karwatzki, im Deutschland Union Dienst vom 1. Dezember 1981 die EAP unter anderem beschuldigt hat, jungen Menschen die Zukunft zu verbauen, gezielt auf einen Bruch der Jugendlichen mit ihrem Elternhaus hinzuarbeiten und Methoden wie bei Jugendsekten anzuwenden, und daß eine Klage der EAP gegen diese Feststellungen vom Landgericht Bonn am 31. März 1983 zurückgewiesen worden ist?

Die Bundesregierung sieht in den genannten Äußerungen der jetzigen Parlamentarischen Staatssekretärin beim Bundesminister für Jugend, Familie und Gesundheit einen Ausdruck der Sorge um die Zukunft junger Menschen, die von der EAP angesprochen werden. Da die Äußerungen aber vor Übernahme des Amtes des Parlamentarischen Staatssekretärs erfolgt sind und Gegenstand eines Zivilrechtsstreits waren, enthält sich die Bundesregierung einer weiteren Bewertung.

13. Hat die Bundesregierung Kenntnis von einer Sendung des WDR aus der Reihe «Am Abend vorgestellt» vom 30. November 1983, 3. Programm, zur EAP mit dem Titel «Nazis ohne Hakenkreuz – Die EAP in Literatur und Aktion» und von den darin vermittelten Tatsachen?

Ja. Der Inhalt der Sendung hat für die Bewertung der EAP keine neuen Gesichtspunkte ergeben.

14. Hat die Bundesregierung Erkenntnisse über den Finanzhaushalt der EAP und der ihr verbundenen Organisationen sowie über die Quellen des offensichtlich erheblichen finanziellen Aufwands?

Hierüber besitzt die Bundesregierung nur die in der Presse verbreiteten Informationen.

Für Aufregung sorgte zwischenzeitlich eine kleine Veröffentlichung in der *Bild*-Zeitung vom 17. Februar 1984, die auf einen pikanten Aspekt des Verhältnisses der Verfassungsschutzbehörde zur EAP hinwies. In der Kolumne «Bonn vertraulich» schrieb *Bild*-Autor Meinhardt Graf Nayhauß, ein in Sicherheitsfragen versierter Journalist, unter der Schlagzeile «Herr Hellenbroich hat einen Bruder – und Sorgen»: «Der Präsident des Bundesamtes für Verfassungsschutz, Heribert Hellenbroich (46), hat seit längerem ein Auge auf eine Organisation, die am Rande der Verfassungsfeindlichkeit operiert. Das Pikante: Geschäftsführer dieser Organisation ist sein jüngerer Bruder Anno Hellenbroich (36).»

Nach der *Bild*-Veröffentlichung über die Verwandtschaft zwischen den beiden Hellenbroichs gab es eine Besprechung der führenden Herren im Bundesamt für Verfassungsschutz zum Tagesthema. Das Ergebnis des BfV-Führungsgesprächs: Um die Befangenheit des Präsidenten zu umgehen, wird künftig bei der Beantwortung von Anfragen Vizepräsident Dr. Stefan Pelny die Sache in die Hand nehmen.

Pelny ist der einzige SPD-Mann in der BfV-Führung. Er kam als ein Mann der Verwaltung direkt aus dem Bundeskanzleramt nach Köln. Als er ins Bundesamt für Verfassungsschutz gerufen wurde, war Pelny in Fragen der Spionageabwehr und in Nachrichtendienst-Angelegenheiten gänzlich unerfahren.

Bei dem in der *Bild* unangenehm in die Schlagzeilen geratenen Präsidenten Heribert Hellenbroich war dies anders. Der Jurist und CDU-Mann Hellenbroich kennt das «Amt» seit 1966, und zwar in allen Abteilungen. Er durchlief die NATO-Schulung für Geheimdienstbeamte in Rom und übernahm 1975 die Abteilung für Spionageabwehr. 1981 wurde er Vizepräsident im BfV, 1983 bezog er dann das Chefbüro Nr. 4404 in der Kölner Behörde.

Die Schlagzeilen machten dem Mann in dem Geschäft, das keine Medienöffentlichkeit verträgt, später noch mehr zu schaffen. Einen Monat nachdem er seine letzte Sprosse in der Staatskarriere-Leiter erklommen hatte und 48jährig Chef des Bundesnachrichtendienstes in Pullach bei München wurde, mußte der Kölner in den einstweiligen Ruhestand. Ihm vorgeworfene Versäumnisse als BfV-Präsident bei der Sicherheitsüberprüfung des übergelaufenen Mitarbeiters Hans-Joachim Tiedge machten ihn für den Innenminister Zimmermann untragbar.

Doch seit Januar 1986 ist Heribert Hellenbroich wieder in seinem Metier tätig. Er leitet zunächst das neugeschaffene Kölner Büro der Prognos AG, die ihren Sitz in Basel hat. Die Schweizer Firma war bisher nur bekannt als Meinungsforschungsinstitut, das vor allem Untersuchungen für die Bonner Bundesregierung durchführte. Doch die Prognos AG ist in Sicherheitsfragen nicht ganz unerfahren. Die Basler sind zum Beispiel «Förderndes Mitglied» der Deutschen Forschungs- und Versuchsanstalt für Luft- und Raumfahrt› (DFVLR), neben zahlreichen führenden Rüstungskonzernen wie Rheinmetall, MBB, OTRAG, Dornier, Buck usw: die DFVLR betreibt unter anderem eben auch Rüstungsforschung.

Bei der Prognos AG ist Hellenbroich offiziell als «Technologieschutz-Berater» eingestiegen. Unternehmen sollen beim Schutz ihres Know-how beraten werden, vor allem vor Gegnern aus dem Ostblock, die den illegalen Technologietransfer als preiswerte Methode zur Entwicklung ihrer Volkswirtschaft begreifen. Heribert Hellenbroich über sein nicht ganz neues Aufgabenfeld in der Privatwirtschaft: «Hier geht es nicht um die Jagd nach Agenten und Spionen. Das kann, darf und will ich als Privatmann ebensowenig, wie es mein Arbeitgeber Prognos zuließe.»

Im August 1986 wurde der Abwehr-Spezialist dann einer der drei Geschäftsführer des in Feldkirchen bei München ansässigen Instituts für Sicherheitsforschung (IFS). Das Institut befaßt sich seit 1982 im Auftrag der Wirtschaft mit Fragen des Personenschutzes und der Wirtschaftsspionage und hat 70 «aktive Mitglieder» aus dem ganzen Bundesgebiet, meist Sicherheitsbeauftragte in Unternehmen.

Zumindest braucht Heribert jetzt keine Angst mehr vor der «brenzligen Situation» zu haben, die der *Bild*-Kolumnist Mainhardt Graf Nayhauß vorzeichnete: «Sollten in der Organisation die Radikalinskis überhand gewinnen, wäre der Präsident gezwungen, gegen eigenes Blut vorzugehen.»

Ob Bruder Anno zu diesen «Radikalinskis» bei der LaRouche-Organisation gehört, weiß wohl nur der *Bild*-Kommentator. Öffentlich bekannt ist lediglich sein jahrelanges Engagement in der Europäischen Arbeiterpartei, deren zweiter stellvertretender Vorsitzender er ist, und seine Tätigkeit als Geschäftsführer der deutschen *Executive Intelligence Review (EIR)*, die unter anderem umfangreiche und teure Dossiers über die Grünen herausgibt.

Nach abgebrochenem Medizinstudium stieß der heute 38jährige Anno Hellenbroich zur LaRouche-Organisation. Er gehört zu den deutschen Aktivisten der ersten Stunde. Seitdem stand im Impressum der LaRouche-Wochenzeitung *Neue Solidarität (NS)* sein Name als verantwortlicher Redakteur, anfangs sogar als einziger genannter Redakteur. Auf sein Konto liefen in den siebziger Jahren die Zahlungen der Abonnement-Gebühren. Lediglich in den vergangenen Jahren taucht er im *NS*-Impressum nicht mehr auf. Als verantwortlicher und Chefredakteur wird jetzt Dr. Wolfgang Lillge benannt, der jedoch bei gerichtlichen Auseinandersetzungen wegen Beleidigungsprozessen gerne auf die Beratung durch Anno Hellenbroich zurückgreift.

Die *Executive Intelligence Review*

«Allerdings führt der Fleiß der Organisation dann durchaus auch zu lesenswerten Informationen über Hintermänner und Intrigen. Insofern ist das Blatt eine nützliche Ergänzung der Aussagen über Intrigen und Konspiration im *Spiegel*, wenngleich sein Lesen noch mehr Urteilskraft erfordert, als dies bereits beim *Spiegel* notwendig ist, wenn dies mehr sein soll als zähflüssige Unterhaltung.»

Prof. Dr. Erwin K. Scheuch über die *Executive Intelligence Review* (In: Beiträge zur Konfliktforschung, Heft 4/1984, S. 108)

Die am 12. Juni 1980 gegründete deutsche «Schwester» der von Lyndon H. LaRouche gegründeten amerikanischen *Executive Intelligence Review (EIR)* wird von den Geschäftsführern Anno Hellenbroich und Michael Liebig geleitet. Gegenstand der deutschen «EIR Nachrichtenagentur GmbH» mit Sitz in Wiesbaden ist es, «jede Art von Informationen zu sammeln und auszuwerten, diese durch Kauf, Miete, Konzession oder andere mögliche Art zu erwerben, zu verkaufen, zu konzessionieren, zu verlegen oder auf andere Weise zu verarbeiten» und «Informationen zu verarbeiten, insbesondere als Analysen, Studien und Berichte [...]».

Das Stammkapital des Unternehmens halten Anno Hellenbroich (20000,–), Michael Liebig (10000,–), Elisabeth Böttiger, Ehefrau des LaRouche-Aktivisten und Verlegers Dr. Helmut Böttiger (FEF, EAP, Humanistische Studien) mit 10000 Mark und EAP-Mann Josef Stalleicher, ebenfalls 10000 Mark.

Die EIR-Nachrichtenagentur veröffentlicht neben Presseerklärungen und Flugblättern die Zeitschrift *Executive Intelligence Review*, die in der Bundesrepublik im Jahresabonnement 680 Mark kostet. Für diese Zeitschrift werben die LaRouches gerne mit einem Zitat von Ex-Kaiserin Farah Pahlevi, der Witwe des Schah des Iran: «Um zu verstehen, was im Iran passiert ist, muß man lesen, was Robert Dreyfuss am 13. Nov. 1979 in Executive Intelligence Review geschrieben hat.» Das hatte die Monarchistin im Gespräch mit José-Luis de Vilallonga in der *Bunte* (31. Juli 1980) geäußert.

Die *EIR*-Agentur verkauft auch «Sonderberichte» bzw. «Special Reports», zum Beispiel über das «Internationale Terrornetzwerk von Ghaddafi» ode «wie der KGB die Friedensbewegung kontrolliert», über die Trilaterale Kommission, über die «grüne Nazi-Internationale» und das «anglosowjetische Design für die arabische Halbinsel». Solche exklusiven Sonderberichte kosten immerhin 250 US-Dollar oder stolze 600 Mark.

EIR-Chefredakteur Anno Hellenbroich durfte «als Gast des italienischen sozialdemokratischen Abgeordneten Hon. Terenzio Magliano in dessen Turiner Fernsehstation ‹Televox›» über die westdeutschen Grünen herziehen. Die *EIR*-Presseerklärung zu Hellenbroichs TV-Auftritt: «Während der mehr als einstündigen Sendung beschrieb Hellenbroich anhand von Filmmaterial ausführlich die Nazi-Ideologie der Grünen und erläuterte ihre Schlüsselrolle bei der derzeitigen Welle des ‹Euroterrorismus›.» Seine Parole: «Die Grünen müssen gestoppt werden!»

Die *EIR*-Nachrichtenagentur GmbH hat ihren Sitz auch in dem Bürohochhaus in der Dotzheimer Straße 166 in Wiesbaden, wie das Fusions-Energie-Forum (FEF), die Dr. Böttiger-Verlags-GmbH und das LaRouche-Unternehmen P & F Progress Betriebsverwaltungs GmbH sowie die P & F Progress GmbH & Co Besitz-, Vermietungs- und Service-KG.

Anno wohnt mit seiner Frau Elisabeth in einer stattlichen Neubau-Villa in Stadecken-Elsheim, einem kleinen Weindörfchen bei Mainz. Das Domizil in der Christian-Reichert-Straße, zunächst von ihm gemietet, später von dem LaRouche-Aktivist und Wiesbadener Zahnarzt Dr. Martin Buck für mehr als 800000 Mark aufgekauft, ist so etwas wie das heimliche Hauptquartier der LaRouches in der Bundesrepublik. Innen ist es mit zahlreichem kommunikationstechnischem Gerät ausgestattet, nach außen abgesichert wie sonst nur Rüstungsbetriebe oder die israelische Botschaft: NATO-Stacheldraht-Rollen, neun Videokameras rund um eine hohe Betonmauer, permanente Nachtbeleuchtung, Metall-Lamellen vor den Fenstern als Abhörschutz. Sicherheitsleute und Bewacher bewegen sich ständig um das Haus: mit Walkie-Talkies ausgerüstet, mal zu Fuß, mal im Auto mit laufendem Motor sitzend – eine gespenstische Dorfidylle.

Vor dem Haus, dessen Klingelschild ganz unscheinbar den Namen Hellenbroich trägt, stehen ebenfalls nur unauffällige Autos, meist höhere Mittelklasse-Mietwagen, Marke BMW oder Daimler. Kein Aufkleber deutet auf die sonst so forsch agitierende Partei hin. Hin und wieder entfalten die LaRouches in der Villa, die stets von einigen Wachleuten besetzt ist, emsige Aktivitäten. Dann treffen zahlreiche Anhänger, meistens zu nächtlicher Stunde, ein und bevölkern das Villen-Grundstück.

Für die Dorfbevölkerung ist das merkwürdig konspirative Verhalten der LaRouche-Leute in dem Haus am Rand der kleinen Gemeinde ein Rätsel. So zum Beispiel geriet ein Architekt ins Staunen, als die LaRouches ihm einen Auftrag ganz besonderer Art offerierten. Er sollte einen unterirdischen Sicherheitsbunker mit viel Beton entwerfen. «Für hohe Staatsgäste», erklärten die verhaltensauffälligen Dorfbewohner das aufwendige Baukonzept. Mindestens ein Auto sollte in den Bunker passen.

Zuweilen liefen die Bewacher des Anwesens auch schon mit leichter Bewaffnung um das Haus oder beschützen vor den amüsierten

Anno Hellenbroich auf einer Kundgebung des Schiller-Instituts (Foto: Adolf Altgaßen)

Weinbauern aus Stadecken-Elsheim ihre Mülltüten mit Papierschnitzeln bis zu ihrem Abtransport durch die Müllabfuhr.

Diese aufwendige Absicherung ist schwerlich mit den Angaben des Hausbewohners Anno Hellenbroich zu erklären, die er als Kandidat der Europäischen Arbeiterpartei macht. Wie zum Beispiel gegenüber der *Stuttgarter Zeitung* (11. Februar 83), der er berichtete, er sei «vor allem an Fragen interessiert, die mit der Kultur- und Erziehungsarbeit zu tun haben». Damit erzielt Anno Hellenbroich nicht gerade umwerfende Stimmengewinne. Mal in Kassel, Wahlkreis 5, oder in Stuttgart, Wahlkreis 162 Süd, kommt er selten auf vierstellige Ziffern. Bei der letzten Bundestagswahl waren es 135 Erst- und 84 Zweitstimmen – nicht gerade motivierend für eine Partei mit derart hochgesteckten Zielen.

Der streng katholisch erzogene Anno, nach außen eher als freundlich und liebenswürdig bekannt, soll innerhalb der LaRouche-Organisation nach Aussagen ehemaliger Anhänger auch andere Töne anschlagen. Den Abtrünnigen Hans Bandmann hat er angeblich als «eine zynische Sau wie der Völkermörder Willy Brandt» tituliert. Dieses Zitat ist in einem Rundschreiben nachzulesen, das Bandmann nach seinem Ausscheiden im Mai 1981 «an die Mitglieder des ICLC» (International Caucus of Labor Committees) richtete. Anno Hellenbroich ist aber auch so etwas wie der «Chefankläger» der LaRouche-Organisation, wenn in einem bundesdeutschen Medium ein kritisches Wort über die Partei fällt, die sich nicht gerne – wie dies in einem demokratischen Staat eigentlich gute Übung sein sollte – politisch angreifen läßt.

Nicht nur die Verhaltensweisen Anno Hellenbroichs und seiner Kollegen in der Stadecken-Elsheimer Villa, sondern auch andere Organisationsmerkmale und Aktivitäten brachten die LaRouches in den Verdacht nachrichtendienstlicher Tätigkeit.

Ihre Mitgliederstruktur in der Bundesrepublik ist, jedenfalls für eine Partei, die demokratisch offen und jedermann zugänglich ist, äußerst auffällig. Eine unveröffentlichte Analyse über die LaRouche-Leute in der Bundesrepublik, datiert auf den April 1983, faßt sechs auffällige Mitgliedermerkmale zusammen:

- «96 Prozent der Mitglieder sind geboren nach 1940;
- viele Mitglieder sind miteinander verwandt oder haben untereinander geheiratet;
- das Gros der Mitglieder wurde als Oberschüler bzw. als Studenten geworben;
- bevorzugte Berufe bzw. Ausbildungsgänge sind Medizin und Journalistik;
- schon bei dem Prozeß gegen die EAP wegen übler Nachrede über Willy Brandt wurde offenkundig, daß sich unverhältnismäßig viele Studienabbrecher unter den Mitgliedern befinden [...].»

Aktenkundige Mitgliedschaften in Vereinen und Beteiligungen an Firmen

EAP Europäische Arbeiterpartei
PAHS Private Akademie für Humanistische Studien
FEF Fusions-Energie-Forum
ADK Anti-Drogen-Koalition
EIR Executive Intelligence Review
KKK Kernkraft-Komitees
Club of Life
P + FP P + F Progress-GmbH & Co Besitz-, Vermietungs- und Service-KG
P & FB P & F Betriebsverwaltungsges. bmH
D & F Dinges & Frick Druckerei

Die Liste entspricht nicht in jeder Einzelheit dem aktuellen Stand. Die Dichte der Funktionsverteilung ist jedoch unverändert.

Familienbetrieb LaRouche

NCLC-Kader in der Bundesrepublik (Ausschnitt)

	EAP	PAHS	FEF	ADK	EIR	KKK	CoL	P+FP	P+FB	D+F
Elisabeth Böttiger		●								
Dr. Helmut Böttiger	●	●	●							
Andreas Buck		●		●	●					
Dr. Martin Buck								●		
Uwe Friesecke	●	●						●	●	
Helmut Frick			●					●		●
Waltraut Frick-Lorenz	●									
Anno Hellenbroich	●	●								
Elisabeth H. geb. Henke	●	●			●					
Uwe Henke (v. Parpart)			●							
Karl Heinz Holz	●							●		
Heinz Horeis			●							
Hella Ralfs Horeis				●						
Carla Horn				●						
Dr. Rolf Pauls	●			●			●			
Stephanie Pauls	●			●	●					
Elke Schäfer					●					
Hartmut Schäfer								●		
Irmgard Schäfer	●	●								
Ralf Schauerhammer		●	●			●				
Rosemarie Schauerhammer					●					
Barbara Spahn					●					
Dr. Jürgen Spahn	●	●	●	●			●	●		
Cäcilia Stalleicher	●									
Josef Stalleicher	●				●					
Monika Stalleicher	●									
Peter Stalleicher	●									
Helga Zepp-LaRouche	●					●	●			

Familienbetrieb EAP: Aktenkundige Mitgliedschaften/Beteiligungen in/an Vereinen/Firmen

Die «innerorganisatorische Geschlossenheit», wie sie von dem Berliner Parteienforscher Michael Fichter bei der EAP festgestellt wurde, ist ebenfalls für Parteien vollkommen untypisch. Größtenteils bestehen verwandtschaftliche Verbindungen zwischen den führenden Köpfen der Partei. Ihr Wohnsitz und Standort wechselt – mit einigen Ausnahmen – permanent, teilweise sogar international. Die Kandidaten treten bei Wahlen ständig in neuen Wahlkreisen auf. Es gibt keine kontinuierliche Wählerwerbung in einzelnen Wahlkreisen durch die Kandidaten.

Die Partei und auch die anderen LaRouche-Organisationen schotten sich nach außen vollkommen ab. Wer zum Beispiel an einem Informationstisch Interesse für die Schriften bekundet und sich in ein Gespräch verwickeln läßt, hat zwar den Eindruck, daß er «angeworben» wird. Interessierte, die weiterhin Interesse an einer Mitarbeit bekundeten und auch Abtrünnige der LaRouche-Organisation berichten jedoch einhellig, daß Neulinge mittels eines sehr harten Selektionsverfahrens geprüft und aufgenommen werden. Zunächst werden sie mehrstündigen, später noch längeren propagandistischen Vorträgen ausgesetzt – die ein halbwegs klar denkender Mensch nur schwerlich ertragen kann. Wer diese «Prüfung» aus Haß-Tiraden gegen das «Ostküsten-Establishment», Henry Kissinger, die Rockefellers, Petra Kelly, Willy Brandt usw., die «naturwissenschaftlichen» Spinnereien über «Tachyonen-Energie», den Strahlenwaffen-Wahnsinn und die immer gleichen Lobeshymnen auf Lyndon Hermyle LaRouche übersteht, der ist dann «reif» für die weitere Integration, Schritt für Schritt, in den Apparat der Organisation. Zuvor mußte er sich allerdings viele Fragen über seine Herkunft, politische Anschauungen und Ausbildungswege, kurz über das komplette Vorleben gefallen lassen. Diese Angaben werden schon gleich zu Beginn der Kontaktaufnahme überprüft.

Personen, die diese Prozedur miterlebten, berichteten, daß Wohnungsangaben und Telefonnummern, die sie bei solchen Anwerbegesprächen gleich am Anfang erzählen mußten, von anderen LaRouche-Mitarbeitern noch während des Gespräches überprüft wurden.

Eine Partei, die sich derart konspirativ verhält und der Öffentlichkeit gegenüber abschottet, ist im parlamentarisch-demokratischen Gefüge der Bundesrepublik ein innerer Widerspruch. Die «republikanischen» Reden ihrer Anführer sind mit ihrem Verhalten jedenfalls nicht in Einklang zu bringen. Sie lassen sich auch nicht öffentlich kritisieren, wie dies bei allen Politikern und Parteien in einem demokratischen System eigentlich gute Sitte ist. Nur bei der Kritik gegen andere ist die LaRouche-Organisation wenig zimperlich: Hetze eingeschlossen.

Eine multinational organisierte Partei mit regelmäßigem internationalen Austausch der Mitarbeiter und gleichlautenden, meist übersetzten Artikeln in ihren nationalen Mitgliedszeitungen entspricht nicht gerade dem Verfassungsauftrag, den die Väter und Mütter des Grundgesetzes der demokratischen Institution Partei in der Bundesrepublik zugeschrieben haben.

Ein weiteres Sturkturprinzip kann als Mißbrauch der verfassungsrechtlich mit zahlreichen Freiheiten ausgestatteten Institution Partei bewertet werden: die Gründung von Suborganisationen, die wie jetzt die «Patrioten für Deutschland» ebenfalls bei Landtagswahlen kandidieren, Persönlichkeiten des öffentlichen Lebens und einzelne, oft ältere Bürger mit Täuschungsmanövern und Irreführung über die eigentlichen persönlichen und organisatorischen Hintergründe der Vereinigung für ihre Propagandaarbeit zu gewinnen versuchen. Mit den derart für Unterschriftenlisten und Unterstützer-Kreise gewonnenen Persönlichkeiten wird in großformatigen, überregionalen Tageszeitungsanzeigen die Öffentlichkeit bewußt getäuscht.

Die Tätigkeiten der EAP-Mitarbeiter in ihrem «Stab» in der Wiesbadener Zentrale sind ebenfalls sehr «parteiuntypisch». Ein ehemaliger LaRouche-Anhänger, der vom März bis September 1975 in dieser Organisationszentrale arbeitete, berichtete über seine Aufgaben: «In erster Linie sind die Leute mit Nachrichtenbeschaffung und -auswertung befaßt, sie organisieren aber auch ‹in the field›, das heißt draußen, auf der Straße.»

Doch keineswegs kann man diese Mitarbeiter, selbst wenn sie in diesem zentralen «Stab» gearbeitet haben, zu den gutinformierten «Insidern» rechnen. Sie haben zwar eifrig für die Organisation gedient. Wesentliche Hintergründe, zum Beispiel über Fragen der Finanzierung, sind ihnen jedoch in dieser Zeit stets verborgen geblieben. Sie haben wie Befehlsempfänger in einem militärischen Apparat «gedient» – Fragen über das Für und Wider waren nicht erwünscht. Kritik war ihren Berichten zufolge nicht möglich. Jeglicher Zweifel an der Richtigkeit und Notwendigkeit der Aufgabenstellung wurde mit harten, gruppenpsychologischen Methoden sanktioniert. Für die Mitarbeiter zählt nur das bloße «need to know», das heißt der Grundsatz: «Kenntnis nur, wenn nötig»: jeder weiß so viel, wie für die eigentliche Aufgabenerfüllung notwendig ist. Alles andere bleibt ihm verborgen. Es gab bisher keine Abtrünnigen der LaRouche-Organisation, deren Wissen hilfreicher war.

Auffällig ist auch die gezielte Informationsbeschaffung durch die verschiedenen LaRouche-Vereinigungen bei militärisch relevanten wissenschaftlichen Institutionen, bei Polizeidienststellen und im Verteidigungsbereich. Zeitweise wurden Politiker der SPD mit gezielten Hausbesuchen behelligt, um sie «über sicherheitspolitische Fragen zu interviewen», wie ja selbst der Bundesinnenminister offiziell erklärte.

Möglicherweise gehört in diesen Aufgabenbereich der LaRouche-Organisation auch ein Publikationsobjekt, das gleichzeitig als hervorragende Quelle der Informationsbeschaffung diente. 1982 warb *Fusion* für ein Handbuch mit dem Titel «Worldtrade», das «zweitwichtigste Buch in der arabischen Welt». Neben Adressen von Hotels, Botschaften, Ministerien und Regierungsstellen enthielt das Handbuch die Telexnummern und Anschriften der Repräsentanten von 6500 ausländischen Firmen, die im arabischen Raum tätig waren. Das orientalische Business-Adreßbuch hatte nur einen merkwürdigen Haken: Das Buch wurde zwar bestellt, doch an viele Interessenten gar nicht ausgeliefert. Bei einem Preis von 500 Mark ist dieses Geschäftsgebaren sicherlich sehr überraschend ....

Immerhin ist das Werk mit 350000 Daten und 2500 Seiten gedruckt worden. Im Impressum des Handbuches tauchen altbekannte La Rouche-Namen auf, unter anderem die Firma «Dinges & Frick», die den Druck bzw. Satz für die Zeitschriften *Fusion* und *Ibykus* oder für Bücher des Schiller-Instituts anfertigt. Das Unternehmen ist nicht ganz zufällig so etwas wie die «Hausdruckerei» der LaRouches in der Bundesrepublik. Firmenmitinhaber Helmut Frick gehört zum engeren Kreis der LaRouches in der Bundesrepublik. In dem Unternehmen «P & F Progress-GmbH & Co Besitz-, Vermietungs- und Service-KG» ist der FEF-Mitbegründer Helmut Frick als Kommanditist mit einer Einlage von 60000 Mark beteiligt, neben bekannten Namen aus der LaRouche-Truppe: Dr. med. dent. Dr. Martin Buck (100000,–), Karl-Heinz Holz (150000,–), Dr. med. Jürgen Spahn (80000,–), Hartmut Schäfer (60000,–), Pakdee Tanapura (50000,–) und Uwe Friesecke (100000,–).

Die P & F-Kommanditgesellschaft hat noch eine «Schwester»: die «P & F Progress-Betriebsverwaltungs-GmbH». Ihr Geschäftsführer ist der Wiesbadener Kaufmann Uwe Friesecke. Friesecke, Jahrgang 1948, ist ein führender Funktionär in der EAP und ebenfalls in der «Privaten Akademie für Humanistische Studien» aktiv. Er wird bei Konferenzen als entwicklungspolitischer Fachmann oder Afrika-Experte bezeichnet. Ihren Sitz haben die beiden P & F-Unternehmen in der Dotzheimer Straße 164 in Wiesbaden, einem Büro-Hochhaus, das auch das Fusions-Energie-Forum (FEF), den Böttiger-Verlag des LaRouche-Multifunktionärs Dr. Helmut Böttiger und die *Executive Intelligence Review* Nachrichtenagentur GmbH *(EIR)* beherbergt.

Firmen wie andere auch? LaRouche-Filialen in Wiesbaden (Foto: Adolf Altgaßen)

Das Worldtrade-Handbuch weist in seinem Impressum auch sonst sehr illustre Verantwortliche auf. Als «Editor & Managing Director» fungierte Gundo Kahle, ein Mann, der den sogenannten «Offenbarungs-Eid» geleistet hat. Als «Financial Director» trat der zeitweise in Wiesbaden wirkende Wirtschaftsberater Siegfried Weiß auf. Weiß baute ein verzweigtes und kompliziertes Firmen-Netz mit überaus interessanten Schweizer Treuhandgesellschaften auf, deren Geschäftszwecke für Laien kaum durchschaubar waren.

Als Herausgeber des Handbuchs diente eine «Deutsch-Arabische Gesellschaft für Handel und Industrie», auch als «The German Arabian Association for Trade and Industry» bezeichnet. Diese Vereinigung orientierte sich in der Namengebung eng an der großen «Deutsch-Arabischen Gesellschaft e. V.» mit Sitz in Bonn. Der honorigen Gesellschaft aus der Bundeshauptstadt gehören Parlamentarier aller großen Parteien an. Ihr damaliger Präsident, Staatssekretär Jürgen W. Möllemann, hatte jedoch keine Skrupel, der Wiesbadener Plagiat-Gesellschaft ein Vorwort für ihr Worldtrade-Handbuch zu schreiben.

Der laienhafte Betrachter dieser Beziehungen in der Wiesbadener Geschäftswelt wird vermuten, daß es sich bei den LaRouches um eine überaus liquide und kapitalstarke Organisation handelt. Die Kapitalstärke ist sicherlich vorhanden, doch mit der Liquidität hapert es hin und wieder. Vor dem Wiesbadener Amtsgericht gab *Neue Solidarität*-Chefredakteur Dr. med. Wolfgang Lillge an, seit 1979 kein eigenes Einkommen zu haben. Seine Frau, die Bibliothekarin Ulrike Lillge, würde ihm mit 500 bis 1000 Mark monatlich aushelfen. Die LaRouche-Firmen haben häufig Zahlungsschwierigkeiten, auch Zwangsvollstreckungen beziehungsweise Pfändungen sind vorgekommen.

Beim Geld verhält es sich offensichtlich wie beim Wissen: analog dem «need to know» gibt es scheinbar nur hinreichende Finanzmittel, wenn sie aktuell benötigt werden, vielleicht, um die Arbeit direkter kontrollieren zu können.

Und diese Gelder fließen sogar äußerst großzügig. Internationale Konferenzen mit Besuchern aus zahlreichen Ländern werden stets in noblen Tagungsräumlichkeiten veranstaltet. Die Konferenzteilnehmer übernachten in Hotels gehobener Kategorie.

Das Wiesbadener Büro verschlingt hohe laufende Kosten. So wurden im Herbst 1974 bei der Firma Siemens zehn neue Fernschreiber bestellt und sofort bezahlt – bei einem Stückpreis von über 10000 Mark nicht gerade wenig. Für tägliche Nachrichtenanalysen über den Atlantik hinweg bestehen teure Direkt-Fernschreibverbindungen in die USA. Eine derart aufwendige Ausstattung hat keine Bonner Parteizentrale. Für das amerikanische Zentrum in und rund um Leesburg im Bundesstaat Virginia wurden beim Kauf insgesamt über eine Million US-Dollar hingeblättert.

Die LaRouches reisen in einem Ausmaß wie sonst nur Außenhandelsvertreter mit zwei Kontinenten als Verkaufsgebiet. Aus den Vereinigten Staaten berichtete die Heritage Foundation in ihrer Analyse: «In den Büros von Beamten in Institutionen und Organisationen im ganzen Land erschienen sie einfach unangemeldet, oder sie riefen vorher an und sagten, daß sie in der Nähe seien.» Zahlreiche in den USA geführte Prozesse müssen Unsummen verschlungen haben – denn prozessieren ist dort sehr teuer. Für den Präsidentschaftswahlkampf von Lyndon H. LaRouche wurde 1976 Rundfunk- und Zeitungswerbung gemacht. Sogar ein dreißigminütiger Auftritt im nationalen Fernsehen war ihnen nicht zu teuer. Der Heritage-Bericht zitiert dazu eine «Quelle der Linken», die berichtete, daß die La Rouches «nur einige Stunden vor der Fernsehsendung für die Sendezeit 95000 Dollar in bar in einer Tüte abgeliefert» hätten. Insgesamt soll LaRouche für seine damalige Präsidentschaftskampagne 500000 Dollar ausgegeben haben. Das brachte ihm ungefähr 40000 Stimmen in 21 Staaten.

Lyndon H. LaRouche selbst erklärte in seinen Zeugenaussagen vor verwunderten US-Richtern, er wisse nicht, wer seine Telefonrechnungen, seine Anwaltskosten oder seine Reisespesen bezahlen würde. Seine Kleidung würde von seinem Sicherheitsstab eingekauft. Seit den siebziger Jahren habe er keine Steuern mehr bezahlt, denn Einkommen hätte er keines. In der Tat, ehemalige Mitglieder berichten, daß seine Leute ihm alles bezahlen, von der Restaurant-Rechnung bis zur Taxi-Gebühr.

Die Bücher kosten nur noch
ein Fünftel ihres früheren Preises...

Deshalb war er auch nicht bereit, den ihm gerichtlich auferlegten Schadenersatz in Höhe von drei Millionen Dollar an die Fernsehgesellschaft NBC zu zahlen: «Das wird nie bezahlt werden. Das ist ein Witz.» Seine ganzen Vermögenswerte würden sich auf 5000 Dollar belaufen, einschließlich 3700 Dollar Bargeld, einiger Bücher und Schallplatten sowie drei Waffen.

Am 7. Mai 1986 berichtete die *Times Herald* über einen angeblich wichtigen Financier der LaRouche-Organisation. Das Netzwerk der Organisationen und die Präsidentschaftskampagne würden wesentlich von David Nick Anderson, einem Öl-Industriellen mit weitläufigen Landbesitzungen in Virginia, unterstützt. Das Geld des Geschäftsmannes würde «eine Schlüsselrolle» in der Finanzierung der La Rouche-Operationen spielen. Die Zeitung zitiert den angeblichen Sponsor: «Sie kamen mit ihrer Bitte zu mir. Ihre Publikationen sahen wirklich gut aus. Ich hätte es nicht getan, wenn ich nicht davon überzeugt gewesen wäre, daß es eine gute Investition sei.»

Ein ähnlicher Bericht erschien wenige Wochen vorher, am 30. April, in der gleichen Zeitung. Der 79jährige Charles R. Zimmerman hätte sechsstellige Dollarbeträge in die LaRouche-Unternehmungen gesteckt. Auf die Frage, warum er diese Gelder lieferte, antwortete Zimmerman knapp: «Sie fragten mich danach.» Auch andere ältere, senile Personen hätten ähnlich naiv den LaRouche-Club unterstützt.

Die *Herald Tribune* schätzt das Jahresbudget der LaRouches auf 30 Millionen Dollar. Auf der Gehaltsliste stünden etwa 250 Mitarbeiter. Für seine US-Wahlkämpfe gab er 1980 2,14 Millionen und 1984 6,1 Millionen Dollar aus. Interne Dokumente aus dem Jahr 1981, die von der *Washington Post* (13. Januar 1985) zitiert werden, lassen auf durchschnittliche Ausgaben in Höhe von 500000 Dollar pro Monat schließen. Den Berichten ehemaliger Mitglieder und anderer Quellen zufolge ist der amerikanische Ausgaben-Etat in Wahljahren noch sehr viel höher. Diese Berechnungen kommen auf rund zwei Millionen Dollar im Monat.

Das Fazit der Heritage-Foundation: «Es ist unverkennbar wahr, daß die NCLC (National Caucus of Labor Committees, Anm. d. A.) Schriftstücke produziert und sich in Aktivitäten engagiert, die viel mehr kosten, als es die Quellen finanzieller Unterstützung abdecken könnten.»

Großformatige Anzeigen in der französischen *Le Monde*, und in der *Frankfurter Allgemeinen Zeitung* vom Schiller-Institut, die Anzeigenkampagnen der «Patrioten für Deutschland» verschlingen und verschlangen hohe Summen. Solche Anzeigenkampagnen sind zum Beispiel für Gruppen der neuen sozialen Bewegungen nur mit erheblichen eigenen Investitionen und intensiver Spendensammlung möglich gewesen.

Das Bundesinnenministerium bezifferte den jährlichen bundesdeutschen Etat 1974 auf eine Million Mark. Seitdem haben sich die Aktivitäten enorm vermehrt – und auch die LaRouche-Organisationen. Die damalige Spenden-Verwalterin der «Europäischen Arbeiter-Komitees», Helga Zepp-Ljustina (heute Zepp-LaRouche), erzählte dem *Spiegel* das Hohe Lied von der Opferbereitschaft der Mitglieder: «Was wir zum Leben brauchen, brauchen wir – alles darüber hinaus können wir abgeben.»

Zum Abgeben dürfte zwischenzeitlich nicht mehr viel da sein. Mindestens 20 Mitarbeiter kann man zu dem Kreis der hauptamtlichen Funktionäre rechnen, die Tag und Nacht für die Organisation arbeiten – nicht nur sprichwörtlich, denn nachts werden wegen der Zeitverschiebung die Kommunikationsverbindungen in die Vereinigten Staaten unterhalten. Bei soviel Aufopferung bleibt keine Zeit mehr für sonstige Wertschöpfung. Diese Arbeitskräfte, ihre Reisen und Spesenkosten müssen durch die Organisation finanziert werden. Kein Familienmitglied kann solche Aktivitäten über mehr als ein Jahrzehnt hinweg mitfinanzieren.

Auch die Erlöse aus dem Verkauf von Publikationen können das notwendige Kleingeld zur Finanzierung dieser aufwendigen Geschäfte nicht aufbringen. Selbst wenn die Zeitungen und Zeitschriften allesamt verkauft würden – zahlreiche Freiabonnements sprechen gegen diese Annahme –, die Einkünfte könnten nicht einmal die Produktionskosten tragen. Die Wochenzeitung *Neue Solidarität (NS)* wird zum Beispiel in einer Auflage von 12000 Exemplaren in der Großdruckerei des *Mannheimer Morgen* hergestellt. Der Verkaufserlös von zwei Mark pro Exemplar könnte niemals das meist 16seitige Produkt finanzieren. Andere Einkommen werden mit der Zeitung nicht erzielt, denn sie enthält nie Anzeigen und Geschäftsinserate – außer Eigenwerbung für andere LaRouche-Publikationen.

Die zum Teil teuer produzierten Bücher der LaRouches, gedruckt bei der großen Ulmer Druckerei Ebner, können ebenfalls kaum Gewinne erzielen. Dafür ist das (zahlende) Interesse an Helga Zepp-LaRouches «Thesen zur Außenpolitik der Bundesrepublik Deutschland: Deutschlands positiver Beitrag zur Entwicklung der Welt» nun doch zu klein. Ebenso werden die zwar sehr teuren Dossiers des *EIR* kaum ihr Massenpublikum erreichen, das die zu ihrer Erstellung notwendigen Auswertungs- und Recherchearbeiten ausreichend finanzieren könnte.

Die größte offene Frage über die LaRouche-Organisation bleibt die der Finanzierung ihrer aufwendigen Arbeit. Nicht weniger offen ist nach wie vor die Frage nach dem Sinn dieser Betätigung: «ein Mysterium – verdunkelt von Aktivitäten, bizarreren und weitschweifenderen Schriftstücken als vielleicht von jeder anderen politischen Extremistengruppe, mit der wir zu tun hatten» – auch die Heritage-Foundation mit ihren zahlreichen Quellen von links bis rechts weiß nicht weiter.

Eine «Arbeiterpartei» der Mediziner, Kaufleute, Verleger und Journalisten?

Ein Nachrichtendienst, verpackt in einer propagandistischen Verwirrungshülle?

Eine Extremisten-Organisation mit «technofaschistischer» Ideologie und Hetz-Propaganda gegen ihre «Feinde»?

Zumindest für den hessischen Innenminister Horst Winterstein (SPD) ist die Sache klar. Am 20. März 1986 veröffentlichte er im *Sozialdemokratischen Pressedienst* eine Entwarnung in Sachen La Rouche. Unter dem Titel «Verstiegen und paranoid» teilt der Innenpolitiker mit, daß «die in den letzten Tagen in der öffentlichen Diskussion mehrfach genannte Europäische Arbeiterpartei (EAP) eine ausgesprochen sektiererisch orientierte Splittergruppe» ist. Sein fachlicher Rat: «Sonderlich ernst zu nehmen ist diese Gruppe nicht.» Denn: «LaRouche lebt in der Vorstellung, er halte ‹das Schicksal der Welt in seinen Händen›.» Und noch mal: «Ich möchte dringend dazu auffordern, diese sektiererische Gruppe politisch nicht ernst zu nehmen. Alles, was sie äußert, ist verstiegen und paranoid, nicht aber klaren politischen Zielrichtungen zuzuordnen. Insbesondere eine Einstufung der EAP als ‹Teil der neuen Linken› oder ‹linksextremistisch› ist ebenso abwegig wie eine Zuordnung zu rechtsextremen Bestrebungen.»

«Die eigentliche Gefahr», schreibt der Minister, «liegt in ihrem sektiererischen uftreten. Davon können ebenso wie von anderen Sekten, junge Menschen betroffen werden, die durch manipulative Methoden dem Wahn dieser Sekte verfallen. Ich bin deshalb dankbar dafür, daß sich insbesondere die Sektenbeauftragten der großen Kirchen mit Aufmerksamkeit dieser Gruppe angenommen haben und versuchen, zur Aufklärung über deren Machenschaften beizutragen.» Und zum Schluß noch einmal, was dem Innenpolitiker besonders am Herzen liegt: «Jede Aufwertung dieser Gruppe durch die Zuordnung zum extremistischen Bereich oder gar zu terroristischen Bestrebungen erscheint mir jedoch nicht angemessen.»

Keine sicherheitsrelevanten Erkenntnisse also.

Personen-Register

(Lyndon H. LaRouche und Helga Zepp-LaRouche sind nicht ins Register aufgenommen, desgleichen bereits Verstorbene)

Abrahamson, James 75
Anderson, David Nick 185
Apel, Rainer 18, 24, 37
Ardenne, Manfred von 135 ff
Azouz, Abdel Jelil

Bagge, Erich 126ff, 133, 135
Bailey, Norman 63, 64, 67 ff, 70, 72, 77, 164
Bandmann, Hans 117 ff, 122, 123, 177
Bardwell, Dr. Steven 69, 77, 83, 123, 150
Basma, John 76
Bastian, Gert 95, 168
Becker, Robert 21
Beckmann, Lukas 100
Bergt, Dr. Wolfgang 152, 153
Beyes, Günter 117
Block, John 66
Bostick, Dr. Winston 24, 78
Böttiger, Elisabeth 174
Böttiger, Dr. Helmut 117, 119, 182
Brandt, Willy 90, 95, 177
Buck, Dr. Martin 20, 176, 182
Budwine, Robert 74, 75
Burt, Richard 23, 26 ff, 37
Busemann, Dr. Adolf 134, 135
Bush, George 59, 60

Carollo, Vincenzo 21
Carstens, Carl 21
Carter, Jimmy 33
Catenhusen, Wolf-Michael 167
Clark, Dr. John 71, 78
Clark William 69
Colby, William 69, 163
Cramer, Hartmut 21, 37, 101
Croom, Milton 37
Cusack, John 68, 69

D'Amecourt, John 81
Datuk, Musa Hitam 62
Dean, Dr. Stephan 78
De Laurer, Richard 66, 81, 82
Derbfuß, Herta 42
Derbfuß, Karl-Heinz 42
Diebner, Dr. Kurt 126, 127
Donovan, Raymund 67

Ehricke, Dr. Krafft Arnold 24, 133 ff, 138, 139, 146
Engdahl, W. 111
Ericson, Michael 107, 110
Ericsson, Hans 21

Fairchild, Mark 57
Fichter, Michael 52, 180
Fingerhut, Helmut 46
Flichbaugh, Dr. David E. 24
Fonda, Jane 65, 82
Fowcade, Marie-Madeleine 21
Frankborn, Kurt 111
Franke-Gricksch, Ekkehard 158, 159
Frankhouser, Roy 85
Frazer, Dr. James 24
Freeman, Marsha 140
Frick, Helmut 117, 182
Friesecke, Uwe 115, 119, 182

Gandhi, Indira 33, 78
Geneste, Marc 21, 74, 80, 151

Genschel, Dieter 148, 149, 150
Goldstein, Paul 21
Goldwater, Barry 28
Graham, Daniel 84
Gräper, Robert 42
Gregory, Elke 95
Grunewald, Friedrich-Wilhelm 40
Grünewald, Dr. Klaus 129, 130
Gunnarsson, Victor Ake 106ff, 112

Hahn, Frank 42
Hane, Lennart 21, 24
Hart, Janice 42, 57, 61, 64
Heflin, Howell 27ff
Hellenbroich, Anno 24, 111, 165, 172ff
Hellenbroich, Elisabeth 24, 176
Hellenbroich, Heribert 166, 172
Henke von Parpart, Dr. Uwe 21, 23, 71, 151, 152
Heydte, Friedrich-August, Frh. von der 38, 40
Hochheuser, Christel 157
Holmer, Hans 107
Holz, Karl-Heinz 119, 182
Horeis, Heinz 119, 122, 138, 152
Horn, Dr. Johannes 117
Hron, Franz 24, 149
Hummel, Dieter 21

Inman, Bobby Ray 85
Irey, Georgia 21
Irving, David 136

Jensen, Lowell 66
Jones, Sheila 21
Jorio, Filippo de 23

Kahle, Gundo 183
Karbe, Dr. Klaus 115
Karr, Gary 20
Kedidi, Ahmed 29
Keegan jr., George 75ff
Kelly, Petra K. 12, 93ff, 100, 142, 159, 168
Kissinger, Henry 22, 27, 31, 65, 69, 90, 104
Klitzing, Dr. Klaus von 121
Knapp, Ulrike 11
Kohl, Dr. Helmut 33, 41
Kosciuszko, Tadeusz 21
Kübler, Klaus 167
Kuntner 21
Kurz, Felix 10

Labus, Siegfried 5, 43ff
Lalevée, Thierry 29
Leber, Georg 40
Liebermann, Jacobo 61
Liebig, Michael 21, 23, 40, 122, 149, 150, 152, 153, 174
Lillge, Ulrike 183
Lillge, Wolfgang 111, 173, 183
Löb, Dr. Hans 147
Lopez Portillo, José 33
Löwenthal, Gerhard 35
Lynch, Pat 67, 77

Mackem, Walter 84
Mackensen, Ulrich 153
Macri, Giulio 21, 23
Magliano, Terenzio 175
Maihofer, Werner 165
Mannett, Charles 68
McDonald, Kenneth, J. 31
Merbold, Dr. Ulf 121
Miller, Franklin 81
Missbach, Artur 157
Mitterrand, François 21
Mondale, Walter 65, 88, 90
Moon, Dr. Robert 24
Morris, Richard 69, 70, 71
Motschmann, Klaus 35
Müller, Herta 20
Müller, Renate 24, 42

Nayhauß-Cormons, Mainhardt Graf von 171, 173
Nitzling, Erich S. 167

Noodt, Dr. Eberhard 40, 151
Nuckroll, John 75, 77

Oberth, Hermann 6, 145 ff
Olesiak, Henryk 21
Olmer, Lionel 66

Pahlevi, Farah 174
Palme, Olof 12, 100, 107, 108, 110, 111
Patton, Robert 61
Pauls, Dr. Rolf 165
Pelny, Dr. Stefan 172
Perlonge, Phil 85
Pollastri, Claudio 23
Pollock, Dr. Ray 69, 71, 72, 77, 80
Puttkamer, Jesco von 145

Reagan, Ronald 29, 59, 60
Raimondi, Angelika 21, 24, 37
Rebhan, Herman 96
Riesenhuber, Dr. Heinz 120
Roellecke, Gerd 26
Rohrmoser, Günther 38
Romdhane, Ben Amor 30
Rosen, Klaus-Henning 163
Rosinski, Dr. Ned 24, 120
Rudolph, Dr. Arthur 140, 141
Rühl, Dr. Lothar 149

Schauerhammer, Ralf 104, 117, 118
Scherer, Paul Albert 40
Scheuch, Dr. Erwin K. 13, 174
Schiravone, Ronald 67
Schlee, Emil 35, 37, 38, 40
Schulenburg, Dr. Matthias 10, 101, 128, 129, 131
Schulz, Bernd Harald 95
Schwenninger, Walter 167
Seifritz, Walter 131, 132, 133, 135, 139
Serebrayakor, Genedy N. 76
Seuberlich, Hans E. 24
Shortley, Robert 67
Shultz, George 73
Sigerson, John 19
Silverman, Leon 67
Smith, Anthony 81
Soma, Marie-Pierre 19
Spadolini, Giovanni 21
Spahn, Jürgen 117, 182
Speakes, Larry 68
Spranger, Dietrich 155, 167
Stalleicher, Elisabeth 117
Steigerwald, Robert 163
Steinberg, Jaffrey 67, 72
Stephan, Wolfgang 46
Stevenson, Adlai III 57, 64
Suslow, Michael 29
Svensson, K. G. 107, 112
Szulc, Ted 147

Talbert, Richard G. 112
Tanapura, Pakdee 182
Tarpley, Webster 24, 29
Teller, Edward 73, 74, 79, 80
Tennenbaum, Dr. Jonathan 128
Todenhöfer, Dr. Jürgen 35
Ture, Norman 66

Vitali, Elke 19
Vollrads, Charlotte 97

Watt, James 66, 67
Weiß, Siegfried 183
WerBell III, Mitchell 84, 89
Werner, Volney 80
White, Carol 135
Wienecke, Prof. 122
Winterberg, Dr. Friedwardt 78, 79, 128 ff, 135, 147
Winterstein, Horst 155, 168
Wood, Dr. Lowell 77

Zenker, Karl-Adolf 38, 40, 42, 150
Zimmermann, Charles R. 185